大阪商業大学比較地域研究所研究叢書 第十三巻

便宜置籍船と国家

・

武城正長 著

御茶の水書房

はじめに

　第 2 次世界大戦後の国際海運における最も大きな出来事といえば、コンテナリゼーションと便宜置籍船の登場であろう。前者は「世界を変えた箱 (box)」といわれたりするように、いわゆるグローバリゼーションと密接に関連する。もちろん、他の要因・要素と複合的に絡み合うが、コンテナリゼーションが高度に発達・普及しなければグローバリゼーションという現象は生まれなかった。この意味において「世界化」を形成する 1 つの要素であったことは確かであろう。

　コンテナリゼーションに比べれば、便宜置籍船の急速な成長が世界経済に及ぼした影響は小さいといえる。しかし、国際海運の世界においては最大の出来事であるといっても過言でない。現在、貿易の担い手である貨物船の約 3 分の 2 は便宜置籍船であることを紹介すれば納得してもらえるだろうか。便宜置籍船は flags of convenience の訳であるが、便利で、利便性の高い船舶はどのようにして生まれたのであろうか、またいつ頃形成されたのであろうか。この点については諸説あるにしろ、近代的な国家主権の産物であることについては異論がない。主権国家の誕生はヨーロッパ地域に限定されるがウェストファリア条約の締結（1648 年、30 年戦争の終結）に遡るとされる。そこでは主権国家は国境で画された領土をもち、領土内においては暴力を独占する「至高の存在」と位置付けられる。逆に、絶対的な主権は領土内（内水・領海省略）のみに限られ領土外には及ばないことになる。すなわち、すべての国家の、領土外に当たる海（公海）という権力の空白地帯が残存することになった。この無秩序な状態を放置することはできないため、船舶にはある国が国籍を付与し、その国（旗国、船籍付与国）が当該船舶を管轄する義務を負うことになった。もっとも主権国家と船舶の国籍との関係が落ち着くまでには数世紀を要した。

　論理的にはこのように簡単明瞭で合理的であるが、実際には、船舶に国籍

を付与する権限を売りに出しそれを国家の収入に当てようとする小国が現れたり、冷戦の最中それを軍事的に利用しようとする覇権国家が現れたりしたため、極めて複雑な様相を呈することになった。本書はこの複雑さを明らかにしようとするわけであるが、主な内容は次の通りである。

第1章は、「FOC (flags of convenience) をめぐる論点の概括的な整理」に当てる。第1節は「FOCとは何か」である。有名なロッチデール報告によれば便宜船籍制度の特徴は次の通りである。①外国人（法人）が所有する船舶に登録を許す、②登録手続は簡単で海外の領事館で行える、③課税はないか低く、登録税と年税（通常10セント／トン）が課されるだけ、④便宜船籍国は小国なのでその収入も無視できない、⑤外国人船員の配乗は自由である、⑥小国は自国船を有効に管轄する意思も能力もない。具体的にはパナマ、リベリア、マーシャル諸島のような国の船舶を指しているが、研究者によるFOCの定義は、これらのうちのどの項目に力点を置くかによって異なってくる。それ等を紹介するとともに、再定義を試みる。第2節では便宜置籍船をめぐる諸論点を考察する。第3節では、戦後世界の政治的・経済的変遷と便宜船籍制度との関係を明らかにする。

第2章においては、世界一の座を長年維持する「ギリシャ海運の特異性」について述べる。不思議なことに、ギリシャは早くも1952年には世界最大の便宜置籍船保有国になるが、それがなぜ可能となったのかを探る。①移民（送出）国家としてのギリシャ、②内戦、③冷戦とアメリカによる利用（後述するEUSCの代替拡充機能）、④戦中からの政府とギリシャ船主の仲違いなどについて触れる。さらに、ギリシャにおける最大の権力団体となった海運界と政府との特異な関係を分析する。

第3章は、「アメリカの軍事戦略と便宜船籍制度の『形成』── Effective US Control Shipping を中心に」である。便宜船籍そのものは戦前のパナマに見出すことができるが、伝統的海運国であるヨーロッパの権益と対立することになった。換言すれば、小国パナマのパワーでは便宜船籍制度を維持し拡大させることは不可能であったわけでる。それを、パナマとはまったく異なる視点から利用しようとしたのがアメリカである。当初、アメリカは第3次世

界大戦を総力戦として想定したが、それを遂行するためには膨大な商船が必要になる。しかし、それを平時に米国船として維持することは船員の高賃金からして不可能であり、代替船を準備する必要があった。それがアメリカ船主の支配する「米国の規制が効く船隊」としての便宜置籍船である。こうしてもともと小国の制度でありながら、ヨーロッパとの対抗力をもつようになったのである。

第4章は、「便宜船籍制度の『形成』と国連第一次海洋法会議——1950年代における欧州と米国間の対立」である。舞台はヨーロッパとパナマとの対立から、欧州と米国の対立に移ることになる。具体的には公海条約をめぐる議論の過程で、国家は自由に船舶に国籍を付与できるか、それとも「真正な関係（genuine link）」が必要なのかをめぐって対立した。国連総会における委員会採決ではヨーロッパが勝利したものの、アメリカのロビーイングが功を奏して最終総会においては逆転されることになる。アメリカの軍事戦略と海洋法会議の2段階を経て便宜船籍制度は形成された、このようにみるのが本書の立場である。

第5章は、「南北問題に転移した便宜船籍制度とその混迷」である。南北問題に転移したという意味は2つある。1つは通常の南北問題の1つとして、便宜船籍制度がUNCTADで国際問題化したことである。もう1つは欧州と米国間の対立から南北問題に転移した側面である。前者においては、南の国々は便宜船籍制度が途上国の発展を阻害しているとして、「真正な関係」を具体化し、便宜船籍制度を段階的に廃止（phase out）することを要求した。後者は、1960年代後半から多発した大規模な海洋汚染事故に対応するため、ヨーロッパはILO，IMCOで便宜置籍船を規制する動きを強めた。この限りでは南と北は協同関係にあったともいえるのであるが、1970年代末に発展途上国側が海運同盟問題と同様に、不定期の分野でもトレードシェアを要求したためこの関係は決裂し、南北問題と位置付けられるようになった。結論的には、レーガン・サッチャーの時代を迎えたこともあって南の国々の要求は何一つ実現しなかった。

第6章では、ブーメラン効果によって自国籍船の流出（便宜置籍船化）に

苦悩するヨーロッパ諸国の姿を描く。イギリスを筆頭に欧州海運は凋落というにふさわしい状況に陥った。まず最初に欧州諸国が採用した政策は、規制緩和すなわちアジア船員の導入であったが、めぼしい効果を上げることはできなかった。次に EU が一丸となって打った手はトン数税制など法人税を中心とした軽減税制である。上記両政策がもたらした国際海運の構造変化を分析する。

「結語」においては、世界の 3 分の 2 までに肥大化した便宜置籍船が有する意味合いについて分析する。一般の多国籍企業と比較することで、それを析出するとともに若干の提案も試みたい。

現在、日本は世界最大の便宜置籍船保有国である。それにもかかわらず、便宜置籍船と日本との関係についてはほとんど触れることができなかった。1 つには紙幅と時間が絶対的に不足していたためであるが、国際海運をリードし続けてきたヨーロッパを分析しないことには日本の特徴を浮き彫りにすることは難しいと考えたことによる。さらに「便宜置籍船の世界」は微妙な側面を数多く抱えているため、とかく先入観や感情が先行しがちである。遠いヨーロッパに関わることに限定すれば、冷静かつ客観的に本書の意図を理解してもらえるのではないかと思った次第である。

なお、本書の初出を示すと以下の通りである。第 1 章と第 2 章は今回書き下した。

第 3 章　「"Effective U.S. Control" Shipping と便宜置籍船」『地域と社会（大阪商業大学比較地域研究所紀要）』第 11 号、2008 年 9 月。

第 4 章　「便宜置籍船をめぐる欧州と米国間の 1950 年代における対立」『同上』第 12 号、2009 年 9 月。

第 5 章　「南北問題に転移した便宜置籍船とその混迷」『同上』第 13 号、2010 年 10 月。

第 6 章　「第 2 船籍、トン数税制と国際海運の構造変化――ヨーロッパ海運を中心に」『同上』第 14 号、2011 年 10 月。

はじめに

　書名を「便宜置籍船と国家」とした事情は大よそ次のようなものである。便宜置籍船は国家とほとんど関係を有しないといわれることが多い。確かに、便宜置籍船はオフショアな存在であり船籍国との関係は薄い。ただ、そのような存在の源となっている便宜船籍制度そのものは、覇権国家がその軍事的要請を満たすために、コントロールの効く小国家にすでに存在していた制度を利用したり、新制度を「作らせる」などしたものであり、国家との関係を抜きに語ることはできない。また、伝統的な国際海運秩序とは両立しがたく、欧州諸国は当該制度に反対することになるが、「国家主権」をめぐって争われたことも忘れることはできない。さらに、南北問題における焦点の1つは便宜置籍船であった。発展途上諸国は便宜船籍制度が途上国海運の発展を阻害しているとして強く反発した。加うるに、便宜置籍船に追い詰められるようにして先進海運諸国が採用した第2船籍制度やトン数税制も国家との関係を抜きにして語ることはもちろんできない。それは新たな国家像の反映でもある。

　研究活動の多くは先達に学ぶ時間に当てられるが、とりわけ以下の先生方には多くの教えを受けた。東海林滋先生（関西大学名誉教授）の諸論考とりわけ「米国海運と"EUSS"Shipping」（東海林 [1984]）には便宜置籍船の「起源」を研究テーマの1つとすべきことを示唆していただいた。山本泰督先生（神戸大学名誉教授）にも「起源」について深く考えるべきことを教えていただいた。これらを受けて第3章と第4章を設定することになった。山本先生には便宜置籍船にかかる労使関係の膨大な研究業績があり、多くのものを授かったが、残念ながら本書ではほとんど紹介することができなかった。榎本喜三郎先生（東京港埠頭公社顧問、ヴァヌアツ船舶登録特別代理人など要職多数）は、1986年船舶登録要件条約に関する国連の会議にICS（国際海運会議所）の日本代表として数年にわたり参加するなどの経験を生かして便宜置籍船に関する数々の著作を発表された。とりわけ上記条約に関する詳細を極める研究は南北問題としての便宜置籍船を理解するうえで不可欠の文献となった。國領英雄先生（神戸商船大学・大阪学院大学名誉教授）には、数多くの助言をいただくとともに、便宜置籍船に関する貴重な資料を多数いただ

いた。そのほか多くの先生方の研究から教えられたものは数限りない。この場をお借りして心より感謝申し上げる次第である。

大阪商業大学比較地域研究所には、研究所創設以来研究員を務めるなど長い間お世話になった。研究会においては分野の異なる先生方の報告に海運研究に結びつく多くの刺激を受けることができた。また、東アジアを対象とするプロジェクト・チームの調査旅行では、国々の差異に「文化は空気」であることを実感することができた。

さて、大阪商業大学比較地域研究所から、多年の研究活動を集大成する形で本書を出版させていただきますことはなによりの喜びです。大阪商業大学の学長谷岡一郎先生、副学長片山隆男先生、当研究所所長上原一慶先生、副所長前田啓一先生には心よりお礼を申し上げる次第です。また、初出論文の編集で数々の助言をいただいた岡村良子氏、本書の出版を最初から最後までお世話いただいた橋爪幸彦氏に感謝いたします。本書は私にとって3冊目の単著ですが、結局、3冊とも妻淑江の大いなる助力に依存せざるを得ませんでした。深謝いたします。

最後に、本書の出版に当たり編集を担当していただいた御茶の水書房の小堺章夫氏にお礼を申し上げます。

2012年12月

武城正長

便宜置籍船と国家
目　次

目 次

はじめに ………………………………………………………………………… i

第1章　FOC（Flags of Convenience）をめぐる 論点の概括的な整理 …………………………………… 3

1　FOC（Flags of Convenience）とは何か　3
　（1）FOC（Flags of Convenience）という用語について　4
　（2）FOCに関するいくつかの定義と考え方　7
　（3）FOCの起源について　11
　（4）FOC（Flags of Convenience）の再定義　15
2　FOC（Flags of Convenience）をめぐる諸論点　23
　（1）アメリカの軍事戦略の手段としての便宜船籍制度　23
　（2）国家収入確保の手段としての便宜船籍　24
　（3）海難（低い安全性）　25
　（4）船級協会（classification society）の商業化　26
　（5）便宜船籍国の管轄・規制能力とPSC（入港国の監督）およびMOU　30
　（6）海上労働の困難性の増幅　32
　（7）ISMコードと便宜置籍船——旗国主義の動揺？　35
　（8）便宜置籍船の社会的費用　40
　（9）途上国海運の発展阻害と先進国海運の侵蝕　42
3　戦後世界経済の変動と便宜船籍制度　43
　（1）黄金の30年とフォーディズム　43
　（2）アメリカとギリシャを中心とする便宜置籍船の時代　46
　（3）新自由主義経済への移行と便宜船籍制度　48
　（4）グローバリゼーションと便宜船籍制度　53

第2章　ギリシャ海運の特異性 ………………………………… 71

1　第2次大戦直後の便宜置籍船の大量保有　72
　（1）大量保有の経済的要因　72
　（2）大量保有の政治的要因　74
2　ロンドン・グリーク、ニューヨーク・グリーク　78
　（1）黒海移民とギリシャ海運のモデル　78

（2）ロンドン・グリーク、ニューヨーク・グリーク　79
　3　ギリシャ政府の本国復帰政策　81
　　（1）海運に対する減免税政策　83
　　（2）政府の不介入政策と外資としての扱い　84
　　（3）ギリシャ経済への巨額投資　86
　　（4）本国復帰政策の評価　87
　4　要約　88

第3章　アメリカの軍事戦略と便宜船籍制度の「形成」
　　　　―― "Effective U.S. Control" Shipping を中心に――……… 95

　1　本章の課題　95
　2　アメリカ商船隊の軍事的必要性　97
　　（1）第2次世界大戦とキューバ危機　97
　　（2）1936年アメリカ商船法の産業政策的側面と軍事的側面　99
　　（3）1950年代における安全保障面からみた米国商船隊の規模　101
　3　Effective US Control Shipping の形成　102
　　（1）中立法時代における外国籍船の利用　103
　　（2）参戦後の外国籍船の統制　103
　　（3）EUSC Shipping の誕生　104
　4　EUSC Shipping に対する信頼性
　　　　―― EUSC Doctrine のリアリティー――　105
　　（1）国際法上の船舶の国籍と国家　106
　　（2）アメリカ船主、乗組員とパンリブホン船　108
　　（3）パナマの反米ナショナリズムと EUSC Shipping　110
　　（4）リベリア海事法の意外な形成要因　113
　　（5）その他の論点　117

第4章　便宜船籍制度の「形成」と第1次国連海洋法会議
　　　　―― 1950年代における欧州と米国間の対立を中心に――
　　　　………………………………………………………………125

　1　本章の課題　125
　2　便宜置籍船の急増によるヨーロッパとアメリカの軋轢　127
　　（1）便宜置籍船の急増　127

（2）OEEC（欧州経済協力機構）における便宜置籍船対策　133
　　（3）ピークとなった欧州と米国政府間の非公式協議（1959年6月）　136
　3　国連海洋法会議を舞台とする長期間の攻防　139
　　（1）公海制度「法典化」のスタート　139
　　（2）船長（自国民）条項による攻勢　139
　　（3）リベリア船の急増と船長条項の復活提案　141
　　（4）「真正な関係」プラス不承認条項による攻勢　141
　　（5）国連総会における大逆転　143
　4　ILO（国際労働機関）における便宜置籍船　146
　　（1）海事関係のILOにおける特別な取扱い　146
　　（2）ILOによるパナマ船籍の調査　146
　　（3）ILO第107号、第108号勧告（1958年）　148
　5　ITF（国際運輸労連）とFOCキャンペーン　150
　　（1）ITFの活動と性格　150
　　（2）ITFのボイコット戦術とその変容　151
　　（3）アメリカを中心とする世界的なボイコット（1958年12月）　153
　　（4）その後のアメリカの動き　154
　6　IMCOにおけるヨーロッパの粘り強い対応　155

第5章　南北問題に転移した便宜船籍制度とその混迷　161

　1　本章の概要　161
　2　便宜置籍船の規制に動き出したOECD　164
　　（1）OECD海運委員会の活動　164
　　（2）便宜置籍船に対する国際的規制の開始　167
　3　南北問題としての便宜置籍船の浮上　171
　　（1）南北問題とUNCTAD（国連貿易開発会議）　171
　　（2）海運委員会の創設と初期の活動　172
　　（3）便宜置籍船の規制に端緒を開いたB（先進国）グループ　173
　　（4）便宜置籍船に関する事務局の包括的報告　174
　　（5）1つのピークとしての政府間特別作業部会　176
　　（6）アルーシャ宣言とマニラ第5回総会　177
　4　便宜置籍船に乗組む船員のアジア・シフト　180

（1）群を抜く台湾、フィリピン、韓国船員　180
　　（2）船員供給国としてのフィリピン　183
　　（3）台湾と韓国の外国船乗組船員　185
　5　船舶登録要件条約（1986）とG77の挫折　188
　　（1）バルク輸送のトレード・シェアをめぐる対立　188
　　（2）B（先進国）グループの便宜置籍船擁護への転換　189
　　（3）注目された3つの文献　191
　　（4）船舶登録要件条約の採択（1986年2月）　195

第6章　第2船籍、トン数税制と国際海運の構造変化
　　　　――ヨーロッパ海運を中心に――　　　　207

　1　本章の概要　207
　2　海運大不況と苦悩するイギリス海運　210
　　（1）1980年代の海運大不況　210
　　（2）イギリス海運の凋落とその原因　212
　　（3）マン島船籍制度の「創設」　215
　3　第2船籍制度と国際海運の構造変化　217
　　（1）第2船籍制度導入競争と若干の用語について　217
　　（2）主な第2船籍制度　218
　　（3）第2船籍制度の歴史的意義　221
　4　ECの第1次・第2次共通海運政策（1985年、1989年）　223
　　（1）第1次共通海運政策（1985年）　223
　　（2）第2次共通海運政策「EC海運産業の将来のために」　226
　　（3）国家助成にかかる1989年のガイドライン　228
　5　攻勢に転じたヨーロッパ（1996年）　229
　　（1）「新しい海運戦略に向けて」（1996年3月13日）　229
　　（2）国家助成とEC条約　233
　　（3）オランダの統合海運政策が欧州委員会に与えた影響　234
　6　海運助成にかかる1997年のガイドラインとその改訂（2004年）　237
　　（1）1997年の海運助成にかかるガイドライン　237
　　（2）2004年のガイドラインの改訂　243
　　（3）イギリスのトン数税制と英国海運　244
　7　結論　245

（1）第 2 船籍制度の意義　245
（2）トン数税制を中心とする「新海運戦略」の意義　246

結語 ……………………………………………………………… 255

参考文献 ………………………………………………………… 263

巻末付表 ………………………………………………………… 283

索引 ……………………………………………………………… 289

便宜置籍船と国家

第 1 章　FOC（Flags of Convenience）をめぐる論点の概括的な整理

1　FOC（Flags of Convenience）とは何か

いわゆる便宜置籍船は、国際的には Flags of Convenience（略して FOC）、あるいは Open Registry といわれる。FOC の単純なイメージはおおよそ次のようなものである。①資本を投下する船主[1]は多くの場合先進国あるいは新興国の法人・個人である。②法人税は適用されず（無税）、登録税と船舶税その他が課されるだけである。③外国人を乗組員として雇うことは自由である

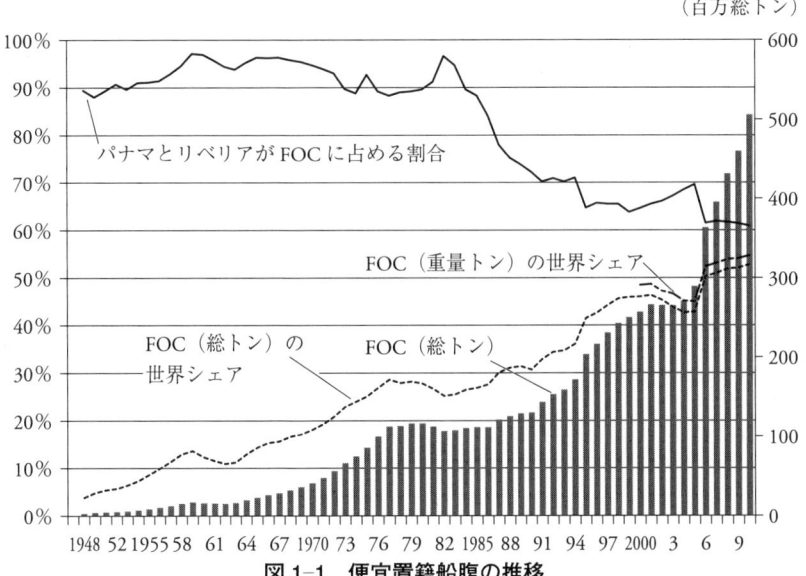

図1-1　便宜置籍船腹の推移

出所：巻末付表―1-1 及び 1-2 参照

表 1-1　ITF が指定する便宜船籍国

Antigua and Barbuda, Bahamas, Barbados, Belize, Bermuda, Bolivia, Burma/Myanmar, Cambodia, Cayman Islands, Comoros, Cyprus, Equatorial Guinea, France(second register), Georgia, Germany(second register), Gibraltar, Honduras, Jamaica, Lebanon, Liberia, Malta, Marshall Islands, Mauritius, Mongolia, Netherlands Antilles, North Korea, Panama, Sao Tome & Principe, Sri Lanka, ST. Vincent & the Grenadines, Tonga, Vanuatu.　計 32 国・地域

出所：ITF『シーフェアラーズ・ブルテン』第 25 号（2011）、26 頁。
注 1) 第 2 船籍が含まれているのは、実質保有船主国の組合が交渉管轄権を有することと関係する。

（自国民はむしろまれ）。④これらの集積として高い競争力を有する。

　FOC の戦後の発展を大まかに示すと図 1-1 のごとくになる。一時的に減少した時期もあるが、一貫して成長を続けてきたことが分かる。現在、ITF（国際運輸労連）が指定している便宜船籍国は表 1-1 の通りである。FOC の動向は大方、上位 10 か国[2]で統計処理が行われることが多いが、それによると、FOC は世界で 1.6 万隻、6.84 億 D/W[3]存在し、世界に占めるシェアは隻数で 34.6 %、トン数で 59.3 %である。バルクキャリアに至ってはトン数比で 66.8 %、タンカー：58.6 %、コンテナ船：56.1 %を占めている（2010 年 1 月 1 日）。この統計は 300 総トン以上の船舶を対象としている。国際航海に従事しない内航船や客船も含んでいるので、大略世界の国際航海に従事する貨物船の約 3 分の 2 は FOC であるといっても大きな間違いを犯すことにはならないであろう。しかも、かなりの勢いでシェアを伸ばしている（巻末：付表 1-1、1-2 参照）。

　この FOC を本書は多面的に捉えようとしているのであるが、まず用語から入ることにする。FOC には大方 3 つの用語法がある。①船舶としての FOC、②船籍としての FOC、③制度としての FOC である。以下若干の説明をしておきたい。なお、本節においては記述内容の性格から、FOC あるいは flags of Convenience をそのまま使用することが多い。

(1)　FOC（Flags of Convenience）という用語について

(a)　船舶としての FOC

一般に、Flags of Convenience の日本語訳としては、「便宜置籍船」が当てら

れる。Flag が船舶となる背景の1つは、船舶における旗の掲揚の仕方にある。国際慣行は、船首には船社旗（company flag）、マストには行き先国旗（destination flag）、船尾には国籍旗（national flag, ensign）を掲げることになっている（船舶法第7条、同施行細則第43条）。従って、FOC の flag は船尾の国籍旗を指すが、転じて「船舶」を意味することになったといえるであろう。

次に便宜「置籍」船であるが、日本国語大辞典（全20巻）や広辞苑、大辞林に「置籍」の単語は見出せないが、語源的には、「関東州（の）置籍船」に遡れるように思われる。日本はポーツマス条約（1905年）により旅順、大連を含む遼東半島の南部をロシアから継承し租借地としたが、その地を関東州と命名し、旅順に都督府をおいた。日本の管轄下に入ることによって、そこに居住する者が自然と船舶をもつようになったが、船舶令がこの地に及ばないため無籍の扱いのままであった。その後、この地の海運業は通商、行政、軍事の各方面から重視されることになり、1911（明44）年12月「関東州船籍令（府令第35号）」が公布され、翌年33隻の置籍が認められた。第1船は満鉄所有の濟通丸（1,038総トン）である。文献には「當州置籍船」が用いられているが、この用法からすれば、FOC とは便宜（便利）な（convenient）船籍（国）に籍を置く（登録する）船舶となろう（南満州鉄道［1924］参照）。なお、便宜置籍とは自己「所有」の船舶の登録にかかる用語であり、船主あるいは船主国から把握しようとしている点に注意を促しておきたい。

さて、flags of convenience がいつ頃から使われだしたかについて、多くの文献は OEEC の1954年の報告書を指摘する[4]が、欧州が先というのは気にかかる。カーライルは、1939年までに「パナマ船（籍）は convenient (or convenient flag) だ」という使われ方をされてきたが、成句として flag of convenience が公的の場で最初に使用されるようになったのは、1950年2月の米国上院外交通商委員会においてであるとする（Carlisle［1981］, p.69 and p.142）。flags of convenience というフレーズになることによって概念的に固まった内容をもつようになったといえるであろう[5]。実は、この用語を実質的に生み出したアメリカの軍事戦略は1947年に形成されるが、第3章で詳述す

る。

　日本で現在一般的な用語となっている「便宜置籍船」はいつ頃から使用されるようになったのであろうか。戦後 ILO で最初に問題にされたとき便宜船籍国はパナマのみといってもよい状況で、パナマ船が具体的に問題とされていた。その後国際的に FOC が浮上するのは、国連第 1 次海洋法会議と ILO の第 107、108 号勧告をめぐってである。綿密な調査ではないが、『海上労働』（運輸省船員局発行）誌上で最初に用いられたのは、「ILO 海事予備会議」の模様を伝える池要（船員局労働基準課長）の「便宜的船籍」のようである（1956 年 12 月号、12 頁）。1958 年 7 月号（20 頁）では海運局海務課長の井上弘が「海洋法國際會議の概況」の中で「便宜主義国籍船舶」を用いている。両者の中間に当たる 1957 年 6 月、脇村義太郎は『中東の石油』でギリシャ船主に注目しつつ「便宜国旗船（フラッグ・オブ・コンヴィニエンス）」を使用している（150 頁）。

　「便宜置籍船」の用語は、1958 年 4 月号の『海運』に「便宜置籍船問題」として（内容は OEEC の調査研究報告（第 4 章 2（4）参照）の紹介）用いられた（58 頁、執筆者名なし）。翌年松尾進の『海運』が出版されるが、第 Ⅳ 章第 3 節は「便宜置籍船と新興海運国」である。前述したように、「便宜置籍」には船舶の船籍をどこに置くかという船主の視点が内在しているが、この点も含め 1958 年の雑誌海運が最初に用いたとみてよいのではないだろうか[6]。また、焦点が船籍（国）から置籍に移っていったことにも留意すべきであろう。

　(b) 船籍としての FOC（便宜船籍）

　「船籍としての FOC」もかなり使用されるが、「便宜置籍」とされることが多い。たとえば、水上千之の著書名は『船舶の国籍と便宜置籍』である[7]。その第 Ⅱ 部は「便宜置籍および船舶と旗国の間の真正な関係の概念」で、もっぱら便宜船籍やそれに関連する事項を扱っている。その第 1 章を「便宜置籍」とし、冒頭「便宜置籍（flags of convenience）ということばは、……」（142 頁）と船籍としての FOC であることを明らかにしている。ただ、前述したように日本語として馴染みの薄い「置籍」をなぜ使用したのかは明らかでな

い。船主の立場あるいは行動からみて「便宜置籍」あるいは「便宜置籍国」とするのは分かるが、内容的には「船籍」、「船籍制度」を対象としている。筆者は、このようなことから「便宜置籍船提供国」などを使用したこともあるが、本書において船籍としてのFOCは「便宜船籍」とすることにする[8]。なお、前に触れたように船尾には船籍国の国旗が掲げられるが、船体には「船名と船籍港」が刻印される（船舶法施行細則第44条）。

　文字通り船籍を指すものとして、FOCとほぼ同義ながら、"Open Registry" という用語も広く使用されている[9]。open registry は1972年にUNCTADが使用したのが始まりである。従来、UNCTADは世界の船舶を国別グループ別に分けるに当たり、先進国、リベリア・パナマ、南欧州、社会主義国、発展途上国としてきた。1972年からはキプロス、シンガポール、ソマリアを加えて open registry としたが、その理由はFOC国としての（as "flag of Convenience" countries）パナマ、リベリアなどは開放船籍政策（open registry policy）を宣言し、外国船主が支配する船舶を増やそうとしているからとしている（RMT〔1970〕, p.8,〔1972〕, pp.13-14, UNCTAD〔1977〕, p.1.）。

(c) 制度としてのFOC（flags of convenience）

　我々がFOCというとき「制度としてのFOC」を対象としていることも多い。たとえば「FOCの問題点」などという場合、具体的なたとえばパナマ船を指しているわけでも、その船籍を取り上げようとしているわけでもない。FOCという制度あるいはシステムに注目するのであるが、それを最も強調したのはメタクサスであろう。彼は著作の第2章の表題を「FOCという制度（FOC Institution）の形成と発展要因」としている（Metaxas〔1985〕, p.23）。以下、本書において「便宜船籍制度」を用いることにする。

(2) FOCに関するいくつかの定義と考え方

　FOCをどう定義するかはなかなか難しい。多くの研究者が定義付けを行っているが、誰にでも受け入れられる統一した定義にまでは到達していない。現象が複雑だからである。ただ、1970年に出されたロッチデール委員会報告書[10]の「FOCの特徴」は必ずといってもよいほど引用され、批判される

こともほとんどない。FOC を理解するうえで手掛かりになると思われるので要約しておこう。

①船籍国は自国民でない者（non-citizens）に登録船舶の所有と支配（control）の両方もしくは一方を許容している。

②登録は簡単で、普通海外の領事館で行える。また、他の船籍への移転制限もない。

③船舶からの所得に対する課税がないかあるいは低い。普通、トン数ベースの登録料と船舶税（annual fee）だけが課される。

④登録国は小国（small power）であり、登録船舶すべてを必要とする状況は考えられない。ただ、船舶当たりの受取り額は少額でも大きな船腹となると、その国の国民所得と国際収支に大きな影響を与える。

⑤外国人（non-nationals）船員の配乗は自由である。

⑥登録国は自国のあるいは国際的な法律・規制を実施させるだけの力も、行政組織も持ち合わせていない。また、船社自体をコントロールしようとする願望もパワーも有していない。

このように指摘した後に、上記のいくつかの特徴を有する海運国はあるにはあるが、そのすべてを兼ね備えている国は便宜船籍国だけであるとし、さらに、海運に対する課税の可能性が事実上ないのもこれらの国だけであるとしている[11]。

もはや古典に属する *Flags of Convenience* においてボチェックは「機能的にみるなら、FOC は次のように定義できるだろう。便宜で好都合な（その理由は何であれ）条件の下で、外国人所有でかつ外国人がコントロールする船舶の登録を許可する国の船舶（flags）」(Boczek [1962], p.2) とする。彼は法学者であるが、議論のあった「真正なる関係（genuine link）」の有無で捉えることについて、この概念が明確にされてないとして反対している (Ibid., p.3)。

ボチェックは真正な関係を避けたとはいえ、法学者らしく国籍付与要件に注目したが、船主のビヘイビアに注目するのはメタクサスである。「Flags of convenience とは、海運企業が次に述べる項目を避けることによって、私的な利潤を極大化もするとともに、私的なコストを極小化する観点から自己の船

舶を登録する国の国旗（flags）である。(a) 経済的およびその他の規制、(b) 当該海運企業の本国に登録するならば適用されるであろう生産諸要素の利用のための条件」とする（Metaxas［1985］, p.14）。私的（private）なコストが強調されているが、社会的コストと関係する（次節で取り上げる）。

　メタクサスは FOC の他に準（quasi）FOC も定義している。準 FOC とは、登録船舶を増やすために FOC と似たようなアドヴァンテージを提供しているが、(a) 国内あるいは国際規則を効果的に強制することのできる行政機関を有するとともに、(b) 相当の（自国性）要件を有している国や地域の船籍としている。そして、バミューダ、バハマ、オランダ・アンチル、香港、ジブラルタ、を例示する[12]。

　法学者と対象的に経済学者であるスターミーは、真正な関係に言及する。「'flag of Convenience' とは、現在非難を込めた用語として使われているが、その国と真正な関係を有しない個人や会社に彼等の船舶の登録を（その国の港に）許可する国の国旗（the flag of any country）を指す用語である」とする。ただ、何が真正な関係かは定義の問題であるし、個々のケースにおいては相当のこじつけ（casuistry）が行われているとする。その例として、ギリシャ船主所有の英国船、イギリス船主が実質所有する香港船社経由のパナマ船をあげる。パナマ、リベリア、ホンジュラスはその代表とすることについて異論はないが、限界を確定できないとする（Sturmy［1962］, p.211）。

　グランディは、海外に子会社を持つことは多くの産業にみられることであり、スウェーデン船社（Salen group）が実質所有するイギリス船も自国における何らかの負担を避けようとするためである、従って、メタクサスの定義では共産圏以外の多くの国の船籍は便宜船籍と位置付けられることになろうと批判する。そもそも主権を行使・強制する動機（motivation to impose sovereignty）は国民と国民の利益を保護し、規制する国家の義務に由来するとし、それと異なる FOC を次のように定義する。「FOC（flag of convenience）とは、船籍を、主権を行使するための、従って船舶をコントロールするための手段・手続（procedure）とは位置付けずに、自国の財務面その他の規制から逃れたいと希望する外国船主に売ることのできるサービスとして位置付ける

9

国の国旗（the flag of a state whose government）である」とする。もし、政府が販売可能なサービス（saleable service）と考えるなら、魅力的な価格（税他）や政府の「最小限の介入」など船主の要望に応える船籍になっているであろうとする[13]。

　トロファーリは、グランディの（行政）サービスをビジネスとして販売する国家という定義や、メタクサスのそれを参考にしつつ次のように定義する。「自由船籍国（open registry state）とは、有効なコントロールや管轄権を行使する手段としてではなく、なによりも国民所得となる収入を得るために登録船主に船舶の国籍を売る政策を宣言している国家である。（当然のことながら―筆者）登録船主に対しては、国際的に競争しうるコストと財務上の優位性を確保するために、船主本国の船籍に比較して商業的、経済的に魅力的な条件を提供する国家である」(Tolofari [1989], pp.20-21)。もとよりカーライルの『売りに出された主権 *Sovereignty for Sale*』(1981) に通ずるものである[14]。

　以上に、船舶登録要件、自国登録の不利益の回避、真正な関係、便宜船籍国の利益をキーワードとする定義をみてきたが、日本においては定義を試みる研究者は少数である[15]。その中にあって山内惟介は、ボチェックやメタクサスの定義を検討した後、そこではメリットとデメリット回避が強調されているとして、次のように包括的に定義する（山内 [1988]、12頁）。「実質的な船主が、その所有にかかる船舶を本来登録すべきであるとされる自国に登録した場合に生ずる不利益を回避するため（消極的理由）、または、いずれか他の国に登録することによって自国への登録からは得られない便宜を享受するため（積極的理由）、当該船舶をみずから、または、形式的な外国法人（ダミー）を通じて他国に登録する場合、かかる便宜を提供する国を便宜置籍国、そこに登録された船舶を便宜置籍船、この船舶が有する船籍を便宜船籍、かかる船舶が掲げている旗を便宜国旗、そして、この船舶の実質的所有者を便宜船主という」。山内の意図は、「船籍と実質的船主の所属国との不一致および便宜船主にとっての便宜の存在」（同29頁）の2点の確認にあり、「実質的船主の所属国籍を船籍とする立場に妥当性が認められる」（同27頁）とする。

確かに、船籍国と実質船主所属国の不一致の指摘は貴重である。ただ、第1に、"flags of convenience"現象に不可欠な便宜船籍国の利益を収受する目的が抜けている点で包括性は不十分であるといえよう。それは「便宜船籍」に言及しながらそれを提供する国家を「便宜船籍国」とせずに「便宜置籍国」としたところに現れているように思われる。便宜「置籍」国とは、実質所有する船主あるいはその所属国から導かれる用語法であるからである。第2に、上記不一致と便宜性とは表裏の関係にあるともいえるのではないだろうか。船籍国と船主所属国の不一致は「便宜性」が存在しなければ発生しないからである。第3に、便宜性は多様でよいとしているが、とすると通常の多国籍企業のケースも便宜置籍船といえなくもないことである。たとえば、グランデイが指摘した外国船主所有のイギリス船である。

(3) FOC の起源について

前項で示唆したように、FOC は戦後の現象である。ところが多くの文献では古くから存在していたとされることが多い。このことも含めて FOC の起源を探ってみよう。あわせて前述した定義を手掛かりに FOC の核心部分をもう少し明らかにしたいと思う。論点としては、①古くから存在したとされる国旗を借用した船舶は FOC か、②第1次大戦後の制度としてのパナマ船籍をどう位置付けるか、③ロッチデール報告書にみられるように論点は多義的であるが、核心部分があるとすればそれは何か、④従来の議論で軽視されている論点は何かなどにある。

(a) 古い時代の「FOC」

ボチェックは、すでに16世紀に冒険好きのイギリス商人は非常に儲かる西インド諸島貿易に参入するに当たり、スペインの独占的規制を逃れる手段としてスペイン旗の下で航海したことを紹介している（Boczek [1962], p.6）。水上千之は、メタクサスに依拠しつつ「船舶の登録ないし国旗を他の国に移すことは、18世紀以来種々の理由にもとづいて行われた。……（たとえば）ジェノア船は、フランスの国旗を使用して航行していた」（水上 [1994]、145頁）としている。ただ、前者の例でいえば、主権が確立されたとするウ

ェストファリア条約（1648年）以前であるし、制度としての船籍も未確立な時代であった（第3章4（1）(a) 参照）。また、後者についていえば、「借用された」フランスの船籍が便宜船籍であったわけではないであろう。

(b) 戦前期のパナマ船籍の位置付け

榎本喜三郎は、「それ以前の16、17世紀以降の便宜国旗掲揚船と、本質的に変わりがないが1922年の事例（下記参照——筆者）を境にして、その後の多くの船がFOC船となったため、このケースを以って近代FOC船のはじまりと考える」（榎本［1993］、7頁）としているが、戦前期のパナマ船籍には本質的な変化が生まれていたのであろうか。

二つの側面から分析されるべきであろう。一つはパナマに転籍する側の事情であり、もう一つは国家としてのパナマの政策である。戦前期のパナマ船がFOCである事例として、上記の引用のようにアメリカの禁酒法（Volstead Act,1919-1933）を回避するため、旅客船でもあった定期船（*Reliance*号、*Resolute*号）があげられることが多い。ただ、このケースは米国海事委員会の承認を得た転籍であるとともに、後日最高裁において法律の回避は否定されてしまうのであり、適切な事例とはいえない[16]。むしろお酒を密輸するための転籍の方が問題であった。

*Reliance*号と*Resolute*号の影に隠れて目立たなかったが、アメリカからパナマへの最初の転籍は、ヴェルサイユ条約で得た賠償船7隻であった。米海事委員会は、1921年から22年にかけて民間に払い下げるに当たり、米国籍船と競合しないように配船することを転籍の条件にした[17]。なお、ボチェックは、前記のユナイテッド・アメリカ・ラインのケースを最初のそれとしつつ、その後労働組合の要求で上昇したコストを低下させるため1924年までに15隻の転籍があったとする（Boczek［1962］, p.10）。

パナマへの移籍は、米国からのみでなく、多くの国・地域から行われた。たとえば、スペインの内戦とからんだバスクからの転籍、難民輸送のための転籍、二重課税回避のための転籍（ノルウェー）、海賊放送のための転籍、ナチスに絡んだエッソの自由都市ダンチヒ（グダニスク）からの25隻の転籍、米国の中立法を回避するための転籍などである。ギリシャ船主の賃金、

社会保障、マンニング規制を嫌った本国、英国、仏国、オランダからの転籍も相当数に上がるが、上述した事例は競争上有利なのでパナマ船籍を選択するというよりは、種々の困難なあるいは不利益な事情を回避（refuge）することが第一の目的であったといえるであろう[18]。

第2の側面はパナマの動向である。もともと種々の事情を回避するためにパナマへ移籍されたにしろ、同国に移籍が集中したことは、パナマの経済・社会状況、海事政策や国際的関係において特殊な事情が存在したことを物語っている。海事政策についていえば主なものは、①領事登録、②外国会社所有、③パナマ海事法、④法人税の免除、⑤登録料と年間船舶税などである。

まず、領事登録であるが、もともとパナマに造船業が存在しなかったため、内航用船舶は外国で購入することになるが、その場合領事が仮登録証を発行したことに始まる。財政法に規定されていたが、1925年海事法第18条に移された[19]。外国船主にとっては極めて便利な制度となった[20]。

外国人所有は、パナマ法人を介せば1916年商法第1080条で認められていた（Carlisle［1981］, p.20）。

パナマ海事法は1925年に制定され、翌年拡充法が定められた。注目点は、パナマ船員の10％雇用条項（第16条）および大統領に対する商船学校設立権限の付与と、同校卒業者のパナマ船への雇用要求権限の付与である。カーライルはこの法律の制定にアメリカの影は見出せないという（Ibid., p.21）。これらのことからすると、少なくともこの時点においては、パナマは外国人所有の船舶を介してパナマ船員を育成し、やがてはパナマ海運を自立させようとしていたように思われる（1914年パナマ運河開通）。しかし、実際には商船学校は設立されず、後年第17条は削除されることになる。10％条項には但書きがあり、同条の義務を回避することは可能であった（Ibid., p.20, p.69）。

パナマ船籍が重要な意味をもつようになるのは1936年からといえるかも知れない。この年パナマの行政長官（Panamian executive）は海運業の収入を1934年所得税法から免除する決定（resolution）を下したからである（Ibid., p.51, p.53, p.55）。ESSOの移籍もあるがこの年以降パナマの船腹は著増する。

1935 年 43 隻、13.7 万総トンであったが、1939 年には 159 隻、71.8 万総トンとなった。法人税の免除は、パナマ政府をして船籍関連収入獲得へ向わせることになる。

　法人税の免除は 2 つの大きな意義をもつ。1 つは、ここに世界で初めて便宜船籍法が出来上がったことであり、2 つは、パナマが便宜船籍国として国家収益・歳入のために制度としての FOC を運用し始めたことである。法人税については後にも検討するが、法人税が免除されることによって船主の負担はトン数にリンクした定率の登録料と年税だけになり、強烈なインセンティブとして働いた。森久保博によれば、1960 年代のケースであるが登録料・年税は大方日本より低いといえるが、場合によってであり、法人税の有無が大きいとする。ホンジュラスの登録料・年税は低いのに、パナマ、リベリアに比べてホンジュラス籍船が少ないのは所得に課税されるためであるとする（森久保［1970］、（上）12 頁）。

　2 つ目の国家収益についてはあまり注目されないが、極めて重要である。FOC か否かを判断したり、FOC を評価するうえで重要なメルクマールといえるからである。まず、船舶登録税（initial registration fee）と年税（annual fee）であるが、その名称からして登録やそれを維持するためのサービスに対する反対給付のように理解されそうであるが、税金と解すべきである。租税に対する通説は、「国家が、特別の給付に対する反対給付としてではなく、公共サービスを提供するための資金を調達する目的で法律の定めに基づいて私人に課する金銭給付である」（中里他［2011］、21 頁）とするのであり、税金として位置付けられる。上記で引用した森久保は「船舶登録税と年税」とする。コールズとワットは"registration fee and annual tonnage tax"とする（Coles & Watt［2009］, p.260）。

　法人税を免除することによって、パナマ政府は所得の実態すなわち船舶所有会社の有り様を詮索する必要がなくなり、徴税コストも極小化され、安定した歳入源を得ることになった。カーライルもパナマの海事システムは船員のためではなく、領事および中央政府の収入のためであったと指摘する[21]。

(c) 覇権国家アメリカの軍事戦略と FOC の「創設」

パナマの海事法が整備され、パナマへの移籍が増加したからといって国際的に「許された存在」となるとは限らない。すでに、1933 年の ILO の合同海事委員会（JMC）においてはパナマへの移籍が労働条件を低下させているとして議題とされたし、戦後すぐに ILO で調査されることになった[22]。また、国連の第 1 次海洋法会議（1949～1958 年）においては、船舶の国籍要件が大議論となり FOC は正に崖っ縁に立たされたのである。これを救ったのがアメリカである[23]が、アメリカを突き動かしたものはパナマの海事政策とはまったく関係のない覇権国家としての軍事戦略である。米国の世界戦略にとって FOC は不可欠な存在になっていたからである。詳しくは第 3 章に譲るが、覇権国家の軍事戦略に FOC が組み込まれることによってその存在を国際的に否定することが難しくなったのである。この意味において、FOC はアメリカが創造したに等しく、その起源は 1947 年とみるべきであろう。1947 年とするのは、この年「アメリカの有効なコントロールの効く船隊（Effective US Control Shipping）」という軍事政策が確立するからである。

(4) FOC（Flags of Convenience）の再定義
(a) 再定義と若干の解説

前々項でいくつかの定義とその考え方を紹介したが、グランディの定義は、ギリシャのような利便性の高い船籍といわゆる FOC を分かつうえで傑出した定義といえる。トロファーリのそれはより洗練された定義と評価できるが、いくつかの点で物足りなさを感じる。1 つは、FOC は戦前の産物か否かである。彼等の定義によれば第 1 次大戦後のパナマの船籍にその起源を見出すことになるが、それは社会科学的にみて十分とはいえない。2 つは、複雑な FOC 現象を簡潔に表現するに「魅力的な条件」ではあまりに抽象的にすぎることである。換言すれば、ロッチデール基準を包括的に表現する余地は残されているのではないか、ということである。3 つは、国際法あるいは国際社会との関係に対する言及が乏しいことである。以上を考慮し、再定義を試みるなら次のようになる。

FOC（Flags of Convenience）とは、アメリカの軍事戦略を原動力として、実質的には、戦後に生まれた制度であるが、小国が当該制度を設ける目的は国家収入を獲得するところにある。この目的と関連して、その制度的特質はオフショア性に見出される。このオフショア性によって、船籍国は収益を確かなものとし、それを利用する船主は国際競争力を手にすることができる。また、FOC と国民経済との関係は極めて希薄となる。

　若干敷衍しておこう。まず、覇権国家との関係を抜きにして FOC を語ることは不可能であることは前にも触れたが[24]、両者を結びつけた要因・要素はすぐ後に述べるようにパナマ船籍のオフショア性である。

　次に国家収益目的であるが、まず小国であることが条件となる。たとえば便宜船籍国間の競争が激しいため年間登録料といわれるものはトン当たり 10 セントの国が多いが、1,000 万トンの登録があったとしても収入は 100 万ドルにしかならない[25]。この金額が貴重な働きをするのは小国においてのみである。また、国家収入を極大化するには、より多くの船籍登録と行政コストの極小化が目指されることになるが、両者はオフショア性の強化によって実現する。たとえば、外国の船主にとって普通の多国籍企業のように船籍国の国民経済の一員となる投資を要求されるのであれば（小国であることも手伝って）、二の足を踏むであろう。一方、船籍国にとってグランディのいう主権を行使するなら行政コストは国家収入を上回ってしまう可能性が高い。FOC をオフショアな存在に止め「面倒をみないこと」が肝要となる。

(b) FOC の特質としてのオフショア性

　さて、オフショアといえばオフショア金融市場、オフショアセンターが有名である。有斐閣『経済辞典 第 4 版』はこれについて、「海外から資金を調達して海外に融資する国際金融市場で、ユーロ市場の地域拡大版といえよう」とする。及能正男（[1986]、21 頁）は、オフショアセンターの要件として次の4つを指摘する。第 1 に、金融取引全般について規制がない。たとえば資金の移動制限や貸出金利規制など。第 2 に、資金取引コストが極小である。たとえば税法上の優遇策、預金準備率の不適用、預金保険制度の不存

在である。第3に、政治的・経済的安定性の保持である。外国資産の国有化は極端な場合であるが、課税強化などは市場の継続性にとってリスクとなる。第4に、国際金融市場との関係を有することである。語源的な意味でのオフショア（off-shore）とは「沖合い」のとか、「海岸から離れた海域」などであるが、上述したところから伺われるオフショア性は、国民経済から離れた金融活動であり、それゆえに自由な・国内的な制約や規制から解放される活動に見出される[26]。では、FOCはどのような側面で、どの程度オフショア性を有しているのであろうか。UNCTADにおける議論については第5章3参照。

(ア) アメリカの軍事戦略上の要請とオフショア性

まずアメリカの軍事戦略である。徴用に至る前の段階として定期用船によって外国船をアメリカの軍事戦略に投入することも考えられるが、就航先が厳しい状態に陥れば最後は外国船（FOC）の徴用という強権に訴えることになる。その場合の第1の要件はアメリカ船主の所有する船舶であるが、第2の要件は当該外国船の旗国の了解である。外国政府による徴用は、旗国が有する自国船舶に対する排他的管轄権（公海）を排除するので明白な主権の侵害となる。了解には政府間協定だけでなく黙認も含まれるが、旗国政府が了解できる最大の要素は自国船が自国とりわけ自国経済と無関係かほとんど関係がない場合であろう。たとえば、被徴用船が旗国と外国との貿易にとって重要な船舶であったり、自国船員が多数乗り組んでいれば自国民の安全確保という最低限の国家の役割からして了解は困難であろう。これに対し、FOCがオフショアな存在であれば旗国も承認、黙認しやすくなるであろう。ただ、オフショア性は多岐にわたる。

(イ) タックス・ヘイブンと実体のない現地法人

便宜船籍国はタックス・ヘイブンであることはよく知られている[27]。それによって船主を誘引しようとしていることは明らかであるが、ここでは法人税の免除に注目したい。たとえば、それが極めて低い税率であっても法人税を課すということになれば、国は所得の有無や所得隠しの有無を調査しなければならない。立ち入り調査権は当然付随することになるが、制度として

これ等を完結させるためには、実体のある会社（現地法人）の設立を強制する以外にない。会計帳簿の備え付けはもちろん、株主総会や取締役会の国内開催（必須とはいえないが）も要求されることになろう[28]。これに対して法人税を免除すれば、前にも触れたが徴税事務やそのための費用を省くことができる。さらに上述した関連規制は不要となり、行政コストは税制面においては極小化されることになる。

このようにして初めて、オフショアなペーパー・カンパニーの存立が可能になるというべきであろう。外国の船主にとっては単に税務コストが下がるだけでなく、経営の自由度が極度に上昇するので誘引効果は極めて高くなる。節税効果について付言するなら、船主の本国においてタックス・ヘイブン対策税制が実施されていない場合、減価償却そのものが問題とならなくなり企業の判断にもとづく自由償却となるから、高蓄積システムを手にすることができる[29]。

(ウ) 貿易、海運、金融フローのオフショア化

UNCTADの調査によれば、1973年の日本からリベリア、パナマ向け船舶の輸出はそれぞれ15.74億ドル、4.91億ドルであった。それに対しリベリア側、パナマ側の輸入はたった1,200万ドルと3,300万ドルしか報告されていない（UNCTAD［1977］, p.64）。最近の例でいえば、日本からパナマ向けの船舶の輸出は、2010年約147億ドルであったが、パナマ側の「輸送・通信機」の輸入額（2008年）は7.6億ドルにすぎなかった（ジェトロHP）。2つの例に示されたように、海運活動の基本となる船舶の「輸入」についてリベリアやパナマ政府は関知していないといえる。

次に、海運活動についてみておこう。IMFの国際収支統計は国際経済を知るうえで最も基礎的な統計であるが、パナマはFOCの海運収支を計上してこなかった。その理由として「外国人所有のパナマ籍船におけるパナマ人が占める資本割合やパナマ人船員の割合は無視しうるほどである。実質的にパナマ経済の一部を形成している・担っているとはいえないので、国際収支の目的を考慮して、上記船舶を所有する会社は非居住者として扱うことにした。ただし、それらの会社が支払う税や料金およびわずかな船員の送金について

は計上することにした」(IMF［1994］, p.543) と注記している。要するに、内航船などとして使用するのでなく便宜船籍のための船舶の輸入・輸出（売却）や便宜置籍船が稼いだ運賃などは便宜船籍国の国民経済と関わりがないとしているわけで、船舶の売買や海運活動はオフショアな経済活動として位置付けられているといえる。

　高橋元（［1979］、3頁）によるとタックス・ヘイブンの一般的要件の1つは「為替管理がないこと」であるとする。また、氷川秀男と及能はオフショア・バンキング・センターとしてパナマ、リベリア、バミューダ、バハマ、ケイマン、オランダ領・アンチルス、レバノン、キプロス、バヌアツ、マーシャル諸島などをあげる[30]。また、これらの多くのセンターは金融実務を行わず、記帳管理地（ブッキング・センター）であるにすぎないという。UNCTADの調査報告書は便宜船籍国に在る子会社に注目して、「船舶の購入や割賦弁済金、運航収入とそのコスト、利益と損失などに伴う金融フローは子会社の収支計算書に正しく記載されるかも知れないが、必ずしも、船籍国へのおよび船籍国からの同様な金融移転を生じしめるとは限らない。このことを知ることは大切である」、たとえば船舶購入の場合「定期的な分割払いは旗国を通じて行う必要はなく、親会社と造船所又は前所有者の間で直接に解決することができる」とする。実際には、現地子会社は、親会社などを船舶管理者として指名し、その者が金融フロー・通貨を取り扱い、現地子会社の帳簿には「記載」されるだけであるという（UNCTAD［1977］, pp.46-47）。もちろん、「直接に解決する」といっても、貿易決済には為替銀行を介する必要があるし、資金調達にはオフショアセンターを利用することになる。実際には、ユーロダラー、オフショア・センター、タックスヘイブンが三位一体的に機能しているといえよう。ユーロダラーについては第2章で扱う。

(エ) オフショアな海上労働市場（世界単一市場）

　便宜船籍制度では外国人船員の雇用は自由であると指摘されるが、そのもつ意義は意外と深い。通常の海外進出であれば労働力の調達は進出先国の労働市場を通して行われる。たとえ外国人労働力の雇用が進出先国で自由であるとしても同じである。ところが便宜置籍船にあっては、船籍国に船員労働

市場が存在しないので[31]、雇用主たる船主は、グローバルに船員を探し求めることになる。具体的には、たとえばフィリピンに代表されるように、船員の居住地国（母国）の船員市場で調達することになる。ただ、注意しなければならないことは、①特定国に限定されないこと、②賃金レベルの変化などから上記市場は移動すること、③リスク分散も含め多数の国から調達していることである。要約すれば、海上労働市場はオフショアな世界単一市場として実在しているといえる。

（オ）行政コストの極小化とオフショア性

便宜船籍国が国家収入を極大化するために、あるいは外国船主をより多く誘引するために、はたまた他の便宜船籍国との競争上優位に立つために種々の手段が採られてきたが、大きく3つに分けられると思われる。

1つは徴税コストである。法人税免除による徴税コスト極小化についてはすでに述べたが、船舶登録税、年間登録税その他の租税が船舶のトン数という明確な基準によって課されていることにも注目すべきであろう。純トンであったり総トンであったり種々であるとともに、トン当たりたとえば0.1米ドルであったり船舶の大きさに幅を持たせた賦課金であったりするがいずれにしろ手数はかからない。これらにより船主がどの程度の利益を得ているかについては、タックス・ヘイブン対策税制に関係する（すでに触れた）。

2つは社会保障費である。外国人船員の雇用を自由とすることによって社会保障制度を確立しないで済んでいるといえる。船主の利益も大きいが、船員のハンディも大きいわけで、年金等の保障の代わりに賃金は自国船より高いという傾向が欧州でみられた。

3つは安全に関する行政コストである。便宜船籍国もIMO条約、ILO条約を批准しているので（濃淡はあるが）サブスタンダード船は例外であるといわれることがある。ただ、行政コスト面からみると若干異なった姿となろう。国際法は旗国主義を原則としている。この原則の論理的な含意は海事行政機構を自国で抱え実効的に管轄することであろうが、実際には他国（多くは伝統的海運国）の船級協会に依存しているといえる。乗組員の資格についても、他国の免状に同等資格を与える制度を採用している国が多く、自前の試験制

度を有していてもその利用は少ないようである(32)。要するに外部資源を活用すること（アウトソーシング）によって行政コストを大幅に抑制しているといえよう。さらにいえば、実効性の確保をポート・ステート・コントロール（PSC）という外国の海事行政機構に依存しているのが実態であるといっても過言でない。次節で扱う。

　以上にみた3つの行政コストの極小化策は便宜置籍船を国民経済の外に、すなわちオフショアな存在として等閑に付すことによって行われているともいえる。徴税コストの極小化といっても、便宜置籍船が国民経済内の存在であればコスト削減よりも税収の確保に向うであろうから法人税を免除することはあり得ないであろう。社会保障費については多くを語る必要がない。乗組員を自国の労働者でと位置付けるならば異なる方向に進まざるを得ない。安全コストについていえば、グランディではないが国家主権の行使と考えるか、サービス販売と考えるかであり、後者にあっては国籍証書は当該旗国と縁の薄いものとなる。

（カ）国際法との関係

　上述したところから、便宜船籍制度は徹底したオフショア化のうえに成り立っていることが認められるであろう。海運産業を興そうとしているわけでもなく、ただ単に船籍サービスだけを販売するかのような小国が多数存在している。もちろんこのことの不自然さをめぐって激しい議論や政治的・社会的対立を生んできたが、便宜船籍制度を段階的に廃止したり、縮小したりすることには成功しなかった。むしろますます盛んといえる。後掲表1-2参照。

　このような状況が戦後半世紀以上にわたり国際社会で許されてきた要因の1つとして、国際法固有の性格を指摘することは無意味でなかろう。ヨーロッパに限定されるが、国家主権が誕生するのは1648年のウェストファリア条約であるとされる。ボタンの『国家論』（1576年）やホッブズの『リバイアサン』（1651年）において「国家は最高の権力」「至上の権威」などと位置付けられ近代的な国家主権の確立に大いに役立ったことは認められている（横田［1972］、37頁）。主権国家には、①領土の確定、②物理的な暴力の独

占（常備軍、警察）、③近代的官僚制、④公的人格としての権力構造（君主の私的人格からの切り離し）、⑤政治と宗教の分離（30年戦争の終焉）などが必要であるとされる[33]。そして、この主権によって国内的にはどのような秩序を維持するかは自由とされる。たとえば、資本主義社会であろうと社会主義社会であろうと。

　このようにして国内的には矛盾のない統一体が形成されたわけであるが、国家関係、地域規模での編成となると困難を極めることになる。「至上の権威」として国家が存在によって、国家の内と外は分離されるとともに、国家間は至上ゆえに平等となり、国家を超えた統一的権威を樹立することは困難になるからである。このような絶対的ともいえる国家の存在は西欧的な「個」と深い関係があることがうかがわれる。実際、上記の難問の解決は、個人と個人の（契約）関係と同様に、国家と国家の合意である2国間条約や多国間条約に拠っている（条約法に関するウィーン条約前文参照）。国際法は現代においても基本的にこの枠組みを維持している。

　海洋に目を転ずれば、領土（内水、領海などは省略）以外に権力は及ばないことになる。国際法はこの権力の空白地帯を「公海」とするのであるが、無法地帯であるとして放置するわけにはゆかないので、船舶についていえば国家が船舶に国籍を付与しコントロールすることで、公海の秩序維持が図られることになった（旗国主義）。

　しかし、どのような船舶に国籍を付与することができるかは問題として残った。この点については、種々の段階を経て（第3章3（1）(a)参照）各国が決めることができるとする国際慣習法が成立したとされる[34]。戦後いわゆる便宜置籍船の増大に危機感を抱いたヨーロッパは、「旗国と船舶の間には『真正な関係』がなくてはならない、それを欠く場合他国はその国籍を否定できる」との縛りを入れた成文国際法（公海条約）を成立させようとしたが、失敗した（詳しくは第4章参照）[35]。

　国家主権のレベルに話を戻すと、国籍付与権限は基本的に動揺をきたさなかったことになる。これによって便宜船籍国はオフショアな船籍を有することができるようになったわけで、国際法の「主権重視」の伝統的な有り様が

反映したものといえよう。

2　FOC（Flags of Convenience）をめぐる諸論点

「FOC はすばらしい制度だ」と賛辞を送る人が誰もいない。ここに便宜船籍制度には多様な論点が伏在していることを知る。便宜置籍船がまだ幼少であった 1960 年初頭スターミーは「FOC 問題の解決策はあるのであろうか。そもそも問題があるのだろうか」と問いかけていたが、1980 年代半ばには多くの問題点を認識し、制約を加える必要性に言及していた。(Sturmy [1962], p.232, [1985], pp.57-63)。ただ、便宜船籍制度の問題点は何であるのかについては指摘される機会も多いので、本節では諸論点の整理に力点を置くことにする。

なお、前節においては、FOC（flags of convenience）をそのまま使用することが多かったが、今後については、制度を指すときには「便宜船籍制度」を、船籍国を指す場合は「便宜船籍国」を、船舶を指す場合は我が国において一般的用法である「便宜置籍船」を原則として用いることにする。最後の便宜「置籍」船は、前にも触れたように実質的な所有者・受益船主の側からの位置付けであり、その目線は大いに気になるが、たとえば「便宜国籍船」（注 6 参照）も馴染みが薄いので、半世紀以上の歴史をもつ「便宜置籍船」を船舶としての FOC の名称として用いることにする。また、本書のタイトルが示すように、FOC 全体を示す場合も使用することにする。

(1) アメリカの軍事戦略の手段としての便宜船籍制度

前にも触れたが、便宜船籍制度の論点という視角からは、何よりもアメリカの軍事戦略が礎となっていることに注目せざるを得ない。戦後アメリカは第 3 次世界大戦の可能性を前提とした軍事戦略を構築するが、それは第 1 次、第 2 次世界大戦と同様の「総力戦」であった。この戦略にとって何よりも重要なものの 1 つは、国民生活に必要な物品と軍需品を輸送するための商船を平時に保有し続けることにあった。しかし、アメリカにはもはやその能力が

なかった。自国造船所の船価は高く、船員の賃金は極めて高額で補助金だけでは必要とされる膨大な船隊を維持することができなかったからである。

そこで代替策が模索された。第2次世界大戦中の経験にヒントを得たEffective US Control Shipping（米国が有効に統制する船隊）政策がそれである。具体的には、アメリカ船主が保有するパンリブホンといわれたパナマ、（リベリア）、ホンジュラス籍の船舶を戦時に徴用し代用しようとした。この手段性は3つの意味をもつ。1つは、軍事戦略達成のための手段であるため、国際海運が歴史的に形成してきた（良し悪しは別にして）海運市場やそのための秩序・制度は考慮されなかったことである。歴史的に形成された自国民性（ナショナリティ）は無視された。その端的な例が、外国人にも許容するオーナーシップであり、外国人船員の自由な雇用であった。これを最大限に活用できた米国資本およびギリシャ資本は高い競争力を誇示しながら既存の市場・秩序を侵食していった。

2つは、前節でみたオフショア性である。

3つは、米国のパワーの行使によって永続性を得たことである。換言すれば国際海運の歴史的営みが生み出した制度ではないことである。多くの文献において便宜船籍制度の起源は数世紀前に遡るとされることについてはすでに触れたが、そこで示される事例はニッチであるがゆえに放置されてきたことに注意しなくてはならない。もし肥大化していったなら、国際海運市場の秩序を乱す者として排斥されたであろう。パナマもその例に洩れない。後章で詳しく論じるように、ヨーロッパの便宜置籍船排斥運動は執拗であった。それにもかかわらず、生き残ることができたのはアメリカの覇権であった。この3つ目の論点は論者の社会科学的認識を問うものでもある。

(2) 国家収入確保の手段としての便宜船籍

便宜置籍船を提供する便宜船籍国は自国海運の創設・発展のために開放船籍を有しているのではなく、国家収入（外貨）を獲得する手段として活用していることはよく知られている。前述したように、この手段性をグランディはその定義の核心部分に位置付けた。小国にとってこの制度がいかに魅力的

第1章　FOC（Flags of Convenience）をめぐる論点の概括的な整理

であるかは、1970年代以降に新たに参入した便宜船籍国一覧（**表 1-2**）でも知ることができる。たとえば、リベリアの海事収入は、1975年1,650万ドルで、国家歳入の実に13.2％を占めていた。1981年は2,010万ドルで、9％であった（Nelson［1984］, p.188, p.300）。また、UNCTAD（［1977］, p.67, par.207）は、登録料・年税等で1975年、リベリア：1,890万ドル、パナマ：640万ドル、キプロス：100万ドル、シンガポール：90万ドル、バミューダ：20万ドルと推定している（1960年代については、MT［1971］, pp.94-95参照）。

　一方、便宜船籍大国はともかく小国にとって海事行政コストの極小化圧力は想像を越える。バヌアツは1906年以来英仏共同統治領という珍しい植民地の下にあったが、1980年の独立を機に便宜船籍国の仲間入りをする。人口はわずか約24万人で、GNIは6億ドルである。恒常的な貿易赤字国で援助を頼りにしている。オフショアセンターでもある。200万トン程度の登録船腹では初期登録料を別にして、年税・検査料などで得られる収入は40～50万ドル程度と推測される。オフショアセンターとの連結効果に重点があるかも知れないが、行政コスト極小化への圧力は前節でも触れたように相当高くならざるを得ない。結局、主権を行使しながら（国籍付与要件の設定）、実効的管轄義務を十全には果せないという問題を抱え続けることになる。

(3) 海難（低い安全性）

　OECDは、1964年から1973年までの10年間について全世界の「全損船舶」の調査をした。それによると便宜置籍船の全損率はOECD加盟国のそれに比べてトン数で4.1倍、隻数で3.1倍であった[36]。当時、便宜置籍船の海難がいかに多かったか驚くばかりであるが、それよりも世界を震撼させた海難は原油の流出による海洋汚染であった。とりわけ原油にまみれた瀕死の海鳥類の映像は環境破壊の深刻さを如実に物語っていた。**表 1-3**は便宜置籍船による大規模原油流出事故を示したものである。

　最近では、世界の耳目が集まるような便宜置籍船の海難は減少したようにみえるが、東京MOUのPSC（本節（5）参照）による拘留（detention）は上位を便宜置籍船が占めている。また、2011年度後半6か月間に日本で実施

表1-2 新規参入便宜船籍国とその船腹

船籍国	参入年	隻	千/W[1]
バルバドス	1973	100	1,073
モーリシャス	1974	3	12
セントビンセント[2]	1974	541	6,919
トンガ	1976	28	73
バヌアツ	1983[3]	58	2,036
アンティグア[2]	1987	1,194	13,011
マーシャル諸島	1992	1,240	75,974
ベリーズ	1992	242	1,210
カンボジア	1995	730	2,556
サントメ[2]	1999	15	26
ボリビア	1999	42	124
コモロ連合	2001	201	1,004
モンゴル	2003	106	1,225

出所：DeSombre [2006], p. 44, ISL [2010], pp. 19-21.
注1) 船腹量は2010年1月1日現在。
 2) 名称はそれぞれ、セントビンセント＆グルナディーン、アンティグア＆バーブーダ、サントメ＆プリンシペ。
 3) 榎本 [1993]、428頁は1981年とする。

されたPSCで拘留された99隻のうちのワースト5は、カンボジア45隻、パナマ28隻、シエラレオネ10隻、ベリーズ3隻、ベトナム3隻であった[37]。

　一般的にいえば拘留率は低下しているといえるが、新興便宜船籍国の台頭を加味すると楽観は許されない。事実、2006年に多発した日本船社が支配する便宜置籍船の海難に関連して、海事局外航課は「便宜置籍船等の安全対策の再点検について」を船主協会に発状する（同年12月22日）とともに、主要外航船社（10社）に、再点検の結果と新たに講じた措置等を報告するように要請した[38]。

(4) 船級協会（classification society）の商業化
　マルタ籍の便宜置籍船 *Erika* 号は3万7千重量トンのシングルハル・タンカーであった。1975年に笠戸ドックで建造された老朽船である（事故当時船齢25年）。同号はダンケルク港（仏）で重油をほぼ満載し、

26

第1章 FOC（Flags of Convenience）をめぐる論点の概括的な整理

表1-3 便宜置籍船の主要海洋汚染事故

年	船名 （重量トン）	旗国	流出量 （トン）	備考
1967	トリー・キャニオン （118,285）	リベリア	119,000	英国南西部シリー島とランズエンドの間の浅瀬に座礁。原油炎上のため爆撃。仏海岸も汚染。
1968	W・グローリー	リベリア		南アフリカ
1970	P・グローリー	リベリア		英国のワイト島沖、アレグロ号と衝突
1971	ジュリアナ	リベリア	7,000	新潟、荒天錨泊中→座礁
1976	アルゴ・マーチャント	リベリア		米国東岸ナンタケット、座礁
1977	ハワイアン・ パトリオット	リベリア	95,000	ホノルル西 330 マイル、船体に亀裂・流出
1978	アモコ・カディス （233,690）	リベリア	223,000	ブルターニュ沖、舵故障・漂流・座礁・折損、全量流出
1985	ノア	リベリア		
	ネプチューン	リベリア		
1991	ＡＢＴ・サマー （267,810）	リベリア	260,000	アンゴラ沖爆発炎上
1993	ブレア （89,730）	リベリア	85,000	英国シェットランド島、座礁
1996	シー・エンプレス （147,273）	リベリア	72,000	英国ミルフォードヘブン港外、座礁
1997	ダイヤモンド・グレース （258,000）	パナマ	1,550	東京湾で座礁
1999	エリカ （37,283）	マルタ	11,000	仏ビスケ湾で折損。ブルターニュ海岸汚染
2000	ナツナ・シー （90,000）	パナマ	7,000	シンガポール・セントーサ島南方、座礁
2002	プレスティージ （81,589）	バハマ	77,000	スペイン北西部沖で折損、スペイン・仏 海岸汚染

出所：海事レポート（各年）、海上技術安全局「主要なタンカー油流出事故について」（国交省HP）、逸見［2006］、268頁ほか。
注1）ダイヤモンド・グレース号を除き、7000kl 以上の流出例。
  2）座礁、折損などは、乗組員や船体に問題があることが推察される。

27

1999 年 12 月 8 日イタリアに向け出港した。2 日後、ビスケー湾にさしかかる頃から荒天となり、甲板上に亀裂を発見したためロアール川河口近くのサンナゼールに避難しようとしたが、12 日には船体が 2 つに折れ、最終的には沈没した。2 万トンを超える流出油はブルターニュ地方を襲い、カキ、ムール貝の養殖、越冬していた海鳥、製塩業、観光業に多大な損害を与えることになった。

エリカ号の安全を認証したのはイタリアの船級協会 RINA であったが、建造以来 NK（日）、ABS（米、79 年）、BV（仏、93 年）と変遷を重ねていた。RINA は 98 年に船級を引き受け、3 回の検査を行うとともに、船舶管理会社に対し ISM コード上の適合書類（DOC）の発行とエリカ号の安全管理証書（SMC）の認証も行っていた。1 月後に出されたフランスの事故調査委員会の暫定報告書は、事故の主因は「腐食による船体の強度不足であり」、「事故以前から腐食を知り得る状況にあったにもかかわらず船級協会及び船舶管理会社は適切な措置を講じなかった」とした[39]。

ここで船級協会の商業化をやや詳しくみようとするのは、便宜置籍船の増大によって商業化を余儀なくされたからである。船級協会は 1760 年のロイド船級協会の設立まで遡ることができる（Özççayir [2004], p.477）が、主題との関連でいえばタイタニック号海難後に成立をみた SOLAS 条約（International convention for Safety Of Life At Sea、国際海上人命安全条約）と 1930 年の LL 条約（International convention on Load Lines、国際満載喫水線条約）に注目することになる。同条約によって各国政府（旗国）は主に船体・機関・設備・満載喫水線等の安全検査を義務付けられることになったが、その業務の代行を他の機関に委託することが認められ、海運各国に船級協会が設立されることになった。日本は、1934 年帝国海事協会・船級部（1946 年日本海事協会と改称、Class NK）が船舶安全法上の認証機関として認められた。

さて、造船所をもたない便宜船籍国が検査機関をもつことは不可能であるし、また、条約上も必要とされていないので、便宜船籍国は他国の船級協会を利用することになる。各国の船級協会からすると、自国籍船以外の顧客の誕生となるが、船級協会同士の競争の始まりでもあった。1980 年代に入り

第 1 章　FOC（Flags of Convenience）をめぐる論点の概括的な整理

転機を迎える。伝統的海運国の船舶は次々とフラッギング・アウトし、各国の船級協会は急速に独占的な自国の市場を失っていったからである。やがて、主な顧客は便宜船主という状況が生まれ、激しい獲得競争の中で船級協会の商業化は避けられないものとなった。コンサルタントのプリズマは欧州委員会に対し、「船級協会に対する商業的圧力および十分な専門性とプロ意識を有しない船級協会の増加で、船級協会に対する海事社会の信頼はここ数十年低下してしまった、とする見解・懸念が増大している」と報告した[40]。フランス政府はエリカ号海難で RINA を、スペイン政府は *Prestige* 号海難で ABS を提訴したが、事の一端を物語っていよう。

　エリカ号海難は、海洋汚染のひどさと同号をとりまく実態の複雑さから、EU 全体の問題として扱われることになった。2000 年から 2005 年まで 3 回にわたって政策（ERIKA Package Ⅰ〜Ⅲ）が樹立されたが、この間エリカ号とよく似たプレスティージ号の沈没事故が発生（2002 年 11 月）したため、政策対応は極めて厳しいものとなった。①シングルハル・タンカーの段階的廃止の前倒し、②油濁補償基金の引き上げ、③ポート・ステート・コントロール（PSC）の強化、④欧州海上保安庁の創設など多岐にわたるが、船級協会については次のような決定が下された。①船級協会の業務に対する監視の強化。各国別であった船級協会の認可・監督を EU と各国の共同権限とし監視を強化する。②船級協会の品質管理の強化。従来、品質管理は国際船級協会連合（IACS）で自主的に行われてきたが、EU において品質管理の方法・要素を共通化し強制する。また制裁も導入する[41]。なお、この間、EU 基準と IMO 基準の確執があり IMO 基準の大幅な変更が行われたケースも多かった。

　次に、船級協会の商業化はダブル・スタンダードの疑いを呼ぶことにもなった。パリ MOU は 2001 年の報告で「拘留された船舶 1,699 隻のうち、船級協会の責任によると考えられるものが 380 隻（22％）あり、そのうち 297 隻（78％）はブラックリスト掲載国を旗国とする船舶であった」とし、「これは船級協会において二重の基準が運用されていることを示している」とした[42]。

　以上を裏付けるかのように、東京 MOU は、2008 〜 2010 年の 3 か年間の

拘留船 5,679 隻のうち、船級協会の責に帰すべき拘留（Recognised Organisation responsible detentions）は 635 隻（11.2％）であったと報告している。本来、船級協会は政府の代行機関であり、検査は厳正かつ公平に行われなくてはならない。それにもかかわらず、責に帰すべき拘留が 11.2％に上るということは船級協会に対する信頼が著しく損なわれていることを物語っている。エリカ号海難にみられたように「船級協会の商業化」は一定限度を越えてしまったのではないかと危惧される状況にある[43]。日本では 2008 年に公益法人改革が行われたが、日本海事協会（Class NK）は公益法人ではなく、NPO の一般財団法人を選択した（2011 年 4 月移行）。NK のその後の商業化の展開は急ピッチである。

(5) 便宜船籍国の管轄・規制能力と PSC（入港国の監督）および MOU

PSC（Port State Control）とは、入港国の公的機関による外国船舶の監督を指す。IMO や ILO の諸条約や諸規則のうち一定のものについて、外国船がそれらを遵守しているかどうかを、当該条約等が定める範囲以内で検査（inspection）することができる。場合によっては、出港禁止となる拘留（detention）も許される。

MOU（Memorandum of Understanding on Port State Control）は、PSC と一体不可分であるが、ある海域の国々が協力して、統一した基準にもとづき効果的にPSC を実施しようとするものである。歴史的には、ILO の労使による協議機関である JMC（Joint Maritime Committee）において 1972 年便宜船籍問題が取り上げられたことに端を発している。1976 年に採択された「商船における最低基準に関する条約（第 147 号）」に PSC が定められたが、この条約に注目するのは PSC を効果的に運用するために、各国の協力を定めた「ハーグ覚書」（The Hague Memorandum of Understanding on Port State Control, ハーグ MOU）が 1978 年締結されたからである[44]。なお、2006 年の海上労働条約で本条約は改正・破棄された（2013 年 8 月発効確定）が、PSC は強化された。詳しくは「結語」注 2 参照。

PSC を 1 国が独自に行っても負担の割りに効果は薄い。もし、ある（商業

第1章　FOC（Flags of Convenience）をめぐる論点の概括的な整理

的）海域ごとに各国が協力して行えば、重複検査を避けることができる（優良船について）とともに、問題の多い船舶については情報交換を行うことで追跡調査も可能となるし、ブラックリストに載せることもできる。そうなれば、当該船舶はその海域において商権を失うに等しい事態に追い込まれるであろう[45]。逆に、このような方法・手段が採用されなければ、サブスタンダード（基準以下）船の排除は困難である。

　このように、PSCとMOUは便宜置籍船およびサブスタンダード船の規制にとって極めて強力な武器として機能しているが、国際法上の性格や便宜船籍制度との関連については曖昧に処理されているように思われる。まず、PSCの性格について、「旗国の管轄義務に対する支援・援助」であるとか、「国際協力」であるとかいわれることがある[46]。IMCO（政府間海事協議機関）は1975年の「入港国による船舶規制手続」（Resolution A.32 (IX)）において、PSCは旗国の採用する手段の補完（complementary）と位置付けられるべきだ、また、PSCは主に条約の実効性を確保しようとしている旗国を支援（assist）することを企図しているのだと決議している（UNCTAD [1981a], p.6）が、このことが影響しているのかも知れない。ただ、このように理解することはやや表層的にすぎるのではなかろうか。第1に、PSCは入港国の領域主権に源をもつ入港国の独立した権力行使であって——IMO条約などの範囲内に限定されるが——旗国のエージェントとしての権力行使ではない。

　第2に、旗国に対する支援といってもいわゆる発展途上国に対する支援とは性格を異にすることである。すでに述べたように、便宜船籍国は国家収入を得るために船籍提供を行っているのであり、支援すべき歴史的・道義的・社会的根拠は希薄である。

　第3に、海洋法は成文をもって上記の補完機能などは「否定」していることである。たとえば、公海条約第5条は各国に船籍付与要件を自由に定める権限を与えるとともに、当該船舶に対し排他的管轄権を付与した（第6条）。他方でその論理的帰結として、当該船舶を有効に管轄すべきこととした（国連海洋法条約もほぼ同じ）。要するに、国際法は「至上の権威」に期待し、海洋の秩序は旗国の力のみで自己完結的に維持できる、と少なくとも規範的

31

には考えているわけであり、他国の支援を必要とするものではない。もちろん、全世界に散らばった自国船を監督するのは至難のわざであるが、条約は「真正な関係」が存在すればこれを克服できると思考したのではなかろうか。

第4に、歴史的にみても協力や支援とは関係ないことである。端緒となったILO147号条約は便宜置籍船の規制、すなわち主に欧州海運の防衛が背後にあったわけであるし、IMO関係についていえばヨーロッパの海洋環境の保全が第一義であったことは語るまでもないであろう。

MOUに触れておきたい。MOUについては非拘束合意あるいはソフトロウが強調されるけれども、拘束力のある多国間条約とした場合の難しさはどこにあるのであろうか。多国間条約とした場合、その元となる権原はどこにあるのか、主体は誰かに逢着してしまうのではなかろうか。地域的な監督機関を設立しても当該機関が加盟国以外の船舶を、たとえば拘留できることにはならないであろう。やはり領域主権という「逃げ道」を失うわけにはゆかない。

最後に、歴史的にみれば、PSCやMOUは、手を拱いてはいられない海洋環境の破壊状況や海上労働の厳しい現実から生まれた制度であることは確かであろう。ただ、社会学的にいえば、旗国の条約不履行等に対する制裁・サンクションとしての側面と、便宜置籍船を利用する海運資本が便宜置籍船に対する多くの批判を一定程度に抑え込むために各国政府に旗国の能力不足の補完を「要請」した結果生まれた側面があるとはいえるであろう[47]。

(6) 海上労働の困難性の増幅

海上労働は、もともと離家庭性、離社会性、自己完結性などとして指摘されるような「海上労働の特殊性」を具有し、一般の陸上労働に比べ困難であるといえる。便宜船籍制度は、この困難性を解消する方向ではなく、増幅する作用をもたらした。一言でいえば、労働者は自らが所属する国民経済と不可分の関係にあるのに、便宜置籍船において船員は国民経済から切り離され、世界市場に投げ出される。世界市場に身を置くといっても、そこにコスモポリタンな世界が存在するわけではない。原理的には、最も先鋭な主権国家の

集まりとされる世界が広がっているにすぎない。不可分であるものを可分すること（引き離すこと）は絶対的矛盾であるといえるが、雇用慣行も含め船員に苦痛を与えることが多くなる[48]。

(a) 遺棄 (abandoned seafarers)

たとえばある港に入港した場合、船主から賃金の支払いや燃料油、食糧、水その他の必需品の供給がなく、出港することもできず放置されることがある。船主の倒産に伴う遺棄が多いが、それに限らない。ILO が取り上げるところによれば、1999年の1年間に97隻、2,149人の船員が遺棄されている[49]。信じられないほどの数であるが、3分の2は便宜置籍船である。このような事態が発生するのは、旗国が船主に適切な法の遵守を命じないか、執行を確保できないかに因る。便宜置籍船の場合旗国に存在する現地法人はいわゆるペーパー・カンパニーであるから後者といえよう。入港国にとってみると、関係官庁は私的所有権もからみ、有効な手を打つことが難しい。実際には、ITF や ICMA (International Christian Maritime Association) のような宗教団体などの援助で解決に至るが、解決までに数年を要する場合もある。

(b) 不安定雇用

船員は乗船後1年程度海上で労働に従事し、下船・帰省するのが普通であった。その関係で、乗船中のみの雇入契約という期間雇用形態が取られていた。ただ、この形態は1年前後という不安定雇用にならざるを得ない。そのためハイヤリング・ホール制（米国）や船員常置制度（英国）など、船主は乗船の都度変わるが雇用の継続が確保される労使関係が築かれてきた。日本は陸上と同じ終身雇用制であったが世界的には希なケースである。

伝統的海運国に限らず、船員市場が1国内で形成されている場合には労使関係の永続性から雇用の安定性に配慮せざるを得ないが、便宜船籍制度はこの市場の枠組みを取り払うことになった。その結果、便宜置籍船の船員市場は世界化するとともに、船主は船員の調達をマンニング会社 (manning agencies) に依存せざるを得なくなった[50]。船員の雇入を監督するのは旗国ではなく、船員供給国という事態も発生している[51]。旗国主義の下にありながらそれを貫徹できないでいる。便宜船籍制度の1つの欠陥といえよう。

(c) 裁判を受ける権利の実質的放棄

近代法の特徴である基本的人権の1つとして「裁判を受ける権利」がある。刑事裁判、行政裁判に限らず民事裁判も含まれる（日本国憲法第32条）。民事関係において裁判が受けられなければ、契約の存否、解釈において力の強い者の見解が通ることになるからである。便宜船籍制度において船員は実質的にこの権利の放棄を迫られることになる。たとえば、フィリピン船員が労働災害で負傷した場合、イギリスの船主を船籍国パナマで訴えることや、賃金の不払いを求めてイギリスで訴訟を提起することは実際上困難であろう。

(d) 労働法、労働監督の実質的不在

不安定雇用と似たところがあるが、労使関係が1国内で形成されていれば、たとえ旗国は別のところにあっても実質的な弊害は少ないであろう。旗国の労働法に抵触することがあれば集団的な労使関係がそれを許さないであろうからである。ところが、便宜置籍船にあっては3者（旗国政府、船主、船員）の所属国はバラバラであり、旗国の監督機関が労働法の実効性を確保しようとしても、ペーパー・カンパニー相手では実際上は妥当せしめるのが難しい。国連海洋法条約は「いずれの国も、自国を旗国とする船舶に対し、行政上、技術上および社会上の事項について、有効に管轄権を行使し及び有効に規制を行う（shall）」（第94条第1項）と定めているのに、である。

(e) 団結権行使の困難性

後述するフォーディズムの下では団結権、団体交渉権が保障され「調整」が行われていた。便宜船籍国においてもその多くがILO87号、98号条約を批准しているが、実際に団結権を行使し、有効な労使関係を構築することは船上であれ、船籍国であれ極めて困難である。もともと海上労働にあっては、前述したように約1年間の乗船であるため継続した人間関係を築くことが難しい。しかも、下船すれば家族の待つ故郷に帰りバラバラな存在となる。そこで全日本海員組合のようなプロ専従を擁する産業別あるいは職能別の組織が必要になるわけであるが、団体交渉を重ねて妥結するためには相手方である船主（団体）もまた同一国内に存在する必要がある。フォーディズムの時代には世界的にみてこのような労使関係であったとみてよい。

ところが便宜船籍制度は、これを解体する。便宜置籍船にあっては労使が別々の国に存在するのがむしろ普通である。混乗（mixed crew）においては国の数は多数にのぼることになる。この隘路を打開する方法がないわけではない。世界的な組織であるITFは交渉管轄権を実質的な船主国の労働組合に付与することで継続的な労使関係を保持しようとしている。ただ、そこには多くの難問が付随することになる[52]。

(f) 先進国船員の急減

数10年の長期スパンでみた場合、先進国の船員が少子・高齢社会の到来などで減少すること自体は自然な姿といえる。ただ、問題は、先進国船員に対する需要が急減し大量の失業船員が生み出される場合である。船員の知識・技術は極めて特殊で、かつ、長期にわたる海上経験に裏打ちされる必要がある。船員に対する需要の減少が僅かであれば、特殊な能力は陸上における海事関連産業で有利に生かすことができるので、転職にこと欠くことはない。ところが、急減する場合にはこの特殊な能力が裏目に出て陸に上がった河童となり、転職は困難になるとともに、社会的には有用な能力の喪失となる。

T・レーンによれば、EC（EU）9か国（ギリシャ除き、ノルウェー含む）の1968年の船員数は365,608人であったが、1992年には175,703人に半減したという。傾向としては1970年代は技術革新による大型化・自動化で大幅に減少したが、1980年代はもっぱらフラッギングアウトによるものであったとしている（ILO [2004], pp.58-6）。日本は世界でもっとも急激に減少した国といえる。ピークの1974年の外航船員は56,833人であったが、2010年には2,256名にまで減少した。減少率は実に96％である（海事レポート2011年版、166頁）。

(7) ISMコードと便宜置籍船——旗国主義の動揺？

(a) ISMコード作成の経緯[53]

船舶の安全は1929年のSOLAS条約以来、船体・機関やその他の設備の物理的安全を中心に確保しようとされてきた。その後便宜置籍船の大型海難、

とりわけ海洋汚染を受けて人的要因に目を向けた1978年STCW条約 (International Convention on Standards of Training, Certification and Watchkeeping for Seafarers) が作成されたが、有効に機能したとはいえなかった。確かに、船舶職員資格について世界標準が初めて確立されたことは高く評価できるが、事の性質上（最大公約数的にならざるを得ない）そのグレードは低かった。業界側は安い養成費で済む条約適合資格で十分だとしたので、STCW条約は高い基準をクリアした伝統的海運国のオフィサーを排除する働きをした。そのため世界全体でみたときには職員の質はむしろ低下する効果をもった。

1987年に発生したフェリー（*Herald of Free Enterprise*）の転覆事故（水密扉「閉鎖不良」）で188名が死亡した海難を契機に、英国を中心に船舶管理規則が作成されたが、SOLAS条約には取り入れられなかった。その後 *Exxon Valdes*（1989年）、*Aegean Sea*（1992年）、*Brear*（1993年）、*Maesk Navigator*（1993年）などの原油流出事故や客船 *Scandinavia Star*（1990年、158名死亡）の海難が発生した。さらに、大型バルクキャリア（便宜置籍船が多い）の沈没・行方不明が30隻以上にものぼった（国交省測度課［2008］、2頁）。そのため、これまで以上に人的要因に関与しなければならないとして、1994年にSOLAS条約附属書に第Ⅸ章（ISMコード）が設けられ強制化された。合せて1978年STCW条約も改正された（1995年）。

(b) ISO9000とISMとの関係

この規格（ISO9000）は1987年に国際標準化機構（ISO）で定められた。顧客が製品やサービスを購入する場合に役立つよう、購入先の品質マネジメント・システムを第三者が保証する（Quality Assurance）仕組みである。第三者すなわち審査登録機関が品質管理システムを認証するわけであるが、顧客の信頼が得られるように完成した製品の検査だけでなく、すべての業務プロセスにおいて①企業の統一した方針の下で、②管理責任者を定め、③各人の権限と責任を明確にしつつ、④品質を実現するためのマニュアルを文書化し、⑤それに従った業務の執行を記録することで適正な品質管理を証明することができる、そのようなシステムを構築・実行していることが要求される。

ISMコードでは、①安全管理システム（SMS）の機能的要件、②安全およ

び環境保護の方針、③会社（後述）の責任および権限、④管理責任者、⑤船長の責任および権限、⑥経営資源および要員配置、⑦船内業務計画の策定、⑧緊急事態への準備、⑨不適合、事故および危険の発生の報告および解析、⑩船舶および設備の保守、⑪文書管理、⑫会社による検証、見直しおよび評価（内部監査が含まれる）の規定を定めている。注目しておかなくてはならないのは義務履行（もっとも should）の主体は「会社」であることである。たとえば、⑧緊急事態への準備といっても、会社は、想定可能な緊急事態を識別し、対応する手順を確立しておかなくてはならないと定める（A部-7）。

ISO9000 と ISM コードとの違いは、任意認証（前者）か強制（後者）かにある。会社は旗国の主管庁（Administration）に陸上検査を経て DOC（Document of Compliance, 適合書類）を発行してもらわなくてはならない。また、PSC の対象となる証書は SMC（Safety Management Certificate, 安全管理証書）であるが、DOC を基に船内検査を経て主管庁が発行する。有効期限は DOC、SMC とも 5 年で、前者については年次検査が後者については中間検査が実施される。

(c) ISM コードのインパクト

ISM コードはその内容が画期的であったため各方面に大きな影響を与えた。また、便宜船籍制度の抱える問題が深刻であることが明らかにされた。何点か指摘しておきたい。第 1 に、全社的なプロセス管理が不可欠であることが認められたことである。海難には人的要因が絡んでいることは従来から認められていたけれども、船舶は自己完結的であるとして船舶職員の資格をそれ相応の基準に維持しておけば十分であるとする考え方が強かった。ところが、前述したような理由で船舶職員の質が低下したことや、海上における危険の増大（輻輳海域の増加、危険物輸送の増加、大型化高速化による被害・汚染の増大）や情報技術（IT）の発達などにより、陸上から船舶の運航プロセスを管理する方向に移行した。何千年にもわたる船舶の歴史からすれば文字通り大変革である。

第 2 に、船舶管理会社が主体として登場したことである。ISM コードは「会社」を主語にしていると述べたが、「会社」とは、「船舶所有者、又は船

船舶管理者若しくは裸用船者その他の責任を引受け、かつ、その引受けに際して、この国際安全管理コードによって課されるすべての義務と責任を引き継ぐことに同意した者をいう」(ISM 1.1.2) と定義する。前述したように ISM コードの背後には便宜置籍船がひかえている。周知のごとくその所有者は名目上の会社であり、このコードを実践する能力はない。そのため実質的に便宜置籍船を管理している船舶管理者を規制の対象とせざるを得なくなったのである。事実、コードは管理会社を念頭に定められている。従来、船舶管理会社は船舶所有者から委ねられた業務について、船主の「代理人」として行動し、コミッションを得ることで経営を維持していた。ところが、ISM コードによって船舶所有者の「地位」に就くことになったから大変である。船舶管理業者は、安全管理システムを確立し、DOC と SMC を取得して、管理船舶の運航のすべてのプロセスを管理しなければならなくなった。これ等を受けて BIMCO (Baltic and International Maritime Council　ボルティック国際海運協議会) も 1998 年に標準船舶管理契約書である "Shipman 98" を制定した (赤地他 [1999] 参照)。そこでは船舶管理業者が「会社」に該当すること、従って前述した「会社」の諸義務をすべて果たすべきことが定められている。対外的・対内的責任と雇用関係が重大事となるが省略する[54]。

　第 3 に、船級協会に対する ISM 特需と船級協会の商業化の促進である。ISM コードは旗国主義を維持したので DOC と SMC の発給や検査を行う機関は前述したように旗国の主管庁である。ただし、他の場合と同様「主官庁の認定した組織 (an organization recognized by the Administration)」も発給・監督ができる (13.2, 13.7)。この代行機関といわれる組織の実態は船級協会で、従来のハードの検査に加え「会社と船舶の検査 (verification)」というソフトが追加されたわけで、正に特需に浴したといえる。通常、便宜船籍国政府は旗国以外に存在する船級協会と契約ベースで認定を行うわけで、商業化は一層促進されることになったといえる[55]。

　第 4 に、便宜船籍国は外国の船級協会や船舶管理会社にますます依存せざるを得なくなったことである。もとより、この依存すなわち旗国の代行機関として外国の船級協会を認定することは違法ではない。また、船舶管理会社

が便宜置籍船を管理するために安全管理システム（SMC）を構築することは、安全性や汚染防止の強化に資することは明らかである[56]。ただ、海洋法条約第94条が定める旗国の義務（前出）からますます遠ざかることになった。このことも否定できない。

第5に、旗国主義の限界を露呈したことである。多くの便宜置籍船にあっては、旗国（第1国）と旗国以外の第2国に存在する実質船主、第3国に存在する船舶管理会社、さらに、第4国に存在する船級協会という代行機関による船舶管理会社の検査、最後に、当該「会社」が第5国の船員のプロセス・マネジメントを行うという図式になる。複雑すぎて旗国による排他的管轄権とその行使など幻にすぎないことが透けてみえるのではないだろうか（解消策については「結語」参照）。

当初（91年）日本は、ハード中心のSOLAS条約と異なりソフト面を扱うこと、船主ではなく運航管理会社を規制することから、新たな別の条約を主張したが、結局、「旗国主義とSOLAS条約の枠内での処理がなされた」。このような表現で、旗国主義を越える側面がISMには内在することを工藤栄介（[1994]、33頁）は指摘する。そして「カンパニーに対する監査といえども、それは個々の船に着目して始められる作業であること、即ち本船に適した管理が担保されるか否かを約束させるに止めるのであって、当該カンパニーの事業全体を規制するものではないことが確認された訳である」とする。確かに、「会社」に発給されるものは書類（Document）であるのに対し、船舶に対して発行されるものは証書（SMC）である。船内にはDOCの写しを置かなくてはならないが、それは本物であるとの認証・証明を受けたものでなくてもよいと定める（13.6）[57]。

富岡仁（[2002]、24頁）は、別の角度から「実態としては、この改正により、旗国主義の考え方を越える状況が出現している」と思われるとして、①旗国政府は自国籍船舶を越えて外国にある会社の安全管理システムを対象に検査すること[58]、②旗国の要請があれば、（便宜置籍船——筆者）の実質船主国の政府と管理会社によって実質的に運航管理できること、③現実的機能としては管理会社の策定した安全管理システムを旗国は承認せざるを得な

いことをあげる。船級協会が抜けていることは気になるが、旗国主義の限界を露呈していることは確かであろう。なお、②に関し、DOCだけでなくSMCも被要請国が発給できる（13.2, 13.7）。

(8) 便宜置籍船の社会的費用
(a) 社会的費用
「社会的費用」についてはクルマ社会との関係で自動車交通の分野での議論が進んでいる。この費用については第三者の損失に限定するか、社会全体にまで広げるかで議論があったが、地球温暖化問題や生物多様性保全条約の成立によって後者に収斂されたといえる。それはウイリアム・カップが半世紀も前に提起した考え方であるが[59]、宇沢弘文は次のように解説する。「ある経済活動が、第三者あるいは社会全体に対して、直接的あるいは間接的に影響を及ぼし、さまざまなかたちでの被害を与えるとき、外部不経済が発生しているという」、このうち「発生者が負担していない部分をなんらかの方法で計測して、集計した額を社会的費用と呼んでいる」とする（宇沢[1974]、79頁）。換言するなら、自動車の利用者にとってみると費用負担は少なく、自動車を利用すればするほど自己の利益は増加するので、自動車交通に過度に依存するクルマ社会の到来は必至であったわけである[60]。

このことは、便宜置籍船についてもほぼ当てはまるといえるであろう。世界の貨物船の60％程度が便宜置籍船である現実は「過度に依存している」といえるであろうし、社会的費用の観点から再検討しておく必要がある。ただ、バラスト水にみられるように、便宜置籍船に限らず海上輸送全体が生物の多様性を損なっている場合もあるわけで、本書での議論としては社会的費用のうちの便宜置籍船に特有のものに限定されることになる。それは乗用車とトラックの社会的費用の差異と似ているところがある[61]。

(b) メタクサスにみる便宜置籍船の社会的費用
この問題に深く取り組んだ研究者はメタクサスであろう。まず、きちんとした規制の下にある伝統的海運の船舶（regulated fleet）と便宜置籍船の運航コストを比較し、なぜコスト差が生じるのかについて考察する。その要因とし

て、経済的規制と安全規制の回避および、労働コストの切り下げを指摘する[62]。さらに注目すべきものとして、船舶保険の保険料をめぐる相互補助 (cross-subsidisation) について述べる。確かに料率は便宜置籍船の方が高いが、それ以上に便宜置籍船の海難に対する保険金の支払い額が大きいという。保険市場からみれば、上述の規制された船舶が便宜置籍船を補助する構図になるというわけである。このような結果を生む理由として、保険ブローカーやP&I (Protection and Indemnity 船主責任相互保険組合) が保険料を安くしないならば、便宜置籍船のオーナーはロンドンからニューヨークのそれへ (又はその逆へ) 簡単に相手を変えるとともに、保険会社は保険会社でサービスの販売額を大きくしなければならない事情があるからであるという。

この業界内の「内部補助」については、日本においても指摘された。船舶保険連盟は、1975年に便宜置籍船を業界全体で扱い、かつ、日本船舶 + a の料率を適用することにしたが、91年度まで赤字続きであったという (83～86年度を除く)。たとえば、1982年の損害率は日本船67％であったのに対し便宜置籍船は116％と2倍近いクレームに苦しんだ。その理由として、穏便な料率改定を行ってきたこと、便宜置籍船が急増したこと、便宜置籍船は海外付保が自由で海外保険者との競争に直面するようになったことを上げている[63]。

メタクサスの上述の主張は主に著書の第5章 (Flag of convenience in relation to social and private costs) で論じられているのであるが、第6章では便宜置籍船の社会的費用と便益 (Flag of convenience and social cost and benefit) について述べる。そこでは、海難とりわけ海難による海洋汚染および海上における人命の喪失について、その費用を便宜置籍船は負担しておらず社会的費用になっているとする。ただ、その費用を金額的に明らかにするのが目的でないとして項目を列挙するに止める[64]。①海運産業に対する悪い評価、②船員の離職、③メンテナンスと修繕不足による長期的視点でのより高いコスト、④より多くの負傷・疾病による人的資源の喪失、⑤労働紛争 (disputes) に伴う停泊期間の増大、⑥訓練費用および技術・管理スキルの経済的移転、⑦低賃金と低い労働条件に伴う船員および家族が負担せざるを得なくなる費用[65]。

結論として、私的費用に社会的費用をプラスして総合的に評価するなら、長期的にみた場合、便宜船籍制度は海運界がナショナル・フラッグだけで編成されている場合に比べ真の費用は高く、高運賃となるであろうとする。すぐれた（efficient）海上輸送システムはアダム・スミスの神の手で導かれるわけではなく、他の産業と同様に、必要な費用や利便性に対して正当な支払いがなされなくてはならないと結論付ける[66]。

(c) ポート・ステート・コントロールの費用その他

　表 1-3 でみたように、便宜置籍船による海洋汚染は極めて甚大であった。現代においても絶えることはないが、1980 年代までと比べれば、PSC の効果もあって減少しているといえるであろう。逆にいえば、便宜置籍船の社会的費用の最大のものは、各国が負担する PSC にかかる費用といえるかも知れない。たとえば、東京 MOU の年間予算は 2011 年度 1.4 億円ほどであるが、日本の外国船舶監督官は 139 名（2012 年度）でその人件費は膨大である。また、訪船のための舟艇費等も無視できない（海事レポート平成 24 年版、206 頁）。上例は 1 国だけであり、世界各国に配置されている外国船舶監督官その他の財政的負担を積み上げてみればその巨額さに驚かされるのではなかろうか。

　確かに、便宜船籍国自身も自己の所属する地域の MOU に参加はしている。たとえば、カリブ MOU には多数の便宜船籍国が名を連ねている。ただ、世界全体からみれば無視しうるほどの船舶しか入港していないのは皮肉である[67]。なお、先進国船員の急激な失業の性格については前述したが、国家による育成費等が霧消してしまう点で社会的費用の 1 つといえるであろう。

(9) 途上国海運の発展阻害と先進国海運の侵蝕

　新興工業国の発展パターンの多くは外資の導入と開発独裁にあるといえるであろう。ただ、海運産業については便宜船籍制度がこのパターンを切断した[68]。投資をしようとする外国資本にとって、発展途上国の規制やカントリー・リスクは撤退が自由で、かつ、コストのかからない便宜置籍船に比べ重荷となるからである。フィリピンの現状をみればこのことがよく理解でき

る。海上労働力としては極めて経済的であるのに、高付加価値化した海運サービスとしては輸出できず、裸の労働力輸出に止まっている。

先進国海運が便宜船籍制度に侵食されたかどうかについては「日本商船隊」のように評価が難しい面もある[69]。「自国船＋支配外国船」でみた場合、OECD加盟国の支配船腹は世界の71％を占めている（ISL［2010］, p.164）。このデータからみる限り先進国海運資本は健在であり、便宜船籍制度に侵食されたようにはみえない。ただ、海運資本から離れ、国家あるいは政府の立場からみると様相は異なってくる。何よりも自国の貴重な海上技術者（とりわけ船舶職員）の多くを失ったし、彼等の減少に歯止めがかかったわけではない。また、自国船や上記海上技術者の大幅減少で海事クラスターの維持も危うくなりつつある。さらに、詳しくは第6章で扱うが、トン数税制の「世界標準化」は深刻な事態を物語る。国際海運産業あるいは国際的な海運資本は、社会内の存在として（いずれの国に属していようと）負担すべき租税を他産業と同様には支払うことができない状況に陥っていることを意味しているからである。この病理現象は便宜置籍船の肥大化に因るものであることは明らかである。

3 戦後世界経済の変動と便宜船籍制度

(1) 黄金の30年とフォーディズム

詳しくは後述するように、便宜船籍制度そのものは冷戦の産物であり、世界史と密接不可分である。また、便宜置籍船の増大は各国の海運資本の国内からの脱出の側面が強いが、脱国境となれば当然のことながらそれを許容する広義の制度の変革も必要となる。そこで本節では、主に戦後世界の政治経済の変遷に焦点を当てながら、便宜船籍制度はそれとどう関わるのか、トレースしておきたい。

(a) フォーディズム

第2次世界大戦後からオイルショックまで長期間にわたり続いた世界的な成長・繁栄は「黄金の30年」と表現されることがある（石見［1997］、137

頁、山田［1993］、102頁、正村［2009］、81頁、マーグリン／ショアー［1993］)。この繁栄をマクロ的に規定するものとして、レギュラシオン学派は「フォーディズム」を提唱した。フォードの生産方式は戦前のものであるし、一企業名で資本主義のある時代を総括するには抵抗もあるが、たとえばIMF・GATT体制では狭すぎるように、その包括性において相当受け入れられるところとなっている。

ところで、レギュラシオン学派は、資本主義社会を分析する道具として、「蓄積体制」と「調整様式」を用いる。もともと資本主義は矛盾に満ちているから、ある時代に資本の蓄積体制を築くだけでは社会の円滑な運営は難しい、蓄積体制と一体となりそこから生ずる諸矛盾を緩和したり調節したり・妥協させたりする「調整」（レギュラシオン、Regulation）が必要になる。そしてある時代の調整のあり方を「調整様式」という。

蓄積体制、調整様式といっても安定した存在となるためには、それらが制度として結実していることが必要である。レギュラシオン学派はそれを制度諸形態といい、大きく賃労働関係、貨幣形態、競争形態、国家形態、国際体制とそれへの編入形態を重視する[70]。以上の諸形態のうち、資本主義社会にあっては資本―賃労働関係が最も重要になる。

黄金の30年の蓄積体制について、山田鋭夫は、テーラー主義（構想と実行の分離（熟練や自立性の剥奪））、実行作業の分割と単純化、組織のヒエラルキー的編成をあげ、調整様式として、労働者にとって苦痛なテーラー主義の受容と生産性インデックス賃金を上げる。別言すれば、機械化による大量生産と大量消費、あるいは生産性上昇→賃金上昇→消費拡大・投資拡大→需要増大のサイクルで示される。政治的には、最低賃金制や社会保障の充実すなわち福祉国家が目指され、経済政策としてはケインズ主義的有効需要政策が採用された[71]。

フォーディズムについては、2つのことを付け加えなければならない。1つは、体制間競争である。もともと、生産性の（急速な）上昇と賃金上昇（豊かな生活）は社会主義社会が標榜していたものであり、体制間競争に勝利するためには、生産性を指標とする賃金制度を資本主義諸国は受け入れざ

第 1 章　FOC（Flags of Convenience）をめぐる論点の概括的な整理

るを得なかった。

　もう1つは、国際体制とそれへの編入にかかる「ブレトンウッズ体制」である。戦前の苦い経験（近隣窮乏化政策など）に照らして、IMF は為替の自由化と安定化を主要課題としたが、第 1 に、為替の自由化に当たり固定相場制を維持するため、国際資本移動を規制したことである。資本移動が自由であれば、思惑的資本取引によって固定相場制は破綻する（石見［1999］、145頁）。結局、為替の自由化は財とサービス貿易の取引に限定された。第 2 に、為替の安定化のために各国に平価維持を義務付けたことである。たとえば「ドル（国際収支）の天井」である。好況で輸入が増大し、支払いのためのドルが不足するようになると金融引締め政策による調整が行われた。この 2 つが意味するところは大きい。まず、国民経済はいわば閉じた、自律的な単位となっていたことである。閉じられていればこそ福祉国家政策も、ケインズ主義政策も可能であった。さらに、資本移動の規制は便宜置籍船と深く関わる。

(b) ユーロダラー（オフショア）市場

　ユーロダラー市場は、高木（［2006］、233 頁）などによると、ソ連の銀行が貿易等で得たドルを、在米資産接収を恐れてロンドンの銀行にドルのまま預金した資金が背景をなしている。他方、1956 年のスエズ運河の国有化でポンド危機に陥ったイギリス政府は民間銀行にポンド建の対外貸付を禁止した。これによって打撃を受けたマーチャント・バンクはノウハウの活用と雇用を維持するため、ポンドに代ってドルによる貸付を英国政府承認の下で始めた。ここに、外からの預金を外に貸す「外—外」のオフショア市場が成立することになる。1960 年代に入り、ドル防衛のために取られた 1963 年米国の金利平衡税（IET、外国の米国内起債コストの上昇）などがユーロダラー債を生み、1965 年には対外直接投資自主規制（1968 年法制化）が採用されたが、米国の多国籍企業はそこから生じる制約をユーロダラーで回避した。こうしてユーロダラー市場は成長していった。一方、資金供給面ではレギュレーションQといわれる預金金利の上限制が、60 年代後半の市場金利上昇局面で足枷となり米国内の預金がユーロドルに逃げ出していった。その後オ

イルダラーが大量に流れ込んだ。

ユーロダラー市場の重要性は、単に市場が肥大化していったことにあるのではなく、当該市場には「監督責任を負うべき中央銀行が存在しなかった」（桜井［2004］、79頁）ことにある。また、制御する権力の不在は「民間の資本移動の自由」を意味した（資金量に限界があるが）。規制主体の不在と自由な資本移動の世界は、ブレトンウッズ体制の対極の世界であり、やがて同体制の崩壊を招くことになる。

(2) アメリカとギリシャを中心とする便宜置籍船の時代

フォーディズムは冷戦時代の体制間競争に支えられていたことは前に述べたが、便宜置籍船もその出自からして冷戦と深く関わっていた。アメリカは非常時に統御できる便宜的な船隊を確保するために便宜船籍制度を創設したことについては何回か触れたが、アメリカ人が実質的に所有する便宜置籍船だけでは十分でないと判断し、ギリシャ船主を支援することで、彼等に補完的な役割を期待した。詳しくは第2章に譲るが、大方、オイルショックまではアメリカとギリシャの便宜置籍船の時代といえた（**表1-4参照**）。しかも、後掲表（表2-3）にみるごとくギリシャの便宜置籍船がアメリカのそれを上回る時期は早くも1952年に訪れるのである。

換言すれば、他の海運諸国は便宜置籍船を実質的に所有することに消極的であったわけであるが、その理由を広く捉えるならばフォーディズムにあったといえる。第1に、ブレトンウッズ体制の下で資本移動は制限されていたため、海外直接投資に該当する便宜置籍船化は基本的に困難であったことである[72]。

第2に、戦後は欧州も含めドル不足の時代が長く続いたが、外航海運はそれを補う外貨獲得産業として位置付けられていたことである。そのため海運助成は盛んに行われ、助成の程度も自国船が国際競争力を有するほどの水準までとされていたので、便宜置籍船化する必要はなかった。

第3に、船舶の大型化や高速化で生産性の向上は著しく、船員も他産業と同様の生産性インデックス賃金を享受できたことである。

第1章　FOC（Flags of Convenience）をめぐる論点の概括的な整理

表1-4　便宜置籍船の受益船主国シェアの推移

受益船主の国籍	1959年		1969年	1972年	1975年
A. OECDの特定国	%	(千総トン)	%	%	%
ギリシア	43.2	(7,202)	43.8	35.4	26.2
米　国	41.9	(6,978)	25.4	22.2	20.0
西ドイツ	1.0	(159)	..	1.3	1.7
日　本		..	..	1.0	..
フランス	0.3	(56)	..	0.5	0.6
スイス	0.6	(102)	0.5	0.2	..
デンマーク		－	0.3	0.1	..
オランダ	0.1	(15)	..	0.1	0.4
イタリア	4.8	(806)	5.3	..	2.9
スペイン	1.4	(227)	..	..	..
英　国	1.0	(156)	..	..	..
その他	1.5		..	0.1	..
小　計	95.8		75.3	60.9	51.8
B. 他の特定国と特定地域					
香　港	1.1	(175)	5.4	6.4	..
その他	2.0		1.7	1.6	..
小　計	3.1		7.1	8.0	..
不　明	1.1	(186)	17.6	31.1	48.2
総　計	100.0		100.0	100.0	100.0
総トン数計（千トン）		(16,700)	35,880	55,980	85,510

出所：UNCTAD［1977］, p.33, Sturmy［1962］, p.214, Tolofari［1989］, pp.43-44.
注1）1959年はリベリア、パナマ、ホンジュラス。その他はホンジュラスを除く、リベリア、パナマ、シンガポール、キプロス、ソマリア。
　2）1972年の米国はEUSC船、1975年日本には船協によれば仕組船が28百万DW、と。

　第4に、便宜置籍船の乗組員は基本的に欧州船員で便宜置籍船の優位性は租税にあったことである。
　第5に、第4章、第5章で詳しく述べるように、伝統的かつ支配的な海運国であったヨーロッパ諸国は基本的に便宜置籍船を不公正で、有害な船舶と位置付けていたので拡大する余地はあまりなかったことである。
　第6に、便宜置籍船はまだマイナーな存在で、価格（運賃、用船料）などに関して決定権を有していなかったことである。とりわけ主要な収益源となっていた定期船の分野においては、海運同盟が健在であるとともに自社船主義が採用されており、便宜置籍船を必要とする段階に達していなかった（武

城［2002］、233頁）。

　ギリシャについてはまだ多くの問題が残っている。なぜなら、ギリシャのみがドルが過剰で為替管理を不要としていたわけではないからである。恒常的な貿易赤字と援助に支えられたギリシャ経済の下で、なぜ、ギリシャ海運は1950年代から世界一の便宜置籍船保有国になれたのであろうか。ユーロダラーの活用など「ギリシャ海運の特異性」を論ずるべきであるが、次章にそっくり譲らざるを得ない。

(3) 新自由主義経済への移行と便宜船籍制度
(a) 過渡期としての1970年代
（ア）ニクソン・ショック（1971年8月）

　アメリカによる対外援助や軍事支出などによってドルが散布され、1960年代に入るとドル不足は徐々に解消され、やがてドル危機（第1次、第2次）に見舞われることになる。そしてニクソンショックで戦後長きにわたって命脈を保ったブレトンウッズ体制は終わりを告げた。スミソニアン協定（1971年12月）の破綻で変動相場制へ移行したが、第1に、固定相場制の平価維持義務がなくなった代わりに、外国通貨との交換比率は為替市場という外的な市場に委ねられ、国民経済の自律性と安定性は低下した。第2に、資本移動を制限する論理的必然性がなくなったことも大きい。ただし、各国とも大なり小なり制限を継続したので、完全に自由になったのは1980年代に入ってからである。その埋め合わせはユーロダラーによってなされたといえるが、オイルダラーの流入で市場規模は急速に拡大した（石見［1999］、196頁、209頁）。

（イ）フォーディズムの危機

　フォーディズムの蓄積体制は、生産性の上昇を前提にしている。家電や自動車にみられるように耐久消費などが一巡すると少品種の大量生産から多品種のそれに移行することを迫られ、生産性上昇の鈍化は避けられなかった。経済のサービス化現象も同様の結果を生んだ。さらに、テーラーの科学的管理の行き詰まりが労働現場に現れた。現場の反乱とでもいうべき山猫ストの

第 1 章　FOC（Flags of Convenience）をめぐる論点の概括的な整理

頻発がそれを物語っていた。

調整様式についていえば、ケインズ主義政策がそれなりに成功すると労働市場は逼迫し、賃金は生産指標を越えて急上昇していった。また、工業化に伴う都市化は農村的紐帯を解体し、失業・医療・年金などの社会保障費を上昇させた。以上述べた総体がフォーディズムを危機に導いていった[73]。

(ウ) 南北問題のピーク

先進国の黄金の 30 年の終わりが、国際関係における主権国家の地位や概念を突き崩すものとはならなかった。戦後、植民地から多数の国が独立したが、それは主権国家の誕生を物語るだけでなく、宗主国に対する「抗議」も込めていわゆる南北問題の解決を迫るものであった。1974 年に国連の資源特別総会は「新国際経済秩序（NIEO）」を宣言する。それは主権国家の自立・自律を強く主張するものであった。

(b) 国際海運における便宜置籍船化の潮流

世界の政治・経済の変革を背景に便宜置籍船の世界は早くも次の時代に突入していった。ギリシャ、アメリカの時代から全世界的な便宜置籍船化への流れである。1970 年便宜置籍船は世界の 18.1％（4,100 万総トン）を占めていたが、1977 年には 10 ポイントも上昇し 28.2％（1.1 億総トン）となった。船腹は 2.7 倍に増大した（巻末付表 1-1 参照）。以下この時代の特徴を述べておく。

第 1 に、資金調達が容易になり、便宜置籍船を所有しやすくなったことである。スミソニアン協定後の主要国通貨の対ドル・レートは、日本が 16.88％で最大の切り上げ幅となっていたが、軒並み相当の切り上げとなった（ポンド 8.57％）。すなわち各国ともドル不足を懸念する状況を脱したということであり、資本移動の制限は緩められるとともに、ユーロダラーを活用した資金調達も一般的に行われることになった。UNCTAD は、1977 年の調査報告書において、「先進諸国の新しい船主達の多く」はユーロダラー市場（今日のオフショア市場）で資金調達することができたし、金融機関はそれを要求したと述べ、便宜置籍船の増大はユーロダラー市場の拡大に依存していたかのような書き方をしている（UNCTAD [1977], p.38, p.51, p.63）。

UNCTAD の調査より若干早い時代に、千田伸弘（当時開銀調査部参事役）は「最近の仕組船建造について」[74]で次のように述べている。「12万重量トン型は、仕組船の金利水準が8％の場合は仕組船が有利であるが、最近のごとくユーロダラーの金利水準が上昇してくると計画造船の方が有利となる」（千田［1973］、12頁）。また、「最近におけるユーロダラー金利上昇といった問題もあり、仕組船建造計画は慎重に進められるべきである」（同15頁）とする。仕組船は便宜置籍船に読み替えることができるので、便宜置籍船の建造に、当時、ユーロダラーが一般に利用されていたことを知ることができる。

　第2に、便宜置籍船乗組み船員のアジアシフトが進み、伝統的海運国の船舶との間のコスト差が拡大したことである。1975年の海外就業船員数はフィリピン2.3万人、台湾1.1万人、韓国1.0万人であった。また、1978年のリベリア船の乗組員の国籍をみるとアジア船員が57％を占めていた（後掲表5-2、5-5〜7参照）。

　このような便宜置籍船船員のアジアシフトを「移民ないし国際労働力移動」[75]の視点から眺めるときサッセンの指摘は参考になる。サッセンは、アメリカへの移民の従来の中心的仮説は「貧困、過剰人口、停滞的経済が移民の流出を引き起こす主要な原因である」というものであったが、実態はそうではなく、海外投資が次の経路をへて移民を促進させる要因になっているのだとする。①賃労働への人々の新たな編入とそれによる伝統的労働構造の解体（第1次産業から第2次産業へなど）、②工業労働への女性の進出と男性労働者への影響、③海外投資の源である高度工業国との実体的およびイデオロギー的紐帯の強化（サッセン［1992］、26、48頁）。

　船員について③は当てはまらないが、広く外資導入による工業化と就労構造の再編と捉えるならば、1970年代に台湾で急速に外国籍船への乗船が増加したことはよく理解できる。さらにいえば、送出国側の国家的な促進要因の1つに工業化に伴う外貨不足とその緩和を指摘することも許されるであろう（韓国の場合）。ただし、フィリピンについていえば、貧困説も消しがたい。

第3に、世界船腹に占める便宜置籍船の増大にもかかわらず、便宜船籍制度としては最も厳しい時代を迎えたことである。2方面から挟撃された。1つはヨーロッパである。前にも触れたように、ヨーロッパは、戦後一貫して便宜置籍船を不公正で有害な船舶と位置付けてきたが、そのシェアの増大と海難の多発を受けてPSCによる規制を開始した。もう1つは、南北問題である。南の国々は、便宜置籍船を実質的に支配している船主は先進国のそれであり、便宜置籍船によって発展途上国の海運はその成長を阻害されているとした。その結果、1979年の第5回マニラ総会ではNIEO（新国際経済秩序）に代表される「南北問題の高揚」を背景に、便宜船籍制度の段階的廃止（phase out）の方向性が決議された（廃止決議そのものは1981年の特別会合で行われた。第5章5（1）参照）。

(c) 石油危機と南北問題および便宜船籍制度

石油危機は、世界的なスタグフレーション（stagflation）との関係で語られることが多い。エネルギー価格の暴騰によるインフレと、（数倍に跳ね上がった石油を購入するための）マネーの先進国からの流出による経済成長の停滞である。ただ、便宜船籍制度との関係では南北問題が変質した影響の方が大きかった。

第1は、サミット（主要国首脳会議）におけるOPECへの対決姿勢である。サミットは第1次石油ショックに対応するために設けられたが、第2次石油危機直後の東京サミットでは、「新たな挑戦が生じた」として、数値目標まで定めた石油消費の節約、代替エネルギーとしての石炭の利用を宣言した。前述した資源ナショナリズムはNIEOにも通ずる南の国々の重要な戦略であるが、直接的ではないにしろ、それとの対決は南北問題を変質させることになった。第2は、スタグフレーションによる発展途上国援助の後退である（室井［1997］、48頁）。第3は、オイル・マネーの一部は南の国々の工業化資金となりNICSが誕生する契機となったことである。第4は、いわゆる「南南問題」である。石油価格の高騰は南の非産油国を苦しめることになり、南の内部での南北格差（NICSも含む）が明らかになった。そのため、「南の諸国が一致団結して北の諸国にさまざまな要求を提示する」（室井［1997］、

57頁）というプレビッシュ戦略は、1980年代以降発動するのが難しくなっていった。

　便宜船籍制度への影響は次のような次第である。まず、資源ナショナリズムの延長線上で発展途上国海運を発展させるために自国貨自国船主義（国旗差別）と便宜船籍制度の段階的廃止の双方が、不可分なものとして主張されたため、海運自由の原則を標榜するヨーロッパや日本はそれまでの便宜船籍制度に対する規制容認のスタンスを変更し、消極的ながら規制に反対する交渉姿勢に転換することになった[76]。詳しくは5-4参照。

　次に、アジアNICSの台頭に伴ってそれらの国の海運が発展し、国際海運においても南南問題を抱えることになった。1983年、香港は受益船主国として第2位に入るとともに、台湾が6位、中国が10位、韓国が11位となり複雑な様相を呈し始めた。後掲表5-3参照。

(d) 新自由主義、規制緩和と便宜船籍制度

　石油危機とスタグフレーションに揺れた先進国は、当初ケインズ主義的政策を堅持するが、その効果は思わしくなく、1970年代末から1980年代初めにかけて、新古典派経済学が台頭し、新自由主義、小さな政府、市場原理主義、ディレギュレーションが注目を浴びた。それらはレーガノミックス、サッチャリズムとなって政策展開されることになる。

　便宜船籍制度とどのように関連していたのであろうか。まず、資本移動の自由化や規制緩和は、前述した便宜船籍制度の認知化傾向の中でフラッギングアウトという自国籍船の流出現象（便宜置籍船化）を顕在化させた。広義には便宜置籍船での新造船も指すが、表5-1にみるように1989年には世界の3分の1弱は便宜置籍船という状態になった。また、変動相場制のもとで先進国船員と発展途上国船員の賃金格差が拡大し、乗組員のアジア・シフト（とりわけフィリピン船員への集中化傾向）は一層進んでいった。

　便宜置籍船の肥大化はブーメラン効果によって欧州海運を脅かすようになる。サッチャー政権は自国籍船に外国人船員の雇用を許容する規制緩和政策を打ち出した。マン島（英自治領）のオフショア船籍が第1号であるが、他の諸国も採用を余儀なくされていった。いわゆる「第2船籍制度」である。

第6章3で詳述する。アメリカだけは（範囲を限定して）助成政策で自国海運を支えたが、他の諸国では小さな政府や市場に委ねる政策の下で、規制緩和が唯一の手段となっていった。もっとも国際海運市場の規模が極めて大きくなり、助成政策でカバーするには手に負えなくなってきたことにも留意する必要がある。

他方で、南南問題や新興国の台頭など複雑な様相を呈するのも1970〜80年代であった。NIEOから10年後にベオグラードで開かれたUNCTAD第6回総会（1983年6月）について専門誌はタイトルに「座礁寸前の南北交渉」（貿易と産業　同年8月号）を付すほどであった。

(4) グローバリゼーションと便宜船籍制度
(a) グローバリゼーション

グローバリゼーションといわれる現象が何時頃から始まるかについては多くの議論がある。地球上に存在する人々の移動・交流・相互依存という簡単な指標をとっても、人類のアフリカからの移動の開始に起点を設定することもできるし、1492年のコロンブス新大陸の発見や産業革命以降の世界貿易の完成にその出発点を見出すこともできる。世界的な相互依存は、この段階でも相当の深まりをみせている。相互依存は、換言すれば相互作用であり、経済的・政治的・文化的な相互作用の増大深化でもある。すでに触れた変動相場制への移行や金融の自由化は相互作用を極大化した。ただ、本書においてグローバリゼーションを正面から扱う余裕はない。一言追加するなら、資本主義が世界を覆いつくすことを意味する「ソ連邦の崩壊」は、その後に「グローバリゼーション」という用語が流布され、人々の意識を大きく変えた点で注目すべき変化と思われる。実際、新自由主義的な経済秩序はワシントン・コンセンサスにみられるように不動のものとなっていった[77]。

このようなことから、1990年代以降を1つの段階としてみておきたい。上に述べたように全体を扱うことはできないので、便宜船籍制度に関連する2点について触れておきたい。

(b) 移民制限と便宜船籍制度

　移民あるいは人口移動は年々増加しているが、たとえばモノ（貿易）の移動ほどには自由ではない。移民（反対）が各国で政治問題となるようにモノやカネに比べればむしろ制限されているといってもよいほどである。この点についてE・M・ウッドは、「資本がグローバルに移動するためには、国境を越えて労働力、資本、市場を自由に利用できることが必要だ。しかし、グローバルな資本は同時に、労働者の自由な移動を妨げることも必要としている。生産コストと労働条件を差別化することで利益を増やすために、世界経済と社会を細分化しておくことが大切なのだ」とする。確かに、賃金その他の労働条件が平準化してしまえば、多国籍企業にとって世界的なネットワークの形成による「世界適地生産」の意義は相当程度低くなり蓄積体制を失うことになる[78]。

　さて、便宜船籍制度は外国人船員の雇用の自由を一大特徴としているが、上記が示唆する資本の論理とどう関わるのであろうか。便宜船籍制度において「移民」が自由である最大の理由は、国際海運における支配的資本が便宜船籍という制度を作ったわけではないところにある。繰り返し指摘しているように覇権国家アメリカの副産物である。アメリカにとって徴用をスムーズに行うには便宜船籍国に船員が存在しない方が好ましいし、そのような国を選択すれば必然的に外国人船員の雇用の自由を認めざるを得ない。たとえばリベリア籍船の場合、船員をリベリア人に限定することは不可能であるし、意味がない。

　逆に、便宜船籍国にとって外国人船員は自国の労働市場に参入することなく、オフショアに存在するだけであるから不都合はない。ILOの1958年の船員身分証書条約（第108号）は、当該証明書には有効期限が付され、その期限終了後1年間の再入国を許可しなければならないとするに止まる（第3〜4条）。

　このように考えてみると、アメリカの軍事戦略が介在することなく、国際海運において支配的地位を占めていたヨーロッパ海運がたとえばアジア船員を雇用しようとした場合であれば、彼等を自国（籍船）に招きわざわざ自国

の労働基準を適用することなく[79]、彼等の母国に資本進出していったのではないだろうか。それは他の産業の多国籍企業化、海外進出と軌を一にするものでもある。

(c) 国民国家の変容と便宜船籍制度

オバマ大統領は2012年の大統領選挙にからみ連邦法人税率を35％から28％に、製造業については25％以下に引き下げるとする改革案を本年2月に発表した（朝日新聞, 2012年2月23日）。25％はOECDが決めた軽課税国か否かの基準であり驚きをもって迎えられた。また、日本政府は2009年度の税制改正で海外子会社からの配当を非課税とする「益金不算入制度」を創設した。翌年度には、タックス・ヘイブン対策税制の対象（の引き金）となるか否かのトリガー税制を25％から20％に引き下げた。大阪府と大阪市は、「関西イノベーション国際戦略総合特区」へ府外から進出する企業に法人事業税などの地方税を5年間全額免除する条例案（免税額300億円）を議会に提案するという（同上8月7日）。さらに、各地の港湾では利用促進策の一環としてたとえばコンテナ取扱料などを軽減する措置を導入している。

上記のような国や地方自治体の企業に対する優遇措置の事例は枚挙にいとまがない。フォーディズムの時代には考えられなかったものであり、グローバリゼーションの産物といえる。さらにいえば、国民国家の変容と関わっている。この点に関し、スーザン・ストレンジはパワーを「結果に対して影響力を及ぼすことのできるもの」と定義したうえで（ストレンジ［1998］、38頁、317頁）、パワーが国家から市場（企業、非国家的権威）にシフトしているとして『国家の退場、The Retreat of the State』を著した。そして次のごとく述べる。「本書の仮説は、国家から市場へのシフトが超国家企業を実際に政治上のプレイヤーに変えたというものである」が、その議論は超国家企業（transnational corporations）が、外交に影響を与えているとか、黒幕的パワーだというのではない。「むしろ超国家企業自体が政治的制度であり、市民社会と政治的関係を持つという議論である」。しかも、それらは「超国家企業が諸国家の政治からパワーを盗んだとか奪取したとかいうのではない。それらはやすやすと彼等に手渡された」とする[80]。

より具体的に4つの仮説を提示する。①国家が財やサービスの生産から、民営化や助成政策の廃止にみられるように、全体として離脱してきた。②先進国から発展途上国への富の再配分において、外資導入にみられるように、国家よりも超国家企業の方がより多くのことを行ってきた。③労使関係の重要な領域で、海外子会社の労使関係も含め、国家（政府）から超国家企業にその管理が移っている。④移転価格、タックス・ヘイブンに限らず、間接税の増大や法人税の軽減など無制限とされてきた国家の課税権を奪っている（ストレンジ［1998］、81頁以下、95〜96頁）。

ストレンジは「国家の後退」について語るけれども、積極的に国家を規定しようとはしなかった。これに対しヒルシュは、『国民的競争国家』を1995年に出版し、次のように述べる。英国人や英国政治にとって、「イギリスに生産拠点を設立している自動車企業が『イギリス』企業か『日本』企業かはさしあたり重要でないように見える」。本質的なことはイギリスに生産拠点を構えることである[81]。「それとともに国家の経済政策が労働組合や『民族』資本と結びついて国内需要の調整や貿易政策による自国産業の保護に関心を集中していた時代は終わってしまった」。変ったのは国家と資本の関係であり、「大まかに言うと、国家の政治は他の国家と競合して、グローバルに、よりフレキシブルに行動する資本のために有利な価値増殖条件を整えることにますます関心を払うようになっている」。「こうした意味において資本主義国家の新しい類型の形成、すなわち『国民的競争国家』について語ることができる」とする（ヒルシュ［1998］、114〜115頁）。多国籍企業は「グローバルに移動する能力と、移転するかも知れないという単純な威嚇とによって、国家、労働組合、その他の社会集団に対しますます影響力を行使しうるような地位を獲得している」（同133頁）。このような国際化の下での「競争国家」の役割は「いささか誇張して表現するなら、社会のあらゆる領域をグローバルな競争能力という目標に向って導いていくことに」ある（ヒルシュ［2005］、154頁）とする。

ストレンジやヒルシュが執筆に従事した15年ほど前と異なり、本款冒頭に例示した今日の状況においては、彼らの主張も抵抗なく受け入れられるの

第 1 章　FOC（Flags of Convenience）をめぐる論点の概括的な整理

ではないだろうか。ただ、国家を多国籍企業が一定程度コントロールしているといっても国家を従属させているわけではない。両者は協力的であると同時に競争的であり、補完的であると同時に対立的でもある[82]。これらは、モノ（貿易）とカネ（資本）の移動が自由になった現代において、前述したように人については自由でなく制限を不可避としているところに最も強く現象する。労働力の移動が自由でないということは、逆に、国家は一定の責任を負うということであり、雇用の創出・維持に努力し、強権も発動する場面も考えられることを意味する。もし、多国籍企業が法人税の減免や海外進出の便宜（外国政府への働きかけを含む）を要求するだけで雇用を生み出さないのであれば、特別の配慮をしてまで自国に止まることを要請することはないであろう。

　以上のことは、世界的な広がりをみた「トン数税制（tonnage tax）」あるいはトン数標準税制に再現できる。詳しくは第 6 章で述べるが、最初に導入したのは 1996 年のオランダである。もっとも、翌年欧州委員会は「海運助成にかかるガイドライン」を制定（改定）するのでこちらで検討しておきたい。この税制は、船舶のトン数を基準にして法人課税をするもので、トン当たりの利益を一定額（率）に「看做す」ことによって大幅な減税を船社に付与しようとする。EU 諸国の船舶（以下 EU 船）と便宜置籍船との競争力の違いは財政コストにあるとしてそのコスト差を減税で埋め合わせればよいというのである。

　ただ、法人税の軽減であるから「公共目的」が必要となる。① EU 船の確保、②雇用の確保、③海事スキルの開発（海事クラスターの維持）、④安全性の向上などが掲げられている。論理的にいえば、EU 船を対象に、課税利益を圧縮すれば EU 船は増加に転ずるように思われるが、実際には多くの外国船（主に支配便宜置籍船）を定期用船しており、それらも対象にしないと復活は難しいので、いわゆる 3 倍ルールが設けられた。要するに、法人税という租税中の租税を軽減することによって、上述した諸目的を達成しようとしたわけであるが、注意しなくてはならないのは、法人税の軽減といっても新自由主義的（市場主義的）なそれとは異なることである。むしろ、それと

は対立する側面を有する政策とみなくてはならない。日本風にいえば租税特別措置法による助成（減税＝隠れた補助金）政策だからである。

　多国籍企業である海運企業が国家に対して特別扱いを要求・実現するについては日本の例が分かりやすい。従来、日本政府は市場原理に沿ってEUの政策を「外航海運の自由かつ公平な競争を歪める可能性がある」隠れた補助金に当たるとして反対していた（6章注40参照）。ところが、2000年代に入ると、トン数税制を導入している諸国の船社と日本の船社とでは蓄積条件が違いすぎるとして、日本船主協会はイコール・フッティング論を主張しロビー活動を展開した。こうして2008年に法律を制定させることに成功するが、対象船舶は日本船に限定されていた。その拡大を求める活動の中で船主協会長は、当協会の要望を認めないのは「国外に出ていけということと同じではないか」と不満を表明した[83]。そして2012年に至り拡大を認める法律が制定された。

　注——————
（1）「船主」という用語について。本書においては「海運企業」、「船会社」、「船社」などはあまり用いず「船主（せんしゅ）」をほぼ一貫して使用する。海運業者の集まりである日本船主（せんしゅ）協会に代表されるように、業界の慣用語だからでもある。海運業者は、オーナー（owner）とオペレーター（operator 運航業者）に分けられる場合があるが、船主は前者のオーナーの意味でも使用される。ただ、この場合でも、純粋の船舶所有者を意味するわけではなく、船員を雇用し航海ができるように準備する所有者を指す。オーナーは通常オペレーターと定期用船契約を結んで用船料を収受する（燃料等は後者負担）。日本の伝統ではオペレーターも自社船を所有し、船員も雇用している。大手3社（日本郵船、商船三井、川崎汽船）がその代表である。「オーナー・オペ（レーター）」ともいわれる。なお、NHKでは船主（ふなぬし）を使用しているが、業界内で使用されることはない。本書における船主は、ほとんどの場合上記のオーナーに該当する。

（2）①パナマ：2.9億トン（D/W、以下同じ。次注参照）、41.9％、②リベリア：1.4億トン、20.7％、③マーシャル諸島：76百万トン、11.1％、④バハマ：59百万トン、8.7％、⑤マルタ：56百万トン、8.2％、⑥キプロス：31百万トン、4.6％、⑦アンティグア・バーブーダ：13百万トン、1.9％、⑧バ

第 1 章　FOC（Flags of Convenience）をめぐる論点の概括的な整理

ミューダ：9 百万トン、1.4 ％、⑨セントビンセント：7 百万トン、1.0 ％、⑩ケイマン諸島：4 百万トン、0.6 ％、合計：6.8 億トン、100 ％。ISL［2010］, p.187.
（3）　船舶の輸送能力（capacity）を表現するために、種々のトン数が使用されるが、積載容積に注目するのが総トン（G/T（GT）：Gross Tonnage）である。これに対し、積載重量に注目するのが（載貨）重量トン（D/W（DW）：Dead weight Tonnage）である。工業の発展に伴って重量物が多くなり後者が使用されるケースが多いが、長期統計となると総トンに依存せざるを得ない場合が多い。
（4）　Boczek［1962］, p.59, 榎本［1993］、407 頁、逸見［2006］、91 頁。なお、スターミーは 1945 年以降としているが、根拠は示していない。Sturmy［1962］, p.211.
（5）　ボチェックは、FOC に賛成、反対双方の人々とも FOC を使いたがらないとし、flags of のあとに necessity, attraction, runway, refuge, tax-free, freebooters などを付けて使用するとしているとする。Boczek［1962］, pp.5-6.
（6）　海事産業研究所編纂の『便宜置籍船に関する文献目録』での初出は、『海運調査月報』1957 年 12 月号となっているが、「便宜置籍船対策……」は「便宜国籍船」の誤植である。なお、『海上労働』1958 年 3 月号 13 頁の ILO 総会事務局長報告の紹介では「便宜船籍」を使用している。
（7）　下山田聰明は open registry に対して「自由置籍」を当てている。下山田［2003］、2 頁。
（8）　カーライルは 'The Panamanian and Honduran operations of United Fruit were not true "flag of convenience" registry in the sense in which the term came to be used after 1950.'（Carlisle［1981］, p.46）というような用い方をしている。
（9）　たとえば、ある海運用語辞典では、open registry を「開放船籍」あるいは FOC としている（Brodie［2007］, p.172）。また別の辞書では、しばしば FOC が用いられるとする（Branch［1995］, p.328, p. 595）。
（10）　Committe of Inquiry into Shipping［1970］. Viscount Rochdale 氏は 1967 年 7 月に商務長官から委員長に指名された。調査は海運に関する諸問題すべてにわたったため、報告は 1970 年 5 月になった。
（11）　Rochdale［1970］, p.51, par.184. バミューダ、バハマ（1973 年独立に注意）について、一般法令と監督はイギリスに従うが法人税は免除されており、その限りにおいてイギリス船籍も便宜船籍を提供しているとみられて

59

も仕方ないだろうとも指摘する。Ibid., par.186.

（12） Metaxas［1985］, p.15. (b) 部分についてドガニスとの共著では "a substantial national requirement"（Doganis and Metaxas［1976］, p.3）としているが、単著では national を抜いている。

（13） Grundey［1978］, pp.1-4. もし自国民によって所有・管理・配乗が為されていないのであれば、主権を行使する動機を欠いている（not present）ことになるともいう。Quasi-FOC については、FOC によく似ているが、所有権、船舶管理、乗組員について自国との関係性を相当有していて、結果として統治意欲を知ることのできる船籍とする。ギリシャをそのよい例としてあげる。引用の仕方は異なるが、東海林滋（[1983]、171 頁）もグランディを支持している。

（14） 興味のあるタイトルとしてバーグストランドの *Buy the Flag* がある。グランディの定義を最上のものとする（Bergstrand［1983］, p.2）が、FOC を提供する便宜船籍国と利用する船主の双方を考察しなければならないとして、それを利用する船主の経済的要素について力を入れ、「国籍の購入（buy）」については深く言及していない（Bergstrand & Doganis［1985］, pp.413-32）ので指摘するに止める。

（15） 逸見［2006］、91 頁以下に若干の紹介がある。織田政夫（[1975]、145～146 頁）は、便宜置籍（flag of convenience）とは、「ある国が、（外国船主に本国では得られない便宜を供与するため国籍を与え──筆者）、しかもその運航活動に対しなんらの効果的規制を加える意志または能力をもたないという条件下にある船舶と置籍国との関係を指す」とする。置籍という行動を関係性で捉えようとする意図は奈辺にあるのかやや分かりにくい。ロッチデール報告を紹介しているが便宜船籍国の「収益」については触れていない。山本泰督（[1965]、42 頁）は FOC を「便宜国旗（船籍）」として定義付けを行っている。上記「収益」への言及はない。

（16） 両船は United America Lines 所属で 1922 年 10 月にパナマに転籍された。理由は、外国船であれば米国沖合 3 マイル（領海）まで旅客にアルコール類を販売できるのに、アメリカ船では禁止されているので競争にならないとするものであった。もっとも、翌年キュナードが関連するケースで最高裁は、（議論の余地は十分あるが──筆者）3 マイルをこえて財務省は権限を行使できないとして合法化してしまった。Carlisle［1981］, pp.14-18. なお、最初のパナマへの転籍は 1919 年 8 月バンクーバのパナマ領事の下で行われ

第 1 章　FOC（Flags of Convenience）をめぐる論点の概括的な整理

たカナダ籍 *Belen Quezada* 号であったという。後にアメリカから密輸の嫌疑がかけられた（Ibid., pp.6-8）。Wilson［1963］, p.72 は FOC の起源をここに取っている。

(17)　Carlisle［1981］, pp.9-15. 転籍は領事登録で行われたため正確な日付は不明である。

(18)　水上［1994］、148 頁は「歴史の事情」としている。本文の事例を紹介する Carlisle［1981］は第 4 章のタイトルを flags of convenience でなく flag of Refuge とする。

(19)　UN［1955］, pp.129-134 に、1916 年商法、1925 年法第 54 号「海事法」、1926 年拡充（amplifying）法、1947 年労働法の一部が英訳されている。以下特別に言及しない場合この文献による。

(20)　Carlisle［1981］, p.33. 領事は政府が雇用する総領事（9 国）、領事（paid consul）、副領事が世界に散在していたが、その他に給与なしの名誉領事が現地で採用された。彼等は船籍登録料から収入を得ることができた。このこともあって領事による登録料徴収をめぐって後年多くの問題が生じた。なお、アメリカとの結び付きは強く、パナマ領事不在の港では米国領事が代行した（Ibid., p.31）。パナマ籍からの離脱については 1926 年法第 6 条参照。

(21)　英領ケイマンの元法務長官は「所得税や法人税を課したら、税収を上回るコストがかかる」と述べている。ケイマンには財務省の職員が 2 人しかいない。朝日新聞、2012 年 1 月 9 日。Carlisle［1981］, p.69.

(22)　ILO［1956］, pp.3-4（historical review）, 西巻［1967］、5 頁、佐藤［1990］、5 頁、第 4 章 4 (2) 参照。

(23)　詳しくは第 4 章 3 参照。国連海洋法会議は第 2 委員会において、各国は船舶に対する国籍付与要件を自由に定めることができるが、「ただし、その船舶の国家的性格が、他の国によって認められるためには、国家と船舶の間に真正な関係がなければならない」と、他国の拒否権を明確にする条項を 3 分の 2 以上の賛成で採択したが、本会議で括弧内を削除する大逆転劇が演ぜられた。

(24)　ボチェックは自著の第 7 章を The Doctrine of "Effective United States Control" に当てている（Boczek［1962］）。カーライルは第 11 章を Effective Control Doctrine Under Fire とする。最近はこの点に触れられないことが多い。グランディもこのことの重要性には触れていない。

61

(25) リベリアとパナマは長年にわたりデッド・ヒートを演じてきたが、ついに1993年総トンベースでパナマが逆転した。また、表1-2にみるように新たに参入した国も多い。グランディのいう selable service をみる思いがする。後述するように、新規参入が多いのは主権の平等に由来していることにも留意しておきたい。

(26) ただ、「オフショア」を使用することについては若干の危険が伴う。第6章で第2船籍を取り上げるが、第2船籍といわれるもののうちマン島（籍）のように本土から離れた自治領の船籍は地理学的にオフショアな船籍といわれる場合があるからである。また、第2船籍そのものも労働関係を中心に一定のオフショア性を有していることは否定できない。それでも「オフショア性」として再定義を試みようとするのは、「国民経済との希薄な関係」という表現では内容が伴わないこと、オフショア度からいえば全面的であること、グランディなどが指摘する国家収益目的もオフショア性を梃子にして導入できることなどによる。

(27) タックス・ヘイブンは通常3つに分けられる。①タックス・パラダイス（全所得軽課税国等）：バハマ、バミューダなど、②タックス・シェルター（国外源泉所得軽課税国等）：パナマ、コスタリカなど、③タックス・リゾート（特定事業所得軽課税国等）：リベリア、マルタなど。詳しくは中村［1995］、132頁以下、川田［2000］、12頁以下参照。

(28) 森久保［1970上］、17頁。パナマ法における国外での株主総会等について明確さを欠くが、この点については馬木［1993］、28頁、47頁参照。

(29) 日本では1978年4月からタックス・ヘイブン対策法が施行された。減価償却費の計算の繁雑さを避けるため現地法令準拠も可能としたが、日本法選択者とのバランス上日本法と同様の限度を設けたとされる。川田［2000］、124頁。なお、本法の施行により日本において節税対策としてのFOC化は不可能になったとする見解があるが、高橋元（［1979］、151頁以下）が列挙する事項からすると節税の余地は残っているように思われる。さらに、アメリカの対策法の場合、海運に再投資する場合には控除される（合算されない）のであり、一般論としては、法人税回避を目的とするとして論ずることは有効であろう。合田［2011c］、154頁注5。川田［2000］、22頁、水上［1994］、167頁、UNCTAD［1977］, p.42, par.115, p.45, par.135.

(30) 永川［1985］、31頁、及能［1986］、28頁。

(31) 便宜船籍国にとって自国船員は少ない方が望ましい。船員が多数存在

第 1 章　FOC（Flags of Convenience）をめぐる論点の概括的な整理

すれば労働保護や年金制度などを設けなくてはならないし、失業者が多数存在すれば介入をせざるを得なくなる。このことはアメリカの軍事戦略上でもいえる。詳しくは第 3 章で触れるが、便宜置籍船を徴用する段階において危険な海域へ向けて船員が乗船してくれるかが議論となったことがある。世界中から自由に調達できるならば、お金で解決がつく。BIMCO／ISF［2010］（p.104）は、リベリア人船員を 400 人弱と推定している。他も同様といえるが、パナマは職員 5,678 人、部員 6,712 人と推定している。背景その他不明である（原資料は各国政府報告）。

(32)　馬木［1993］、149 頁、第 4 章 2 (2) (c)、注 21　および第 5 章 2 (1) 参照。

(33)　正村［2009］、21 頁以下。篠田（［2012］、15 ～ 18 頁）は、主権の絶対的権力について、ボタンは神の絶対性に由来しているとするのに対し、ホッブズは人々が主権者を権威付けるのだ、として 180 度の転換があることを指摘する。

(34)　水上［1994］、59 頁。もっとも国籍付与要件を統一する努力もあった。ヨーロッパを中心とする国際法学会は、1896 年に「商船のための国旗使用に関する規則」を各国の法令をベースにして作成した。所有と本拠地について自国民性が要求された。その後南米を中心とするブスタマンテ法典（1928 年）とモンテヴィデオ条約（1888 ～ 89 年、1940 年）が作成されたが、国旗の使用を許す国家がその要件を決めるものとされた。詳しくは、榎本［1988］、18 頁以下参照。

(35)　山本草二（［1992］、109 頁）は、「『真正な関係』の具体的内容がどうであろうとも、旗国は自国船舶に対して実効的な管轄権と規制を行使すべき義務を負うのであり、これを怠れば、その限りで国際違法行為として国家責任を追及される」という。しかし山本［1985］、531 頁以下によればその追及は容易でない。

(36)　MT［1974］, p.90, p.96. 第 5 章 1 (1) 参照。

(37)　国土交通省海事局 HP 内「わが国で拘留された船舶一覧」。東京 MOU［2010］（http：//www.tokyo-mou.org/annrep.htm）によるとワーストテンのうち 6 か国が便宜船籍国である。なお、カンボジアは、小型船が多く平均船齢は 27 年で古船が多いだけでなく、船級協会の認証も取得していない（no class）船舶も多い。

(38)　海難に遭遇した船舶はコンテナ船、PCC、VLCC、VLOC で、海難の種

別は火災、船体傾斜による航行不能、貨物船との接触・原油流出、避難のための沖出しに失敗・座礁であった。http：//www.milt.go.jp/kisha/kisha06/10/101222-.html。

(39) 赤塚［2000］、8頁以下。日本船主協会HP「『エリカ号』事故の概要」。

(40) PRISMA Consulting Group S.A., "A Study into the Policy Implications of the Sinking of *ERIKA*", p.206（運政研、国際問題研［2001］所収）。

(41) 井口［2006］、14頁以下に整理されている。Özcçayir［2004］、pp.308-316.

(42) 「欧州ポート・ステート・コントロールが船級協会によるダブルスタンダードを指摘」せんきょう2002年9月号、6～9頁。逸見［2006］、352頁、397頁、岡田［2009］、46～50頁参照。

(43) Tokyo MOU［2010］, pp.41-42. 岡田［2009］、46～50頁参照。

(44) 1982年のパリMOUが起源とされることが多いので注意を喚起しておきたい。詳しくは第5章1（2）（c）参照。現在海域ごとに8つのMOUが成立している。アメリカは独自にPSCを行っている。

(45) 大貫他［2002］は、大手船社の安全管理担当者の座談会である。PSC、MOUについて、米国・欧州・豪州は取締りが厳しくサブスタンダード船の寄港は難しくなっているが、そのあおりで基準以下船がアジアに向うとも限らない。そうなると「公平な市場原理が侵され、我々が応分の費用をかけメンテした船の競争力は落ちます」（88頁）として、検査体制の強化を要望している。

(46) 逸見［2006］、358～360頁。榎本［1988］、320、333頁、水上［1994］、290頁。Pamborides［1999］, pp.53-55. Sturmy［1983］, pp.59-60, Meyer［1967］, p.297.

(47) 注意して欲しいのは、IMCOの1975年の決議と第6章で詳しく述べる1980年代以降の状況とは大きく異なっていることである。

(48) 便宜置籍船に限定されないが、世界の外航船員の一部がいかに困難な海上生活を強いられているかはICONS（国際海運委員会）の *Ship, slaves and competition* が目を開かせてくれる。委員は、Peter Morris（委員長、豪運輸大臣（1983～1990））、James Bell（1999年半まで国際船級会連合（IACS）事務局長）、林司宣（早稲田大学教授、海洋法、FOA事務局長補（水産局長1996～1999））、Barry Mekay（カナダ船舶検査局長、東京MOUおよびパリMOUのカナダ代表歴任）の4人である。「奴隷」という刺激的なタイトル

は「まえがき」その他の「今日海上にある何千人もの国際船員にとって、海上生活は現代の奴隷であり、その職場は奴隷船といえる」(ICONS [2001], p.3, p.57) から来ている。世界 21 都市での徹底した面接を中心とした調査には説得力がある (pp.220-230 にリスト)。

(49) ILO [2004], pp.165-187. 国際海運委員会 [2002]、26 ～ 28 頁。ロシア金融危機の影響で同国船 13 隻が含まれている。

(50) マンニング会社に依存する1つの結末は、有料の紹介である。1月分の給料あるいは最高 2,000 米ドルが慣行であるといわれたりする。ICONS [2000], p.44. ILO 条約第9号で禁止されているが、この条約は 1920 年 ILO 最初の海事条約の1つであり、欧米日などにおける悪習打破運動が実ったものである。この意味において、先祖返りのような現象といえる。

(51) 後述するように、労働サービス輸出国のフィリピンはマンニング業者を規制している。それでも組合や宗教団体に接触しようとした船員のブラックリストが作成され、同業者間で回覧されているという。ICONS [2001], p.44, p.172.

(52) 日本は世界最大の便宜置籍船保有国であるが、全日本海員組合が5万人を超える外国人船員を代表して船主と交渉している。ただ、組合役員の選挙権をはじめ組合員としての権利、母国組合との関係をはじめ既存の労働法では解決できない問題を多く抱えている。なお、ITF の指定する便宜船籍国 (表 1-1 参照) にいわゆる第2船籍が入っているのは、交渉管轄権の問題が絡んでいるからである。

(53) ISM コードとは「船舶の安全運航および海洋汚染防止のための国際管理規則 (International Management Code for the Safe Operation of Ship and for Pollution Prevention)」をいう。IMO 総会 (1993 年 11 月) 決議 A.741 (18) を指す (SOLAS Chap. IX Reg.1) が、2002 年に海上安全委員会で改正されている (MSC.104 (73))。国交省測度課 [2008]、Özçayir [2004], pp.447-475 参照。

(54) もちろん、「会社」の地位に就かない場合も考慮し、標準書式には「諾・否」の選択肢が設定されているが、「否」をチェックすれば便宜置籍船を対象とした取引は成立しないであろう。逆に、中途半端に船舶の運航に携わってきた船主は専門の業者に委ねざるを得ないことになるから、船舶管理業者にとって「特需」が期待できるとすらいわれた。篠原他 [1999]、16 頁。なお、ISM コードの原案は5大船舶管理会社 (Group V) が (その

地位を築くために?）作成したといわれる。国交省測度課［2008］、2頁。

(55) IMOによって代行機関の承認ガイドラインが定められている（A・739）。詳しくは工藤［1994］、33頁。工藤は、（船級協会の力の上昇を背景に——筆者）「会社」にとってみれば多くの船級協会からDOC等を取得するのは煩瑣であり、やがて船級協会の寡占化に発展するかも知れないと推測していたが、事態は予測どおりともいえる。ただし、逆に船級協会の増加、安易な商業化の現象も呈している。

(56) 管理会社には規模の経済性があり（200隻以上を管理する会社もある）、便宜置籍船が取扱船の中心をなしている。また、競争が激しくサービス品質が常に問われている。

(57) 工藤の指摘するところは、ISO9000の本旨に合致しないということでもある。そのためISMとISO双方をカバーする国際船舶管理協会（ISMA）の基準コードや、NKの（ISM用）「船舶管理システム審査登録規則」が作成された。海事新聞、1994年3月10日、同11月8日。

(58) 日本は1993年、たとえば日本支配のパナマ船の場合、「パナマの主管庁が主権を越えて日本の」船社の安全管理システムを検査することになるとして、カンパニーに対する検査はカンパニー所在地国の主管庁が行うことにするよう提案した。これが「主官庁の要請により他の条約締約国の政府が発給する」（13.2）との文言に結びついているのであろう。海事新聞、1993年5月20日。

(59) カップは、1950年代のアメリカの公害問題を背景にして「要するに、社会的費用という語は生産過程の結果、第三者または社会が受け、それに対しては私的企業に責任を負わせるのが困難な、あらゆる有害な結果や損失について言われる」（カップ［1959］、16頁）とした。ここでは価値概念の費用と、使用価値カテゴリーの損失との混同があるが、この点について植田和弘は「社会的損失の大きさを正当に評価するための第1次的接近として……無意味なことではないとする」（植田他［1991］、100頁）。

(60) 西村弘は「クルマ社会とは、自動車の過度な利用が市民生活を脅かし、その安定性まで奪うにいたっている社会である」とする（西村［2007］、23頁）。宇沢の著作は主に自動車公害時代を背景にしているが、①市民の基本的権利を明確にし、②それを侵害しないようにするための追加的道路投資を社会的費用とした場合、③実質的にみて1台年60万円が必要になる（名目200万円）としたため一大センセーションを巻き起こした（宇沢［1974］、

159～168頁)。

(61)　10年前の成果になるが、兒山・岸本［2001］、28頁は、大気汚染、気候変動、騒音、事故、インフラ費用、混雑損失について、外部費用は中位推計で乗用車29.0円／km、大型トラック132円／kmと算出している。総計でGDP比6.6%と。

(62)　後述するILOの1950年のレポート（第4章4(2)）にみられる規制回避や、さらにランサム賃金に伴う年金その他の社会保障の負担金の重荷からの解放を指摘する。Metaxas［1985］, p.77, p.82.

(63)　明壁［1983］、7～14頁、清宮［1992］、22～27頁。著者（当時）は日本船舶保険連盟の専務理事と業務部長代理。

(64)　OECDは1975年の便宜置籍船に関する報告書において、社会的費用（の額）について調査しようとした（オランダ担当）が、社会的費用のコンセプト作りからして困難であると諦めている。OECD［1975］, pp.7-8.

(65)　Metaxas［1985］, p.102. それでもアモコ・カディス号海難について金銭面に言及している。同号に対する米国国家海洋・大気管理局（NOAA）の報告によると正味の経済的コストは1.9～2.9億ドル（1978年値）と推定された。それは丁度世界の全ての便宜置籍船の100日分の運航コストに当たり、便宜置籍船のコストはその分低くなっているという。社会的費用の推計が不十分であったり、逆に、それ以外の費用も含まれるなど問題点も多いが、便宜置籍船に多くみられた海難の一例が、その利益（benefit）を台無しにするほどであったとの指摘は斬新であった。Ibid., pp.97-99.

(66)　Metaxas［1985］, x, p.77, pp.101-102.

(67)　地域MOUとそのメンバー国についてÖzçayir［2004］, pp.599-605参照。

(68)　Metaxas［1985］, p.100は便宜置籍船の増加は自動的にバリアを形成するとする。スターミーは、「オープン・レジストリーの存在が発展途上国船隊の成長にとって重大な障害になっていないという事実を受け入れたとしても（傍点――筆者）、そのことが（ただちに）そのような船籍がなくなっても途上国を助けることにはならないということまで合意しているわけではない」（Sturmy［1983］, p.58）と彼特有の言い回しで半ば肯定をしている。

(69)　『日本海運の現況』（運輸省）1975年版は外国用船も含め「我国商船隊」を用い始めた。武城［1987］、80頁参照。

(70)　山田［1993］、54頁、83頁以下、94頁、若森［1996］、27頁以下、84頁、88頁。

(71) 山田［1993］、114〜123頁。レギュラシオン学派がフォーディズムと命名したのは、この前後の説明で了解されよう。

(72) 第2次世界大戦による大量の船舶の喪失も関連している。そのため、海外への売船規制は普通であった。日本の海上運送法44の2条（1996年に規制緩和で届出制に）は許可制を採用していた。しかも、実際には海員組合の同意を必要としていた。

(73) 山田［1993］、127〜130頁、石見［1999］、186〜187頁。

(74) 仕組船についてはいくつかの用語法がある（合田［2011d］参照）が、ここでは次のような例を指している。建造船主は海外の独立船社（例：香港）であるが、邦船社が日本籍船の建造を回避するために「仕組んだ船」である。邦船社は、①用船保証、②建造船主の借入金に対する実質的な保証、③場合によっては資金調達、④船台を提供する。日本船社が仕組建造に傾くため、政策的に準備した金利の安い計画造船量が大きく割り込む事態が背後にある。そのため副題は「――転機にきた計画造船――」となっている。ユーロダラー金利は保証料を含めると1割を超えていたという。なお、当時日本船には全員日本人船員が原則であったが、ニクソン・ショックと90日間のストライキが問題点を浮上させつつあった。

(75) 日本語の「移民」には、南米移民にみられるような独特のニュアンスがある。そこでSassen［1988］の訳者である森田は原文のmigrationを本文のごとく訳したと断っている（サッセン［1992］、20頁訳者注1）。なお、国連は移民を「生誕国から12か月以上離れて海外で暮らす人々」と定義している。カールズ＋ミラー［2011］、7頁。この定義は、さらに我々を悩ませることになる。12月に満たない乗船期間の船員は多いからである。しかし、職業として外国船乗務を繰り返しているので、海外労働ないし移民の範疇に入れておく。

(76) 交渉はUNCTAD（国連貿易開発会議）の場で行われていた。自国貨自国船主義は極端な場合該当する2国間で海運サービスを独占することになり、欧州や日本の海運資本は市場を失うことを意味した。一方、便宜船籍制度については1986年の「国連船籍登録要件条約」で北側の意向が実現することになる。

(77) 以上を画期とするグローバリゼーションも1970年代以降のニクソン・ショックやレーガノミックス、サッチャリズムなどに代表される諸変革がそれを準備していたことはいうまでもない。また、媒体としての情報通信

革命やコンテナリゼーション、国際航空の大衆化も無視できない。
(78) ウッド［2004］、219 頁。ヒルシュは「国民国家組織の決定的な機能、詰まり世界市場において非常に多様な所得条件を維持するという機能は保たれたままだということである」と指摘する。その例として北米自由貿易協定（NAFTA）においてはリオグランデ川に鉄のカーテンが引かれたとする。ヒルシュ［1998］、116 頁。米加自由貿易協定にメキシコを加えさせるためにサリナス大統領は「アメリカはメキシコのトマトを輸入して手に入れるか、アメリカでトマトを摘み取るメキシコ移民労働者を輸入するかどちらかしかないと警告していた」、とカールズ＋ミラー（［2011］、258 頁）は紹介している。
(79) たとえばアジア船員の母国基準を適用する第 2 船籍制度は、後章で述べるごとく、便宜置籍船が肥大化したがゆえに誕生したのであり、アメリカの介入がなければすなわち便宜船籍制度が存在しなければ、必要性もなく制度化されることもなかったであろう。このことも含意している。
(80) ストレンジ［1988］、81 頁以下。なお、「多国籍企業」は正しくないと繰り返し指摘し、「超国家企業」を用いる（同 6、79 頁）。各国とも財政赤字に苦しんでいるように、新自由主義政策によって「小さな政府」が実現せずに「パワーの小さな政府」が実現したのは皮肉である。
(81) 1996 年の EU 海運政策は自国の海運資本に限定されないことを指摘する。第 6 章 5（1）参照。
(82) 正村［2009］、118 頁。正村はグローバリゼーションをウェストファリア体制の変容の側面から分析する。同体制は政教分離にみられるように社会の機能分化を大きな特徴としているが、この時代は逆に、分化（集中）から融合（拡散）に特徴があるという。その 1 つが政治と経済の融合であるとし、多国籍企業の国家権力への介入（さらには国際組織への介入）を代表例とする。さらに、軍事請負会社の登場は、公共機能の民営化とでもいうべきもので公機能が企業の意思決定に委ねられることすら意味するという。同 142 頁以下、シンガー［2004］、本山［2004］参照。
(83) 海事新聞、2010 年 11 月 25 日。一面トップの見出しは「出ていけということか」（船協会長）で、話題になった。ヒルシュを思わずにはいられない。

第 2 章　ギリシャ海運の特異性

　ギリシャ海運は長い間世界一の座を占めてきた。**表 2-1 参照**。小国のギリシャ[1]が大船隊を擁するに至った要因については、①戦争直後戦時標準船であるリバティ型やタンカーの T2 型を安く購入することができた、②メジャーと長期積荷保証契約を結び、それを「担保」に巨額の建造資金をアメリカの銀行から得ることができた、③最も競争力のある便宜置籍船を大量に保有した、④海運不況時に中古船舶を安く購入し、好況時に高く売り抜けるというビジネスモデルを採用した、⑤ 3 国間輸送に秀でていた等々が指摘される。いずれも歴史的に証明できる現象で間違っているわけではない。ただ、問い掛けを次のように変えたらどうなるであろうか。「なぜ、他の伝統的海運国の船主は同じような行動を取らなかった、あるいは取れなかったのであろうか」。

　ここでは世界（経済）史との関係が重要になる。前章でみたように、ブレトンウッズ体制の下では、資本移動を制限・コントロールすることによって固定相場制を維持してきた。しかも、長い間資本不足の時代が続いたのでアメリカを除いた他の国々の資本移動に対する制限は厳しいものであった。こ

表 2-1　ギリシャ、日本、アメリカの支配船腹の推移

（単位：千 GT／DW）

	1969 年	1972 年	1975 年	1980 年	1990 年	2000 年	2010 年
ギリシャ	③ 24,296	② 35,145	① 44,930	① 95,634	① 81,976	① 133,381	① 186,095
日本	② 27,004	① 35,488	② 39,740	② 90,669	② 80,307	② 93,473	② 183,319
アメリカ	① 28,663	③ 29,474	③ 31,689	③ 86,742	③ 55,107	④ 48,867	⑥ 41,290

出所：*RMT*, Lloyd's Register of Shipping Statistical Table, Harlaftis［1996］, p.241 より作成。
注 1）1969 年から 75 年までの便宜置籍船の船腹は表 1-4 のデータから導いた。
　 2）①などは、世界順位を表す。
　 3）1975 年までは総トン（GT）、1980 年からは載貨重量トン。

のような状況下で、たとえば日本船社が1950年代に便宜置籍船を購入するためにドル資金を手当てすることができたとは思えない。また、海運不況時に安いからといって外国船をドル建で購入できたであろうか。

このように別の角度から吟味してみると前述した諸要因だけでは不十分であることが分かる。結論を先取りしていえば、時々の現象形態は種々であっても、ギリシャ海運はギリシャ経済の「外に存在することが許された」ところに、同国海運の最大の特徴ないし特異性を見出すことができる。この点だけに注目するなら FOC（flags of convenience）に酷似しているといえる。

1　第2次大戦直後の便宜置籍船の大量保有

ギリシャ船主は、1955年にはすでに便宜置籍船（リベリア、パナマのみ）の約63%（約500万総トン）を保有していた（後掲表4-3参照）。1958年も同様であった（ただし900万総トン）が、翌年は後述する諸要因から47%に低下した。また、英国海運評議会（CSUK）の推定によれば、ギリシャ海運は1957年に便宜置籍船の53%を占め、第2位のアメリカの40%を大きくリードしていた[2]。ギリシャ船主がこれほど突出した形で便宜置籍船を保有することができた政治的、経済的諸要因はどこにあったのであろうか。

(1) 大量保有の経済的要因
(a)「戦時補償」

ギリシャは1941年春に枢軸国（Axis powers）に占領されドイツ、イタリア、ブルガリアに分割統治されるが、まだクレタ島に残っていたソデロス政権はギリシャ―イギリス協定を結び、ギリシャ船のすべてを徴用し、定期用船の形態で連合国に提供した。開戦時ギリシャは、607隻、180万総トンを擁し世界第7位であったが、戦争によりそのうちの72%、130万総トンを失うことになった。しかし、日本と異なりギリシャ船主は、戦争終結時に「保険金と運賃」として4,750万ポンドを受け取ることができた[3]。

(b) アメリカの戦時標準船の購入

戦時標準船（米国）の海外への売却全体については後に触れるとして（第3章2(1)）、ここではギリシャ船主に注目しておく。米国政府所有の戦時標準船は国連加盟国（当時は連合国）の戦争努力に即して売却先が決定された。国別売却ではあるが、購入者は市民であり私的なものであった。ギリシャには100隻のリバティ船が宛がわれた。前述した「戦時補償」が購入原資になるはずであったが、ポンド建資金であり、ドルでの支払いは困難であった。そこで船主は政府による保証を要請し、両政府に受け入れられた。

結局、ギリシャ船主は、原価の3分の1という格安価格でありながら、25%分を410万ポンドの即金で、残りを金利3.5%、17年払いという条件で、100隻（1,650万ポンド）を手にすることができた。S・リバノスは12隻も購入している。この他に、16,500重量トンのT2型タンカーを7隻購入した（後掲表4-2参照）。付言するなら、ギリシャ籍船は1946年の50.2万総トンから1947年には120万総トンに急拡大しているが、上記戦標船107隻、78.5万総トンが加わったためである[4]。

(c) 海運ブーム

第2次世界大戦は総力戦であった。敵国の息の根を止めるために同国の商船を沈没させ、国民経済に欠くことのできない物資を途絶させる戦略が採用された。膨大な船腹が世界中で失われた。戦時標準船として多くの船舶が建造されたが、それよりも犠牲の方がはるかに大きかった。

戦争が終わり復興過程に入ると船舶は不足し、まず戦後の海運ブームが到来した。100隻のリバティ船は1947年だけで900万ポンドの収入と純利益280万ポンドをもたらし、それを元手にギリシャ船主は277隻を買うことができた、とオナシスは述べている（Harlaftis [1996], p.237）。これらの船舶は後述する理由から便宜置籍船として登録された。戦後復興ブーム（1947年）に続いて、朝鮮戦争ブーム、スエズブーム（1955/56年）が続いた。スエズブームはヨーロッパの復興と重なり約2年間続いた（小川 [1997]、160頁）。こうしてギリシャ船主は便宜置籍船への再投資を重ね、800万総トン超（1957年）を保有することになる。この間わずか10年である。

表 2-2　出身地別・年代別ギリシャ船員数

出身地	1930 年 人	%	1959 年 人	%	1980 年 人	%
島嶼部	5,347	66	31,638	49	21,558	36
アッティカ	895	11	11,550	18	14,371	24
ペロポニソス半島	n/a		2,548	4	6,760	12
その他ギリシャ	1,793	23	18,453	29	16,845	28
計	8,035	100	64,189	100	59,534	100

出所：Harlaftis［1996］, p.276.

(d) 豊富なギリシャ船員

800万総トンもの便宜置籍船船隊の運航を支えたのはギリシャ船員であった。1950年代の船主の出身地は圧倒的に島嶼部にあったが、彼等は地縁、血縁をたよりに出身地から船員を雇用した。**表2-2**参照。1959年の船員数は実に64,179名である。群島国家ならではの人材調達といえよう。

(2) 大量保有の政治的要因
(a) トラブル続きの1940年代

ギリシャ船主と政府の間では"Troubled 1940s"といわれる時代が続いた。トラブルは①ギリシャ―イギリス協定による船舶徴用、②政府の介入、③税金、④ギリシャ船員に関連していた。徴用に関するトラブルは次のようなものであった。日本では第1次世界大戦によって「船成金」が生まれたが、世界の運賃・用船料が天井知らずであったからである。これを反省して連合国は前述した定期用船の用船料を低く抑える策にでた。船主はこれを捉えて「英国に安く売った」として告発した。もう1つは新造船舶の27隻についてである。連合国との約束でギリシャ政府は27隻を市場で運用できた。その結果、輸送トン当たり7ドルを手にしたが、政府は亡命政府の維持費用に当てるため、船主には3.5ドルしか払わなかった。有力船主の所有船が多かったが、彼等は戦後「搾取された」と声を大にして政府を批判した。

次に政府の「不当な介入」をめぐって対立した。ギリシャ政府は喪失船の保険金や用船料収入を、新たに設立した「ギリシャ船舶委員会（ロンドン）」

で管理することにしたが、ギリシャ船主達は、本来両収入は自分達のもので自由に使えるはずである、それにもかかわらず政府は不当に介入したとして訴訟に持ち込んだ。

次は税金問題で、戦後のギリシャ海運に決定的な影響を与えた。戦争中の臨時増税（1939年）でも揉めたが、戦後も1948年の50％税といわれる機船（motor ship）利益税で政府と海運業界は鋭く対立した（結果的には減額）。決定的な影響を及ぼした税制は翌年の「富裕者税（LD889/1949）」である。この法律はすべての国民にやがて自国に復帰させる意図の下に海外資産の申告を要求していた。これとは少しずれるが、ギリシャ籍船には1,500万ドラクマが、所有外国船には4,000万ドラクマが課税されることになっていた。船主は前者については受け入れたが、後者については拒否し、訴訟に持ち込んだ。ハーラフティスによれば、この法律は国が海運産業に一定程度の影響を及ぼそうと試みた最後の極点（culmination of attempts）に当たるものであったという。しかし、関係船主のうち80％がロンドンとニューヨークに脱出する結末となり（後掲表2-4参照）、政府は海運に対するコントロール能力を失うことになった。日本では考えにくいが、次節で述べる紀元前からの歴史が脱出を許容したのであろう。ここでは脱出すなわち国外での海運活動と資本蓄積が大手を振って行われるようになったことに注目しておきたい。

第4は、船員問題である。船主は高賃金、とりわけイギリス船員よりも高い賃金（表4-5参照）を問題にしていたが、背景には1944年12月から1949年8月まで続いた長期の内戦がある。枢軸国に抵抗するゲリラ組織を根にもつ左派の力は強く、イギリスおよびそれに代わったアメリカは共産党の影響を排除しようと支援・介入を続けたが、時間が必要であった。このような状況下では船主の労働組合に対する譲歩は不可避であるが、ギリシャ船主は一因は政府の親組合的姿勢（'friendly' posture）にあると批判していた[5]。

(b) アメリカの支援

ハーラフティスは、ギリシャ船主による膨大な便宜置籍船所有の実相は、彼等がギリシャ政府と反目し合っていたとはいえそこにあるのではなく、アメリカ政府の支援政策にあるとし、「アメリカ政府は融資を通して（ギリシ

ャ船主が——筆者）便宜置籍船を利用することを金融機関を通して明確（explicitly）に支援していた」とする。そして米国の銀行は、融資を要請したほとんどのギリシャ船主に対して、便宜置籍船を強力に勧めた[6]。

　ギリシャ船主だけを特別扱いにした背後の事情は冷戦にあるとみるべきであろう。1947年3月のトルーマン・ドクトリンによってギリシャは地政学上極めて重要な国として浮上することになる。1943年に始まったギリシャの内戦（広義）はようやく1949年に終結するが、ギリシャ近現代史で著名なリチャード・クロッグは、「アメリカの援助は、西欧ではほとんど経済発展に充当されたが、ギリシャでは軍事目的に注がれた。資本主義体制は……（生き残ったが——筆者）、実質的にギリシャはアメリカをパトロンに戴くことになった。……外国の影響力がこれほどまでに及んだことは、イギリス支配が最高度に達したときでさえ、ほとんどなかった」とする（クロッグ[2004]、160頁）。また、北方3国は共産主義下にあったため、西側防衛に活用され、1952年には北大西洋に面していないのにトルコとともにNATOに加盟することになった（同165頁）としている。また、佐原徹哉も、「内戦中、アメリカ政府は、ギリシャ政治に直接介入し、首班指名を含む政府人事や軍の編成を左右したが、その後も、1950年代のなかばまで、公然と官僚や軍幹部の人事に介入しつづけた。」（佐原［2005］、343頁）とする。

　1953年には軍事基地協定が結ばれた。翌54年には、米統合参謀本部の下にあるJMTC（Joint Military Transportation Committee）は、ギリシャ政府の要請に応じてEffective US Control Shipping（次章参照）のリストにギリシャを入れてしまうというハプニングが発生したりもした（Carlisle［1981］、p.203）。NATOの指揮命令権との関係で結果として承認されなかったけれども、アメリカ政府が、ニューヨーク等に居住するギリシャ船主を「準アメリカ人」として機能すると考えたとしても不思議でない。また、徴用という主権にかかる行為をギリシャ船主に及ぼすことはできないとしても、前述した「定期用船」方式によるギリシャ船主所有の便宜置籍船の利用は可能であったろう。

　表2-3は便宜置籍船の受益船主の保有船腹をある仮定のもとに分析したものであるが、1952年には早くもギリシャがアメリカを凌駕する[7]。

第2章　ギリシャ海運の特異性

表2-3　米国とギリシャのパナマ、リベリア保有船腹の推移

(単位:千総トン)

	1950年	1951年	1952年	1953年	1954年	1955年
両国船腹	3,606	4,204	4,637	5,340	6,472	7,918
ギリシャ	1,284	2,064	2,466	3,158	4,134	4,965
米　国	2,322	2,140	2,171	2,182	2,338	2,953

出所:Lloyd's Register of Shipping [1960], Harlaftis [1996], pp.270-271 より作成。
注)パナマ、リベリアの船腹からギリシャの保有船腹を引いたトン数を米国支配船腹と仮定している。従って、米国の数値は実際より多い。

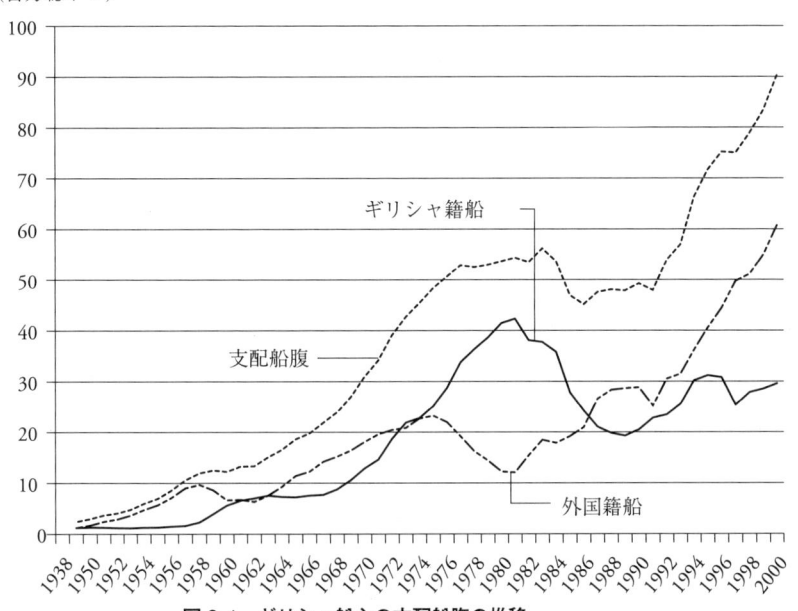

図2-1　ギリシャ船主の支配船腹の推移

出所:巻末付表—2参照。

これで、アメリカがギリシャ船主の便宜置籍船取得を積極的に支援した理由が了解されると思われる[8]が、逆に、ギリシャ船主の知恵と努力だけでは、すなわちアメリカ政府等の側面からの援助がなければ、図 2-1 や表 2-3 にみる大量の便宜置籍船を調達することは難しかった、このことにも留意したい。

2　ロンドン・グリーク、ニューヨーク・グリーク

(1) 黒海移民とギリシャ海運のモデル

　紀元前 8 世紀にギリシャでは人口が増加するとともに、ポリスが誕生した。これらを背景に地中海や黒海沿岸にポリス建設運動（植民活動）が展開された。植民活動といっても 19 世紀のそれとは異なり統一国家を目指すものではない。黒海沿岸では紀元前 6 世紀までに 70 を超えるポリス（植民市、都市国家）が建設されたという。それらの都市に移住した人々の中に「ポンドスのギリシャ人」といわれる人々がいた。ポンドスのギリシャ人とは黒海南東岸（現クズル川以東）に定住したギリシャ人であるが、セルジューク朝により他の地域と切り離され古代語の伝統を受け継ぐことになる。オスマン帝国（1299 〜 1922 年）が成立するとポンドス人はポンドス地方から逃れグルジアやロシアに移住していった。以後も北上は止まらず、18 世紀後半にはクリミア半島やアゾフ海に達した（注 10 参照）。

　イギリスで自由貿易運動が勝利した後の 1830 年頃から黒海貿易とりわけ穀物貿易が拡大する。この貿易を支えたのがポンドスのギリシャ商人とシロス島を中心とするギリシャ船主であった。独立戦争（1821 〜 29 年）で船舶の多くを失ったギリシャ海運の再興は船主／船長を中心に持合い（共有）による資金調達で行われた。帆船時代であり、たとえばシロス島の造船業者、船員、船用品業者などがシェアした。一方黒海移民の商人は積荷を手配し、金融も提供した。この場合、地縁が船主と商人を結び付けた。このパターンは、黒海移民に限らず、コンスタンチノープル、スミルナ、アレキサンドリア、トリエステ、ロンドンの移民についてもいえた。紐帯として黒海のよう

な古代からの移民に地縁が加わった。

　帆船から汽船への乗り換えには資金面での困難が伴った。ここでも黒海のギリシャ商人が大きな役割りを果たした。彼等はロンドンに代理店を設けギリシャ船主への資金提供と持分所有を行った。さらに、ロンドンの金融、保険、ブローカー市場を利用するようになった[9]。1890 年に一度提案されたが 20 年遅れて 1910 年に海事モーゲージ法が議会をパスした。それまで債権者は債権に見合う所有権を明示しなくてはならなかったが、その必要性がなくなり、外国の債権者からの借り入れが自由になった。これで船主もロンドン市場で資金調達が可能になり、大船主はロンドンに代理店を設立するようになる。

　ギリシャ海運の弱点は、母国で汽船を建造できないところにあったといえよう。そのため資金調達に苦労するとともに、中古船の購入・売却を繰り返すことになる[10]。

(2) ロンドン・グリーク、ニューヨーク・グリーク

　ロンドンやニューヨークなどに居住する（していた）ギリシャ系の船主はギリシャ海運を総体として理解するうえで欠かせない[11]。たとえばニアルコスとかオナシス、リバノスなどの大船主が輩出した背景は何であったのであろうか。よく知られているように、ギリシャ船主は個人的（ファミリーを含む）であるとともに、1 船舶 1 会社（single ship company）制を基本としている。それだけでなく、森久保博によればオーナーとオペレーション（運航）は分離され、大手船主にあっても所有と運航は別々の会社で行われていたという（森久保［1987］、38 頁）。

　ロンドン・グリークの歴史は古いが、1914 年ロンドンには 11 のギリシャ海運商会（Shipping firm/Shipping office）が存在し、ギリシャ船隊の 28％、23 万総トンを取り扱っていたという（1938 年：17 商会；48％、100 万総トン）。たとえば、R&K（Rethymnis and Kulukundis）は自らも船舶を所有していたが、同郷（島）の船主の船舶も扱っていた。彼等のための資金調達は利付きで、船舶の売買、チャータリング、保険、燃油手配は手数料を得て行っていた。

ギリシャに居住していたのでは商売の機会は乏しいのでロンドン・グリークのR&Kが代理（representing）していた。ただ、遠隔の地にあるわけで信頼の絆は「同島の士」にあったが、経済的にも共有関係で結ばれていた。また、英国での課税を逃れるため、Lloyd's Registerにはオーナーの欄ではなく、"London agencies"として載せていた（Harlaftis［1996］, pp.194-195, p274）。

戦後についていえば、資金調達の容易さ（前述）、荷主（とりわけメジャーの存在）、造船能力（欧州の造船所は戦禍で能力なし）など圧倒的存在感から大挙してニューヨークに流れ（**表2-4**参照）、ニューヨーク・グリークが躍り出ることになる。前述したように彼等は同島の船主の厚い信頼を得て、経営上の意思決定を行っていた[12]。

前注でみたように、ロンドンの地位が相対的に高いのはシティの海事クラスターへの依存にあった。もっとも、シティにとっては大事な顧客ということになる。ボルティック海運取引所にはすでに1850年代にメンバー入りを果たし、1993年には船社の代表263名がメンバーとなり、同所の18％を占めるほどであった。金融機関の利用はもとより、P&Iクラブや保険「会社」の利用など多方面にわたった。とりわけ、保険については1958年までロイズに100％付保していたという[13]。

彼等のロンドン、ニューヨーク離れは税金と関係している。まず、アメリカ政府はケネディ・ショックの1つとして有名な金利平衡税（1963年）の一環として、外国会社の収益にも内国会社と同様の課税をすることにした。これが転換点となった。そのためヨーロッパへの回帰が進んだが、今度は英国財務省の財政法案（UK Finance Bill 1974, 実施：1976年）が彼等を直撃する。イギリス在住のギリシャ船主の関連所得に52％課税するという案であった。結果的には、課税すればギリシャ船主がシティから逃げてゆくかも知れないとして撤回されたが、今後も課税の恐れがあるとして、ピレウスに拠点を移す動きが顕在化することになった[14]。表2-4にその傾向は明白であるが、本節の冒頭で指摘したように機能的に分割したガヴァナンスを行っているわけで、相対的である。日本郵船の調査報告（同［1990］、25頁以下）は、①アテネやピレウスに活動の拠点を置いて、ロンドンやニューヨークの別法人

表 2-4　ギリシャ海運の国際ネットワーク[1]

	ピレウス／ギリシャ	ロンドン	西欧その他	南ロシア	東地中海／黒海（南ロシア除く）	ニューヨーク	南北アメリカ（NY除く）	その他	小計（ギリシャ除く）	合計
1914	155	13	6	27	55[2]	–	–	–	101	256
1938	283	17	4	–	15	–	1	–	37	320
1958	58	105	25	–	3	138	18[3]	4	294	352
1975	652	177	13	–	1	88	10	4[4]	205	857
1990	815	150	16	–	16	40	15	5[4]	242	1,057

出所：Harlaftis [1996], pp.270-271 より作成。
注 1) 各都市にあるギリシャ船主の事務所／代理店 (offices/agencies)。
　 2) うちコンスタンチノープル：47 事務所／代理店。
　 3) うちモントリオール：12 事務所／代理店。
　 4) 東京にも 2 事務所／代理店。

と一体となって海運活動をしている場合、②ロンドンに本拠を置き、ギリシャやニューヨークの別法人とともに活動する場合、③米国に本拠を置きギリシャやロンドンの別法人とともに活動する場合に分けられると相対化している。また、その数値も表 2-4 とほぼ同一である。

　以上から、ギリシャ船主の経営活動は長期にわたりギリシャ国外で行われてきたこと、後でみる送金状況から資本蓄積も外国で行われ、ユーロダラーを活用したことが伺える。また、たとえばロンドンにおいて「租界」もどきの社会を形成していたことも知られる。

3　ギリシャ政府の本国復帰政策

　1950 年代以降のギリシャの海運政策は、成功したかどうかは別として一言でいえば「本国復帰政策 (repatriation, epanapatrismos)」であった (Harlaftis [1993], p.129)。便宜置籍船をギリシャに転籍させ、かつ、海外船主を国内に呼び寄せるための政策である。前述した対立を解消し、信頼関係を築くための政策といえるが、他の伝統的海運国が後年自国船の流出阻止策を採用したのとは対照的である。この政策の背景にあるものは、何といっても恒常的な、

逐年的に拡大する貿易赤字であった。たとえば赤字額は、1951年3億ドル、1960年2億ドル、1970年11億ドル、1980年68億ドル、1990年123億ドルである。その3分の2ほどを移民からの送金や海運、観光の貿易外収入で補っていた。海運は30％前後を占めていたが、日本と異なるのはその構成にある。**表2-5**は一例にすぎないが、海外での資本蓄積の反映である船主からの送金が圧倒的である。船員の送金も目を離せないが、運賃収入の少なさに驚かされる[15]。ただし、ギリシャ海運の構造を如実に物語っているし、本国復帰政策の必然性がよく示されているといえる。図2-1参照。

　本国復帰政策は3つの側面から成り立っている。1つは、経済的インセンティブである。助成策を施す余裕がなかったために、減免税政策が採用された。といっても、便宜船籍からの転籍あるいは新造船の登録があれば、多少なりとも税収を増加させる可能性もあった。2つは、不介入政策である。早くから外資導入策が採用され外国資本に自由を保証してきたが、驚くべきことにギリシャの海外船主の資本も外国資本として位置付けられ、その自由が保証されたことである。また、1968年に租税は収入基準からトン数・船齢基準に変更になったが、これも船主の自由な活動を保証した。3つは、ギリシャ経済に対する並外れた影響力である。これは特定の政策の直接的効果とはいえないが、海外ギリシャ船主＝外資とする政策の効果といえよう。ギリ

表2-5　ギリシャの海運関係外貨収入（1969年）

（単位：百万米ドル）

運　　　　賃	20.5
船　主　送　金	143.4
船　員　送　金	52.4
船用品費・修理費等	9.8
保　　　　険	10.3
船　舶　税[1]	0.9
旅　客　収　入	10.3
合　　　計	247.6

出所：船主協会［1971］、43頁。
注1）ギリシャ籍船に対する課税であるが、ドルでの納付が義務付けられている。
　2）Harlaftis［1993］, p.77に海運、観光移民送金の遂年データがある。本表とほぼ一致する。

シャ船主は海運活動で得た利益を重化学工業や、銀行、観光、不動産などに投資し、政治的に隠然たる力を有していた[16]。

(1) 海運に対する減免税政策
(a) 減免税政策 (1951〜67年)

内戦は1949年にようやく終結する。1951年に総選挙が行われ、中道連合政権の下で最初の減税策が公布された（LD1880/51）。運賃・用船料収入に対して課税されたが、他の産業に比べ低い税率が設定された。定期船：1.5％、航海用船：2.5％、定期用船：4％、裸用船：6％であった。ついで親米のカラマンリス政権は1960年に、便宜置籍船をギリシャ籍に移転させた場合、船齢7年未満までは非課税、それ以上は50％の減税を行うとの政策を導入し本国復帰を促した（LD4094/60）。1964年には免税措置は10年までに拡大された[17]。

(b) トン数・船齢ベースの税制

1967年に政権を奪取した軍事独裁政権は本国復帰政策（epanapatrismos）と銘打った海運政策を打ち出したが、その目的として3つを掲げた。①ギリシャ籍船の増加、②広義のギリシャ船主所有船のギリシャ経済へのリンク（船社のギリシャ復帰）、③海事センターの設立である。まず、ギリシャ船籍を魅力のある船籍とするために、税制を便宜船籍と同等あるいはそれ以下にする法改正が行われた。前述のごとく、従来税制は収入に対する課税であったが、それをトン数と船齢を基準にする「船舶税（Taxation of Ships, Law 465/68, LD509/70, RD800/70）」に改めた。たとえば、3,000総トン以上の貨物船は、船齢10年までは非課税、船齢10〜20年は純登簿トン当たり年間0.2米ドル、船齢20〜25年は0.3米ドル、船齢25年以上は0.4米ドルと定められた[18]。

注目点は2つある。1つは、法人税などの所得税法を適用外としたことである[19]。法人税の適用除外は単に法人税がゼロになるだけでなく、政府の介入排除や減価償却の無意味化など企業経営上極めて大きな意味をもつが、この点については第1章1-1(3)(b)、4(b)で述べた。最近の「トン数標準課税」は法人税法上の「利益」を「みなし利益」で課税する制度であり、

同じ「トン数」を用いた税制ではあるがまったく異なることに注意する必要がある。

2つは、便宜置籍船よりも低い税金である。たとえば、当時のリベリアやパナマ船の税金（annual fee）は 0.1 ドル／純トンであり、船齢 10 年までの免税はこれより低い。もっともその後 20 年まで 0.2 ドルすなわち平均 0.1 ドルも考慮する必要がある。ハーラフティスによれば、1967 年から 1974 年でみた場合船主の収入の 11％ほどしかギリシャ国内には入らず、税金は船主の利益の 1％ほどにすぎなかったという。そのためメタクサスはギリシャ船籍を準便宜置籍船（quasi-FOC）と命名すらした[20]。

(2) 政府の不介入政策と外資としての扱い

ギリシャ政府は 1953 年外国資本を導入するため「外国資本の投資と保護に関する法律（LD2687/53）」を定めた。NICS などより大分早い。それだけ真剣で、政権交代によって上記法律が改廃されないよう憲法上に規定を置くほどであった。外資導入のインセンティブは、10 年間の税、関税その他の公的負担の免除、およびその後 10 年間の所得減税などであった。

この法令はギリシャ海運の基礎を築いたといわれる（Harlaftis［1993］, p.74）が、それはロンドンやニューヨークなど外国にあるギリシャ船主の資本を「外国資本」と位置付けたからである。外資扱いは 2 つの意義を有した。まず、ギリシャ船主は第 2 次、第 3 次産業に次々と投資をしていったことである。詳しくは次項に譲る。もう 1 つはギリシャ籍船を増加させようとしたことである。1,500 総トン以上の船舶がギリシャに登録された場合、外国資本による取得とみなされ、上述と同様の特権を得ることができた（第 13 条）。①売却・抵当権設定の自由、②売却や保険から得られた外貨の処分の自由、③海運収入の制限のない管理、④船員年金基金に対する負担金の軽減、⑤徴用に対する損失補償などが保証された[21]。海運活動に対する政府の不介入政策を制度化した点にも留意したい。

さて前述したように、ギリシャ経済はそれなりの成長を遂げたものの政治は不安定なまま軍事独裁政権時代を迎えることになる（1967 年 4 月～ 1974

年7月)。独裁政権はギリシャ船主の力を借りて経済発展を行おうとしたので蜜月時代を迎えることになった。両者の親密な関係は、ギリシャ船主協会 (Greek Shipowners' Union, GSU) がパパドプロス (G. Papadopoulos) 首相を 1972 年 2 月に終身名誉会長に選出したことによく示されていた (Ibid., p.165)。独裁政権は、年平均 7.5％以上の経済成長を目標とする 5 か年計画を実施する (船主協会［1971］、39 頁) が、その達成に向けて 1967 年に「外国商事・工業会社のギリシャ国内法人の設立に関する法律 (Law89/67)」を制定する。この政策は単純な外資導入策ではなく、当該企業のビジネスが完全にギリシャ国外にある場合に、所得税あるいはその他の税金、関税、負課金を免除するもので、輸出指向の経済特区的制度といえた[22]。

しかし、単純な外資導入策ではなかった。前に触れた復帰政策の第 2 の目的であるギリシャ船隊とギリシャ経済との連係は、国外にある船主を国内 (とりわけピレウス) に誘致することであるが、翌年の法律 (Law 387/68) でニューヨーク・グリーク、ロンドン・グリークなどや国内船主にも Law89/67 と同様の特権が認められることになった。その結果、1970 年には 300 社、1974 年には 500 社以上の国外船主が拠点 (center of the operation) をピレウスに構えたという (Harlaftis［1993］, p.147)。表 2-4 参照。

さらに注目すべきは、ピレウス・グリークである。この法律やピレウス海事センターの整備によって、1980 年代後半には彼等が主役の地位に就くことになる。たとえば、1975 年における伝統的船主は 126 社であったのに対し、新興船主 (非伝統的船主) は 639 社に上った[23]。このうち活動の本拠をピレウスに置く船主は、伝統的船主で 41 社であるのに対し新興船主は 617 社を占めた。新興すなわち参入起業家の前身は、オフィサー (船舶職員) および船社の従業員・代理店が各 34 社で最も多く、商人が 14 社であった。ギリシャ海運のダイナミズムをよく物語っている (Ibid., pp.34-38)。もう 1 つ見逃せない点は、企業活動が国外にあるということで国内系船主もまた「外資」扱いとなったことである。さらにメタクサスは、ギリシャ系 (Greek origin) の便宜置籍船所有企業 (例：在パナマ) は外国の利益を代表しているとされ、船舶をギリシャに転籍、登録した場合外資扱いになったとしている (Metaxas

[1974], p.169)。海事センターとしてのピレウスの育成に関連しているのであろう。

(3) ギリシャ経済への巨額投資

ギリシャ船主は、海外に拠点を置く特異な存在で、海運に特化した資本であると考えられがちであった。しかし、ハーラフティスやテオトカスの研究によれば、彼等はリバティや便宜置籍船で得た莫大な利益を第2次産業や第3次産業に投資し、ギリシャ経済に深くコミットし、政治的にも隠然たる勢力を誇っていたことが分かる。

投資は前述したLD2687/53を使って行われた。とりわけ、石油・石炭工業、金属工業、化学、電機、輸送機器の重工業に対する外国からの投資のうち36％はギリシャ船主からであった（1961～75年）。また、第2次産業の固定資産のうち19％は船主が所有していたという[24]。

第3次産業も注目に値する。銀行、保険、建設、不動産、観光（ホテル、クルーズ、国内航空）、マスメディアなどに投資し、ホテルについていえば1975年の固定資産のうち20％を保有していた（Thetokas & Harlaftis [2009], p.95）。しかし、何といっても銀行業への投資は見逃せない。1974年の国有化までギリシャ船主は同国最大のバンカーであり、同国の投資や資源配分に影響力を行使し、関連する企業や組織を支配していた。とりわけアンドレアディスは、1950年代にアテネ銀行、イオニアン大衆銀行、ピレウス銀行を支配下に置き、同国の貯金の30～35％を押さえ「アンドレアディス帝国」といわれるほどであった（Harlaftis [1993], p.94）。

ギリシャ船主は戦後における同国最大の資本家であり、巨万の富と国際的な人間関係を有していたので、歴代政権は例外なく、彼等を国内投資に向かわせようとして、良好な関係を築こうとした（sought their collaboration）。逆に、ギリシャ船主は自分たちに都合のよい海運政策を樹立させることに成功したといえよう[25]。

(4) 本国復帰政策の評価

　一般に、前述した海運に対する減免税政策が便宜置籍船の本国復帰を促したといわれているが、ハーラフティスは「ギリシャ船主とギリシャとの関係」を総括するに当たり、それを否定している（Harlaftis［1993］, pp.173-175）。確かに図2-1をみると1951年や1953年の海運政策にもかかわらず、ギリシャ籍船の増加はみられない。本国船は1958年から急増するが、その要因として、彼は次の諸点を指摘する（Ibid., pp.134-142, pp.145-147）。①1958年のITFのボイコット（第4章5参照）、②公海条約をめぐる欧州の便宜置籍船に対する圧力（第4章3参照）、③米国による便宜置籍船の中国寄港禁止[26]、④米国のベトナム、キューバとの通商禁止、⑤社会主義諸国の便宜置籍船忌避（便宜置籍船は米国がバックアップしている、と）、⑥自国貨自国船主義の台頭と拡大[27]。これ等に共通することは、便宜置籍船ではなくギリシャ籍船であれば就航・入出港が妨げられないところにある。安全な船籍としてニューヨーク・グリークなどがギリシャ籍船を選択したとしても不思議ではない[28]。

　これに対し、1968年の税制は本国船を増加させる要因になったということができそうである。ただ、海運投資効果からみてギリシャ籍船とリベリア船はほとんどコストが変わらないとされていたし、ギリシャ籍船（1973年）の約10％は独、北欧、米国船主所有であったことからすると、税の軽減がギリシャ籍船を増加させたとはいえないであろうとする。逆に、1975年に大増税（Law27/75）が行われたにもかかわらずギリシャ籍船の増加は止まらなかった[29]。

　増税以降のギリシャ籍船の増加は、1970年代にヨーロッパで高まった反FOC（flags of convenience）の流れや南北問題が大きく影響している。前者においては、1976年ILO147号条約や、北部欧州8か国による「ハーグ覚書（1978年）」、南欧州も加わった1980年の「パリMOU」によって、便宜置籍船を主なターゲットとしたPSC（入港国検査）が行われることになった。詳しくは後章（第5章1（2））に譲る。南北問題の解決を目指すUNCTAD（国連貿易開発会議）において、南の国々は便宜置籍船が南の発展を妨げている

として第5回マニラ総会において「便宜置籍船の段階的廃止」「決議」を採択した（第5章3（6）参照）。便宜置籍船に対する厳しい流れは世界的なものとなり、ギリシャ船主は安全な船籍を選択する道を選んだといえる。その後先進国は南の国々と対立することになる（1981年）が、世界的不況と重なり合って南の国々の主張は大幅に後退してゆくことになる。すなわち便宜置籍船保有のリスクは後退したわけで、①海運大不況（1981〜87年）、②乗組員のアジアシフト、③初の社会主義政権の誕生（1981年）などで便宜置籍船への流れが急拡大する（図2-1参照）[30]。

以上にみてきたように、本国復帰政策は必ずしも成功したとはいい切れないであろう。2000年代に入っても自国船の割合は約3分の1に止まる。

4 要約

ギリシャ海運は、伝統的な海運国や発展途上国には例をみない特異な海運であった。このことは前項までにやや詳しく述べたが、要約しておこう。なお、1980年代に入りギリシャ船主を取り巻く環境は、左派政権の誕生、ECへの加盟、乗組員のアジア・シフトなど大きく変化する。大方、1970年代までを中心に整理しておく。

第1に、ギリシャ海運は自国政府に対し世界に類をみない政治的パワーを手にしたことである。それはギリシャ海運の研究者をして「保守政権であれ、社会主義政権であれ、はたまた独裁政権であれ、20世紀後半の50年間は、ギリシャ政府はいつも船主の側に立ち、彼らの支配船の競争力を高める努力をした」といわしむるほどであった（Theotokas and Harlaftis ［2009］, p.100）。1つの例として、OEEC（欧州経済協力機構）での象徴的な出来事を取り上げておこう。同機構の海運委員会は1957年に『増大するFOC（flags of convenience）とその影響に関する研究』を作成するが、内容はFOCを批判し、自国船を維持・増加させようなどとするものであった。報告書が理事会に上程されるに際し（同年11月）、カラマンリス政権の代表は政府の本国復帰政策を脇に置き、報告書に強く反対した。詳しくは第4章1（4）参照。政治

的なパワーをどのようにして手にしたかはすでにかなり詳しく述べたが、以下に述べる諸点はこの政治的パワーを活用した成果といえなくもない。

第2に、ギリシャの海運資本は、ギリシャ経済の内部に存在したというよりも、その外部にオフショアな資本として存在したことである。とりわけ戦後から1970年代まではそうであった。前述したように、1940年代の後半から50年代前半にかけてギリシャ（政府）とは関係ないところで、ギリシャ海運は強蓄積を重ねていた。冷戦を背景とした資金面でのアメリカ政府および金融機関の支援ならびに、戦争直後の海運ブームや朝鮮戦争による好況などが倍々ゲームを可能にした。そして1950年代初めにはアメリカを抜き、便宜置籍船の半分以上を実質的に所有することになる。こうして得られた圧倒的な資本力（表2-3参照）を背景にして1953年の外資保護法においては「外資としてのギリシャ海運」を手に入れることに成功する。1968年の「外国会社国内設立法」においては、国内に中心を置く海運会社（外航専業）もまた外資としての取扱いを受けることに成功する。

第3に、ギリシャ海運は便宜船籍制度を最大限に利用したことである。「創設」者のアメリカを除けば、ギリシャのみが利用できたといえる。1950年から58年の9年間の支配便宜置籍船の年平均成長率は実に19.7％（総トンベース）であった。

第4に、ブレトンウッズ体制に制約されずに資本移動の自由を享受していたことである。ニューヨーク・グリークは米国の金融市場で建造資金を手に入れることができたし、ドル防衛策発動の後においてはユーロダラーを活用することができた。「ギリシャ資本」でありながら「外資」と位置付けられたことは、法人税の適用除外と重なって重要な意味をもった。ギリシャ政府は外航海運に為替管理を実質上およぼすことができなかった。船舶についていえば、図2-1にみられるごとく、便宜船籍とギリシャ籍という2つの船籍の間を自由に移動した。もとより便宜船籍への転入とそこからの転出は自由であったが、前述したように、ギリシャ海運の基礎を築いたといわれる1953年法において転籍、売却、（売却代も含めた）送金が保証された。

第5に、ギリシャの外にあったギリシャ海運資本とは裏腹に、慣海性に優

れた豊富な自国船員を活用できたことである（表2-2参照）[31]。

　第6に、ギリシャ船主にとってギリシャ籍船は安全な隠れ場所となっていたことである。第三国間市場を主体とするギリシャ海運にとって東側のマーケットは無視できない。ところが前述したように、この市場は便宜置籍船では取引しにくいわけで、ギリシャ籍船が「必要」になる。たとえば、1969年度の運賃収入2,051万ドル（表2-5参照）のうち東側からの収入（但し11月末まで）は3分の2を占めた。ギリシャ船主は便宜置籍船と本国船を上手に使い分けていたといえる[32]。

　第7に、「トン数・船齢」税が1968年に定められ、ギリシャ海運は最も競争優位な立場を獲得したことである。この法律の最大の特徴は、日本などのトン数標準課税と異なり、法人税を海運に適用しないところにある[33]。それだけではなく、ギリシャ籍船にかかる船舶税を便宜置籍船と同等あるいはそれよりも低いものにした。

　注
（1）　ギリシャの1950年代の人口はわずか800万人であった。面積は日本の約3分の1であるが、日本同様3,000の島々を抱える群島国家である。
（2）　CSUK［1957-1958］, p.19. UNCTAD［1977］, p.33の表-7に引用されているスターミーの推定では1959年43.2％で、第2位のアメリカは41.9％であった。前後年からすると低すぎると思われる。筆者の推計では、1952年にギリシャが米国を抜く（後述）。
（3）　Harlaftis［1996］, pp.227-229, p.236. 1950年のレート1£:1,008円で換算すると479億円となる。日本は、843万総トンを失ったが、喪失資産の74億円はいわゆる戦時補償打切り（1946年8月）でゼロからのスタートとなった。脇村／山縣監修［1991］, 214頁。
（4）　以上、Harlaftis［1996］, pp.235-240, Lovett［1996］, pp.57-58. 森永［1952］、33-36頁参照。
（5）　以上 Harlaftis［1996］, pp.226-234,［1993］, pp.129-131. 内戦についてはクロッグ［2004］、134頁、佐原［2005］、335頁以下。1952年11月アメリカ大使館の直接干渉で選挙制度が改変され、パパゴス政権が発足し、最後の問題も大方片付けられたという。Harlaftis［1993］, p.131, 佐原［2005］、344頁。

第 2 章　ギリシャ海運の特異性

（ 6 ）　Harlaftis［1996］, p.242. ギリシャ法に徴用規定があり、かつ政情不安であったためギリシャ籍船では融資を受けられなかったという指摘もある（海事産業研究所［1972］、379 頁）。逆に、徴用規定はどの国も設けていたので理由たり得ないとする見解もある（森久保［1978］、51 頁）。しかし、冷戦を背景とする内戦や政情不安であってみれば、徴用ではなく国有化のリスクが問題であったろう。ハーラフティスは米銀のリスク管理ではなく、次章に述べる米国の戦略を強調する。

（ 7 ）　SNF［1993］, p.24 は、戦後アメリカ政府は「アメリカのコントロールが効く」大商船隊を確保するために、アメリカ船主とギリシャ船主に便宜船籍の利用を勧めたという。また、UNCTAD［1977］, p.37, par.102 は、1950 ～ 60 年代米国資本はギリシャ政府を信用していなかったけれども、ギリシャ船主はリベリアまたはパナマに登録するなら融資を受けることができたといわれているとする。

（ 8 ）　前年末の金塊流出を受けてジョンソン大統領は 1968 年 1 月 1 日にドル防衛策を発表する。諸政策の 1 つとして海外直接投資規制が法的に実施され注目されたが、ギリシャは特別扱いされた。詳しくは宮崎［1982］、226 頁以下参照。

（ 9 ）　第 1 次大戦以前、購入資金の約半分は海外移住の商人とバンカーが、残りの半分はシロス島の金融業者、アテネ銀行、ファミリーが負担したという。SNF［1993］, p.3.

（10）　前後するが、ポリス、ポンドス人については、桜井［2005］、51 頁以下、村田［2012］、221 頁以下参照。その後については主に SNF［1993］, pp.1-3 および Harlaftis［1996］, p.40, pp.50-51, 140-141 参照。ハーラフティスはキオス島ネットワークを重視し、シロス島はそこに組み込まれていたとするが、「20 年遅れ」となったのはシロス島の金融資本（商人 / バンカー）の反対があったからではないかと、その力は認めている。

（11）　Harlaftis［1996］, p.279. は、ギリシャ海運成功の戦略は、①世界の主な海運市場へのアクセス、②バルクへの特化、③海運サービスの直接販売、④特殊な船舶の売買（谷で買い、山で売る）、⑤ギリシャ船員の高い生産性（の持続）を指摘する。

（12）　Harlaftis［1996］, p.272 は意思決定に注目して headquarters の存在を分析しているが、1958 年にはピレウスを中心とするギリシャ：18％、ロンドン：45％、NY：37％であったという。ロンドンの地位が高いことが知られ

る（表2-4と比較せよ）。1970年代からピレウスの台頭が著しくなるが、1975年でみるとそれぞれ、34％、39％、18％、他9％、1990年：66％、22％、7％、5％で、その変化によく示されている。

(13) 1958年ロンドンの保険者はリバティなど戦時建造船には高いプレミアムを付けるとしたため、ギリシャ船主は英国以外に分散して付保するようになる。Harlaftis［1996］, p.280,［1993］, pp.148-149. 1965年英保険業界は戦時建造船に割増保険料を課すことにした。また、ギリシャ船主は1966年全世界のリバティ722隻のうち603隻を所有していたというから驚かされる。さらに、代替船の購入代の債務に、再びギリシャ政府の債務保証を付けさせた（ギリシャ船に限定されない）という。ギリシャ海運の性格をよく物語っていよう。SNF［1993］, p.6.

(14) もっとも、ギリシャ船主にとってロンドンを失うわけにゆかず、たとえロンドンで意思決定を行ったとしても、徹底してピレウスの拠点からの指令にもとづくという形式を採用した。このような意味でピレウスはロンドン・グリークにとって安全な避難所（safe refuge）として極めて大事であるという。Harlaftis［1993］, pp.148-150. なお、1990年代初頭の課税案についてはSNF［1993］, p.24参照。

(15) 以上、OECD経済統計局『OECD統計1960～1990』、『国連世界統計年鑑』、Harlaftis［1993］, pp.76-78, p.193.

(16) ギリシャにとって最大の産業は海運であるが、最近の財政危機においても海運が注目されることはほとんどない。ギリシャ経済との関係が間接的で複雑だからではあるが、等閑に付すにはあまりに重要であると思われる。たとえば、桜井［2005］は触れるところがないに等しく、クロッグ［2004］は「ギリシャ経済はアメリカからの援助、昔からの収入源であった移民の送金、海運業に大きく依存していた」(164頁)とするが具体的記述はほとんどなく、政治的な影響力については触れられていない。ロンドン・グリークやニューヨーク・グリークについても同様である。ごく最近発刊された村田奈々子の著作では「国境の外のギリシャ人」として第6章を設けているが黒海出身のロシア移民、アメリカ移民、キプロス移民を取り上げるだけである。海運王オナシスは「カラスの愛人」、ジャクリーンの二度目の夫と紹介されるに止まる。村田［2012］、245頁。

(17) Harlaftis［1993］, p.130, pp.140-141, p.172. もう少し詳しくフォローすべきであるが省略する。秋田［1965］、59頁以下参照。しかし、両者は必ずしも

一致しない。なお、カラマンリスが断続的に首相を務めた 1955 年から 63 年の間に国民所得は倍増した。

(18) Harlaftis［1993］, pp.142-144, p.176, Metaxas［1974］, p.169.
(19) 船主協会［1971］、51 頁。Theotokas & Harlaftis［2009］, p.99 は、戦後の海運政策は独裁政権時代に作られたとしつつ、収入課税からトン数・船齢課税への転換は税率はともかくずっと続いているとする。
(20) 森久保［1970 上］、11 頁、船主協会［1971］、67 頁、Harlaftis［1993］、p.63-64, Metaxas［1974］, p.168.
(21) Harlaftis［1993］, pp.73-74 and n. 32. 海事産業研究所［1972］、379 頁は徴用規定を削除したとするが、1951 年に NATO に加盟したばかりであり疑問である。
(22) Harlaftis［1993］, pp.75-76. この法律は別名 off-shore law といわれた（SNF［1993］, p.41）。また、1953 年外資法に代わるものではなく、並存するものといえる。たとえば「1961 年〜75 年間の 1953 年法による外資導入は船舶を除く産業への投資額の 14％を占めた」（Harlaftis［1993］, p.73）という記述がみられる。
(23) ギリシャ海運界でよく用いられる用語であるが、伝統的船主（traditional shipowners）とは、第 2 次大戦後において父親からその地位を受け継いだ第 2 世代を指す。新興船主（non-traditional shipowners）とは他分野からの参入者で父親は船主でなかったものを指す。Harlaftis［1993］, p.10, Appendix I.
(24) Harlaftis［1993］, p.73, Thetokas & Harlaftis［2009］, p.95.
(25) Thetokas & Harlaftis［2009］, pp.92-95. Harlaftis［1993］, pp.61-78, p.183 and p.187.
(26) 朝鮮戦争に絡み 1951 年に禁止される。EUSC Shipping 政策は単にアメリカ船主所有の便宜置籍船だけでなく、便宜置籍船全般に影響を及ぼしていたわけである。このことはキューバ危機のときと同じであった。第 3 章 3 (4)(c) 参照。当時の中国からみるならギリシャ船は重要な存在であったことは容易に想像がつく。ギリシャと中国の関係は良好で、少し下がるが 1969 年には 400 隻以上が中国の港に入ったという。Harlaftis［1993］, p.145,［1996］, p.278, p.281.
(27) ギリシャ政府自体 2 国間協定をキプロス（1968 年）、シリア（1969 年）、ニュージーランド（1971 年）、中国（1973 年）との間で結んでいる。

Harlaftis［1993］, p.146.

(28) 1955年の国連の調査によると、ギリシャ籍船のオフィサー全員と乗組員の4分の3はギリシャ国民でなくてはならなかった（Degree of 14 Nov. 1836, Art.5）。UN［1955］, p.69.

(29) Harlaftis［1993］, pp.173-175. 税収でみると1974年の140万米ドルから3,000万米ドル超に増加している（Ibid., p.176）。税率については、船主協会［1978］、71頁参照。もっとも、この点については、ギリシャ船主所有の便宜置籍船に対し、船員年金基金（NAT）のための特別負担金が課された（Law29/75）ことにも留意する必要がある。税率は上記大増税と同じであるが、Law27/75ではたとえばギリシャの造船所で建造された場合6年間の免税などの軽減措置が採用されている。ただ、対象船はそう多くはない。この増税は、軍事政権崩壊に伴うカラマンリス政権の民主化、オイルショック対策の意義を有する。

(30) アンドレアス・パパンドレウ率いるPASOK（全ギリシャ社会主義運動）が総選挙で勝利。ハーラフティスはこの政権への警戒感が転籍を促したことも認めるが、国際環境の変化の方が大きな要因になっているとする。Harlaftis［1993］, pp.186-7.

(31) 1978年のギリシャ籍船およびNAT提携外国船の67％はギリシャ船員であったことによく示されている。Harlaftis［1993］, p.174. NAT（Seamen's Pension Fund）提携船とは、ギリシャ船員を雇用し、船員年金基金と契約をしているギリシャ船主所有船をいう。オイルショック直前日本海運とギリシャ海運は拮抗状態にあった（表2-1参照）が、日本海運の発展要因の1つも慣海性に富んだ日本船員にあった。

(32) 船主協会［1971］、43〜44頁、Harlaftis［1993］, p.150, p.155, p.181. 英国や米国の税制との関係については前述した。

(33) その威力が絶大であることは第1章1（4）（b）で述べた。免税は海運企業からの配当にも及んだ。船主協会［1978］、73頁、森久保［1978］、36頁。

第3章　アメリカの軍事戦略と便宜船籍制度の「形成」
―― "Effective U.S. Control" Shipping を中心に――

1　本章の課題

　第1章において、1920年代のパナマ法に便宜船籍制度の初歩的形態を確認したが、世界的な制度として自立するためにはパナマのパワーでは不十分であり、覇権国家アメリカの力が必要であったことを示唆した。すなわち実質的にはアメリカが創造したシステムであると主張したいわけであるが、なぜアメリカはこの制度を必要としたのであろうか。本章ではそれをやや詳しく検討してみたい。なお、本章でみる便宜船籍制度はアメリカが自ら指定したようにさし当たりパナマ、リベリア、ホンジュラスの3国に限定されるわけで、ワールドワイドな制度とはいえない。この意味で章題を「形成」としたが、便宜船籍制度が一般化するためにはヨーロッパ諸国との対立を乗り越えて、国際法上の「認知」（これとて説明はひどく厄介である）を必要とした。ただ、この点については次章で扱うことにする。

　さて、本章の第1の課題は、戦後に想定されていた世界戦争の形態および、それに対応するアメリカ海運の当時の状況を歴史とともに明確にすることである。結論を先取りしていえば、戦争形態としての総力戦とそれを遂行するに足る膨大な米国商船隊の確保である。ただ、周知のごとく、平時にすなわちコマーシャルベースで米国籍船を維持することは不可能で、それに代わる船隊が求められたが、政策的には Effective U.S. Control Shipping（以下、EUSC Shipping という）と位置付けられた。若干解説をしておきたい。第1に、shipping は、東海林（[1984]、73頁）が指摘しているように、「海運」ではなく、ある範囲の船舶の集合体、船隊（fleet）を示している。第2に、米国政

府が自国船を統制できるのは当然のことであるから、ここでは外国籍船を指すことになる。第3に、統制を加える以上アメリカとの紐帯が必要になるが、それはアメリカ人（法人も含む、以下同じ）所有である。第4に、アメリカ人所有といっても外国籍船であり、相手（旗国政府）が存在する。たとえば、英国籍「アメリカ船」は多数存在したけれども、これらの船舶を有事に徴用したりすることは難しい。effective であることが問われるわけである。パナマ、リベリア、ホンジュラスの3か国の船舶が「有効な統制」に服するものとされたのはこのためである。なお、ホンジュラス籍船は後掲表にみるごとく少数であるとともに、United Fruit Co. のための船籍ともいえるほどであり（Pedraja［1994］, p.210）、他の文献同様に省略したい。また、この3か国をパンリブホン（PanLibHon）と表現することは普通に行われているが、同様に扱うことにする。

　第2の課題は、EUSC Shipping はどのようにして形成され、いつ頃国防政策に組み込まれたのかを明らかにすることである。

　第3の課題は、effective、すなわち EUSC Shipping の信頼性を明らかにすることである。場合によっては、軍事上散見される「幻想」であるかも知れないのである。ここではパンリブホンとアメリカとの関係が問われることになる。この信頼性については、批判的見解が多いが、議論がうまく噛み合っていないことも指摘できる。さらに、ミサイルを中心とした兵器の発達による「総力戦」の変容（ニクソン政権以降 EUSC Shipping も大きく変化した）、リベリアにおける原住民出身者ドエ曹長によるクーデタ（1980年）、パナマ運河の全面返還に伴う「第3の独立」（スペイン、コロンビアからの独立に次ぐ）などは、当然のことながら EUSC Shipping の必要性と信頼性を大きく低下させたことは確かである。

　ただ、本章は、便宜船籍というシステムの最大の形成要因である EUSC Shipping に注目している。従って、時代は第2次大戦後から1960年前後までを視野においていることに注意していただきたい。

　なお、国防論議のスタートの時点において、EUSC Shipping といわれたが、時が経つに従い The doctrine of EUSC Shipping, "Effective Control" Program,

"Effective Control" Doctrine などといわれることも多くなった。

2 アメリカ商船隊の軍事的必要性

(1) 第2次世界大戦とキューバ危機
(a) 第2次世界大戦と商船
　列強による世界分割の終了は、フロンティアの喪失を意味した。列強が勢力を伸張しようと思えば、他の列強の勢力圏を奪うしかないというゼロサムゲームの世界が19世紀末に現れた。それに加えて兵器の著しい発達は、戦争を国の人口、資源、生産力のすべてを動員する総力戦に変質させた。

　第1次世界大戦はそのような戦争と規定されたが、その後の兵器と生産力の発達は総力戦体制を著しく高度化するとともに、その犠牲も目を覆うばかりのものとなった。第2次世界大戦では3,500万人から6,000万人ともいわれる人々が死に追いやられるとともに、直接戦費だけでも優に1兆ドルに達した（ブリタニカ国際大百科事典12巻310頁）。

　戦場にならなかったアメリカも同様で、ポーストによると直接戦費は2,880億ドルで、戦争期間中のGDPの31％にも達した。兵員増も含めてすさまじい動員が行われた結果、失業数は1941年の5,500万人から670万人（1944年）に激減した（失業率1.2％）。「戦争開始時のアメリカは市場経済だった（が——筆者）……終ったときには……政府が経済産出の半分近くを消費する中央計画経済となっていた」（ポースト［2007］、35, 68-69頁）。

　商船についてみると、1939〜45年に約5,800隻、4,000万総トンが建造され、142億ドルが費やされた（Lane［1951］, p.64, 822）。そのうち96％は海事委員会発注の国有船（いわゆる戦時標準船）である。1938年の建造量は24隻、18万総トンにすぎなかったが、1943年には1,661隻、1,249万総トンが完成した（U.S. DOC［1975］, p.752. ちなみに日本のピークは1944年762隻、173万総トンにすぎなかった）。その動員力には目をみはらざるを得ない。

　なお、ドイツのUボート作戦は総力戦を反映していた。生産力を削ぐために原料・資源などを輸送する商船を狙い撃ちにし多くを沈没させた

(Levine & Platt［1979］, p.208)。

(b) キューバ危機

　坂本義和は、1954 年執筆の「二〇世紀の総力戦」(『政治学事典』)において、「軍事的な暴力手段の二元的集中化とともに、(列強による——筆者)勢力均衡政策は平和保障の機能をいちじるしく減退しつつあり、その反面で局地戦争が世界大の全面戦争 global war に転化する可能性がいよいよ増大している」(坂本［2004］、2 頁)と記した。さらに、キューバ危機など「薄氷を踏む危うさの日々があっただけに、全面核戦争なしに人類が生き延びられたことは、私には僥倖と言うほかないという思いが強い」(同前、vii 頁)と戦後を振り返っている。

　キューバ危機がいかに人類を恐怖のどん底に落し入れたかは繰り返す必要がないと思われるが、2 点を指摘しておきたい。第 1 は、第 3 次世界大戦の可能性である。市井の人々にとっての予想ではなく、米ソ両国の国防担当者にとっては目前の現実的課題であった。

　第 2 は、ギャディスが指摘するように、この危機は「IRBM(中距離弾道ミサイル)＋キューバ＝ICBM(大陸間弾道ミサイル)」であったことである[1]。当時 ICBM は実験段階にあり、実戦配備には至っていなかった。すなわち、米ソ両国とも自国から相手国の首都を核攻撃する手段を有していなかったが、キューバに IRBM が配備されたことで、IRBM は ICBM と同様の政治的な役割を果たすことになったわけである。

　このようなわけで、キューバ危機以前においては第 3 次世界大戦の戦場はヨーロッパになると考えられていた。また、想定されていた戦争形態はいわゆる総力戦であったといっても過言でない。共産圏問題の評論家として有名であったアイザック・ドイッチャーは、キューバ危機の最中「ソ連軍部内に戦略論争」と題するコラムを書いている(朝日新聞、1962 年 10 月 14 日)。内容は「核兵力派と通常兵力派の論争」であった。両者が拮抗していた時代であったことを物語っている[2]。

表 3-1 アメリカ海運の特徴（1935 年）

国民総生産	722 億ドル
貿易額（財貨）	49 億ドル
外航船腹量 [1)]	375 万 D/W[2)]
内航船腹量	542 万 D/W
外貿輸送量 [3)]	6,786 万米トン
内貿輸送量	19,918 万米トン

出所：US DOC[1975], p. 224, p. 758, p.763, p. 864.
注 1 ）船腹量は稼働中の船舶のみ。
　 2 ）D/W：Deadweight Tonnage、載貨重量トン。
　 3 ）海港のみ、五大湖を除く。

(2) 1936 年アメリカ商船法の産業政策的側面と軍事的側面

　佐波宣平が国民経済における海運の役割を 3 つに類型化したことは有名である。第 1 型は、沿岸航路を主とし、内国貿易幇助を主要機能とするものである。第 2 型は、対外航路、外国貿易を、第 3 型は、3 国間航路、国際運賃収得を主要目的とするものである。そして、第 1 型の代表にアメリカを、第 2 型に日本を、第 3 型にイギリス、ノルウェー、ギリシャをあげている（佐波［1949］、134 頁以下）。

　第 1 型にアメリカを措くのは、国内資源に恵まれ、対外貿易に依存する必要性に乏しく、国内輸送を海運が担い得るならばそれで十分国民経済の要請に応えうるためである。表 3-1 参照。ちなみに、日本の場合国民総生産は 48 億ドル（100 円につき 28.57 ドル換算）であったのに対し貿易額は 14 億ドルで、貿易依存度はアメリカの 6.7％に対し 30％であった。また、あくまで目安であるが、1930 年の内航船は 140 万総トン程度に対し外航船は 380 万総トン程度であった（笹木他［1984］、587 頁他）。

　第 1 次世界大戦後には、新重商主義とジェースが規定する海運保護政策が樹立された。また、1920 年商船法は輸出入の過半（greater portion）を輸送する海運が必要であると政策宣言していた。しかし、現実は宣言からほど遠く、1928 年商船法で郵便補助の大胆な投入が図られたが、船主に「食いもの」にされてしまった（Zeis［1938］, pp.115-124, pp.159-164.）。このことは海運業界

の気概の乏しさにもよく現れていた。2,000 総トン以上の船舶は、1933〜35 年の 3 年間でたった 8 隻、79,000 総トンしか建造されなかった[3]。もっとも、資本の単純な論理に従うなら、建造コスト高（建造貸付基金はあったが）や 1915 年海員法による労働コストの上昇などによって外国船と競争できる状況になかったということにはなろう[4]。

　ナチス・ドイツの成立（1933 年）で世界が不安定化する時代に、アメリカは自国海運の現状を深刻に受け止めざるを得なくなった。その対応策が 1936 年商船法であるが、「理想と現実」の 2 つの性格をもっていた。理想は民有民営による海運の立て直しである。そのためには外国船と競争できる商船が必要であるとして、内外費用の差額を補助する①造船差額補助金（CDS：Construction Differential Subsidies、造船所に支給）と、②運航差額補助（ODS：Operating Differential Subsidies）を中心とする直接的な助成制度が確立された。

　CDS と ODS はアメリカの海運政策の中核として戦後も長年にわたり存続するが、一般の政策理論からみれば補助金であり、競争・市場を歪めるものとして国際的に受け入れられるものではない[5]。従って、これを押して強行するには相当のサポートがなくてはならない。それが泣く子も黙る「国防のための海運」である。1920 年法も同様であるが、本法は、自国商船を有することは「国防及び外貿・内貿の発展に必要」（第 101 条、Declaration of policy）と明言する[6]。具体的には、①外国貿易の相当な部分を運ぶことのできる船腹（greater から substantial に修正。後述）、②有事における軍事補助機関たり得る商船、③可能な限りアメリカ市民が所有・運航する米国籍船、④米国で新造された船舶、⑤アメリカ市民の乗組む商船である（Zeis [1938], p.193）。ここにアメリカ籍船は、①アメリカ人所有、②米国での建造、③アメリカ船員でなければならないことが示された（具体的には他の条項による）。

　さて、「理想と現実」の現実とは、米国船主の消極性を見越した国家による建造規定である。民間による新造船建設を期待できないときには、海事委員会（U.S. Maritime Commission）が自ら造船計画を立て、最終的には国有船と

して建造できるようになっていた⁽⁷⁾。もう1つの現実は迫りくる世界大戦とそれへの参戦で、結局ほとんどすべての商船は国家の手で建造された（前述）。さらに、国家に対する忠誠を強化するため船員のナショナリティの強化（302条）、徴用規定（902条）など戦時体制に対応しうるものとなっていた。

(3) 1950年代における安全保障面からみた米国商船隊の規模
(a) 第2次世界大戦の経験

有事に必要な商船隊を量的にどう推定するかは、戦争の規模、戦場となる地域、使用される武器などによって異なってくる。ただ本章は、便宜船籍制度が形成される1940～50年代を中心に考察しているので、第2次世界大戦における商船隊の規模や統制などは参考になる。

大戦中にアメリカで建造された商船は、約5,800隻、5,600万D/Wであったことはすでに触れたが、1946年9月末の全船舶は5,000万D/W（稼働中の船舶は2,900D/W）であった（U.S. DOC [1975], P.758）。すなわち総力戦ともなると膨大な船腹が必要となることが分かる。

戦時における海運統制は大統領直属のWSA（戦時海運管理局、War Shipping Administration, 1942～1946）の下で一元的に行われた。船舶の調達（造船については海事委員会に残る）、用船、オペレーション、保険、修理、メンテナンスなどほとんどすべてを管理した⁽⁸⁾。

戦争中2.7億ロング・トンの貨物を米国商船は輸送したが、75％はWSA向け軍事物資であった。兵員輸送は700万人に上った。ノルマンディ上陸作戦におけるロジスティクスは1年前から計画され、1,400万トンの物資と100万人の兵員を輸送した。なお、兵員1人当たりの必要船腹量は、第1次世界大戦では2トン（D/W）でよかったが、第2次大戦では欧州戦域で7～8トンが、太平洋戦域では15トンの商船が必要になったという興味深い指摘もある（Levine & Platt [1979], pp.203-206）。

(b) 必要船腹量の推計

1945～1954年の10年間に、国防上必要な商船はどの程度と推計されてい

表 3-2　国防に必要な稼動船舶の推計

(単位：万 D/W)

推定主体	推計年	最小	最大
ハーバード大学報告	1945	890	1,334
海事委員会	1947	1,114	—
海軍省	1947	1,140	—
商務省	1952	1,723	—
国防総省	1953	2,118	—

出所：Gorter [1956], p. 86.

たのであろうか。表 3-2 にみるごとく推計の幅は相当大きいが、それでも一応の目安を得ることができる。

　1958 年において稼動船舶（active ship）が 1,200 万 D/W もあったことからすると、必要船腹量は十分であったように思えないでもない。しかし、① 537 万 D/W の内航船を含んでいること、②戦時標準船が中心で代替建造がスムーズにゆかず高齢船が目立ってきたこと、③兵員輸送に適した客船その他船種間のバランスが必ずしも十分でないことなどが指摘されていた[9]。

　従って、不足船腹がどの程度であったかを知ることが重要となる。MARAD と海軍との統合計画グループは 1952 年末に、1 万トンクラスの貨物船（dry-cargo freighter）261 隻、タンカー26 隻、客船 3 万トンクラス 8 隻、総計 330 万 D/W が不足しているとした。そして、この不足分は EUSC Shipping で埋め合わされなくてはならないとしている（Gorter [1956], pp.87-88）。

3　Effective US Control Shipping の形成

　外国籍船を統制する政策といっても、実際には、前節で触れた旗国や国際法が存在するわけで政策の有効性あるいは信頼性と表裏一体の関係にある。ただ、それらについては次節で検討することにして、本節では EUSC Shipping の形成過程を素描するに止めておく。

第3章　アメリカの軍事戦略と便宜船籍制度の「形成」

(1) 中立法時代における外国籍船の利用

EUSC Shipping 政策が、第2次大戦中の中立法に由来することは多くの論者が認めている（たとえば東海林［1984］、74頁、Kilgour［1979］, p.339）。アメリカは、真珠湾攻撃を受けるまで表向きは中立を維持してきた。もちろん中立といってもそれなりの方策が取られていた。たとえば、1937年5月には中立法を改正して、現金自国船輸送（cash-and-carry）方式により英国等を援助してきた。また第2次大戦開始後には、武器輸出も解禁した。それでも交戦地帯への自国船の航海禁止や米国船の武装の禁止などは堅持してきた（秋元・菅［2003］、107頁以下参照）。

このように融通の利かない自国籍船を補うために取られた措置が外国への移籍であった。1939年9月から41年7月までに転籍されたアメリカ船は、267隻、144万 G/T であったが、その約半分は英国へ移籍された。これにより「アメリカ人所有船」による英国援助を実現したわけである。この点パナマは若干複雑で、63隻36万トンが米国から移籍され連合国（the Allied）向けの輸送を助けたが、ドイツからの移籍もあった。前にも触れたが、すでに多国籍企業であったエッソはダンチヒ船籍の独タンカー25隻をパナマに移したりした（Boczek［1962］, p.10）。もちろん、ドイツはこの移籍はまやかしであると反対する。そして1941年8月から1か月間に5隻のパナマ船を U ボートで沈めている。なお、ホンジュラスへの移籍は7隻、2万 G/T だけであった（Carlisle［1981］, pp.83-85, p.94）。

(2) 参戦後の外国籍船の統制

パール・ハーバーを契機にアメリカは参戦する。参戦した以上中立法時代の種々の手段や配慮は不要になるはずであるが、移籍した船舶を再び米国籍に戻して直接統制することはせずに、中立法時代の手段を継続させた[10]。もっとも、これらの船舶も前述した WSA の統制下に入った。統制方法は、船主と WSA または海事委員会との定期用船契約による場合と、政府との協定（General Agency Agreement）にもとづく場合があった。後者は、政府が徴発した船舶や大量の戦時標準船を民間船社が、政府のアカウントで配乗とオペ

103

レーションを行った。乗組員は政府（Civil Service Commission）の被雇用者とされていた（Lawrence［1966］, p.155）。

　EUSC Shipping にとって欠かせないのが戦争保険であるが、1936 年商船法の改正（1942 年 3 月）によって行われた。改正法は対象を「アメリカ人所有船」と曖昧にしたうえで、中南米船に拡大された。パナマ、ホンジュラス、ニカラグア、コスタリカ、ガテマラの 5 か国が対象になった（Carlisle［1981］, p.99, n.2, Kilgour［1977］, p.340）。

　以上にみたごとく、EUSC Shipping は中立法時代に遡るとされてきたが、統制そのものは参戦後の WSA 時代に入ってからであった。

(3) EUSC Shipping の誕生

　第 2 次世界大戦中の海運統制は WSA の下で行われた。ただ、そこでは "Under U.S. Control" vessels の用語が使用され、自国籍船・外国籍船は区別されることなくリストアップされた。1945 年 1 月のリストでは米国商船約 3,800 隻以上とともに 315 隻の外国船（パナマ 121 隻、ノルウェー 73 隻など）が掲げられていた。もちろん内外船の同一扱いは作戦上の便宜さ（tactical convenience）から生まれたものだが、前述したようにエージェンシー協定と定期用船を通して行われた[11]。

　戦後、統合参謀本部（JCS：Joint Chiefs of Staff）の下に統合軍事輸送委員会（JMTC: Joint Military Transportation Committee）が設けられるが、同委員会は 1945 年「将来の商船に関するニーズ（計画）」を JCS に提出する（JCS1454/I）。そこで初めて EUSC なる用語が使用されたけれども、その後の EUSC と異なり、政府が利用できる米国船を含むすべての予備船隊（total reserve fleet）を意味していた。"Under" が "Effective" に変化しただけであった。

　ここで商船売却法（Merchant Ship Sales ACT of 1946）に若干触れておこう。第 1 次大戦後米国は戦時標準船の払い下げを 1920 年商船法で企図するが、戦後不況、性能、コスト等から引き受け手はいなかった（戸田［1943］、246 頁以下）。この苦い経験に学び、戦後すぐに外国への売却を始めるべく商船売却法を定めたが、今度は逆に先に検討した国防に必要な船舶の大幅な減少

に悩まされることになった（第 4 章 2 (1) 参照）。

　自国籍船の減少を眼前に、JCS は外国籍船を視野に入れた EUSC の再定義を迫られることになる。まず、JCS は、「2 国間協定（agreement）以外に、米国人所有の外国船を統制する法的手段はない」との認識にもとづき、「外交的あるいはそれ以外の手配（arrangement）をすれば『いくつかの国』（二重括弧──筆者）は、アメリカ船の転入を許し、かつ、アメリカ国民・船社の当該船への支配を堅持したままに（to retain control of the vessels）させてくれるのではないか。経験に照らして参戦前のパナマ籍船のようなケースは、EUSC の範疇に入ると考えてよいのではないか」との結論に達する。そして上述した文書は 1947 年 10 月 JCS 1454/ Ⅱ に改定された。ここに EUSC ドクトリンは成立をみる（Carlisle［1981］, p.199）。

　さて、「いくつかの国」について、次のようなガイドラインが作成された。①米国船受け入れの過去の実績、②アメリカとの外交関係、③東側の国々（米国のシステム、外交政策に反対する国々）との関係、④米国との近接性と政治的安定性を考慮して決定されるとした[12]。

　こうして最初にパナマ、ホンジュラスが指定された。1948 年 9 月にはリベリアが仲間入りを果たした（背景は複雑であり後述する）。ベネズエラとコスタリカは、一時リストに入ったが、後に削除された。フィリピンは、一時検討されたが指定されなかった。興味深いのはギリシャである。前章で触れたように、同国政府の希望もあり 1954 年にはリスト入りが叶いそうであったが、NATO の統制権を侵害するとして外された（Ibid.,p.203）。

4　EUSC Shipping に対する信頼性
── EUSC Doctrine のリアリティー──

　EUSC Shipping に対する徴用という強権的措置は採られたことがなかった（Jantsher［1975］, p.131, Kilgour［1977］, p.347）。それは EUSC が有効に機能したためなのか、それとも幻想を抱き続けたいためであったのか（軍事戦略の欠陥を露呈させたくなかった）は明らかでない。ただ、傾向としては懐疑的、批判的見解が多くなっていた（東海林［1984］参照）。

多くの論者が指摘しているように、国防論議にはあまりに多くの要素が入り込むので、一定の結論を計量的・客観的に導くことは難しい。それでも、検討しておかなければならない論点はいくつか存在する。まず、国際法上 EUSC Shipping はどのように取り扱われているのかである。次に、船主や乗組員の考えや行動がドクトリンを左右するほどの力を有しているかどうかも判断する必要がある。さらには、便宜船籍を提供している国々の政治的・経済的動向との関係にも注目しなくてはならない。

(1) 国際法上の船舶の国籍と国家
(a)「海の自由」と船舶の国籍
横田喜三郎によれば、海洋は元来ある「国」に領有されてしかるべきものであると考えられてきたという（領有の主張と他国の［承認］）。ただ、海洋が狭くなり国家間の対立が頻発するようになるとおのずと議論が沸き起こってくる。スペインとオランダの対立を背景に、グロティウス（オランダ）が『自由海論』を著したのは 1609 年であった。当初は反対論も多かったが、18 世紀に入ると海洋の自由はほぼ確立されることになる（領海、内水は別、横田［1959］、257～261 頁）。

「海は自由で、各国は領有できない（権力の不在）」となれば、海洋の秩序はどのような方法を用いて維持されるべきか、また、船内の秩序は誰が担うのかが問われることになる。これ等は表裏の関係にあるから、同時に解決されたかのように思われるが、国家が承認する私掠船（privateer）や海賊（pirate）の歴史にみられるように時間を要した[13]。

船内における人々の生活をも含む海洋の秩序を維持するためには、結局、すべての船舶に国籍を付与したうえで、付与した国（船尾に国旗を掲げる慣習から旗国という、以下同じ）が責任を負うこととせざるを得ない。しかし、ある国 A が掲揚権を与えた船舶に対し他の国 B が A 国の船舶であると承認するかどうかは、また別の話である。転機は重商主義の 1 つである「航海条例」の蔓延で訪れた。植民地貿易は別として、自国船でなくては買付け（輸入）を認めないとなれば、往航は空船のいわゆる「片荷航海」となる。これ

はいかにも不合理である。そこで交易をする両国は通商航海条約を結び船籍の相互承認を取り決めるようになる。ナポレオン戦争の終焉（1815年）が時代を大きく変化させたが、不平等条約の存在は常である。強い国は弱い国の船籍を制限する例も多かった。

ある国が認めた国籍証書をそのまま他国が承認するようになるのは、ボチェックによれば1830年代である[14]。また、掠奪行為を重罪とするようになるのもこの頃で、1856年の「艦船の海上捕獲に関するパリ宣言」が後押しをした（篠原［1983］、89頁）。

こうして、公海の自由、船舶国籍付与の自由、旗国の公海における排他的管轄権は三位一体となって機能するようになる。常設国際司法裁判所は、有名なローチェス号事件判決（1927）でこれらのことを宣言した（水上［1994］、26頁）。そして1958年に公海条約で成文化された。

(b) EUSC 船舶の徴用

上にみたごとく排他的管轄権を有するのは旗国であるから、アメリカ人が所有していることを理由としてパンリブホン籍船を米国が徴用することは国際法上明らかに違法である[15]。ただ、国際法は旗国の排他的管轄権を定めたのみで、他国による徴用を絶対的に禁止しているわけではない。徴用する国家と被徴用国が合意すれば可能であろう。リベリアは後述するように（注33参照）他国に自国船の使用を許可する規定を設けている。また、後年NATOとのからみでリベリア総領事は許可できると明言し、それは20年前から行われていると述べた（後注33参照）。ホープは、イギリスはバハマ、リベリア、ヴァヌアツ政府との間にすでに合意に達しているとする（Hope［1990］, p.472）。

(c) 二重国籍の付与

人については、事実上二重国籍が認められている。同様に、もし船舶においても二重国籍が認められるのであれば、米国政府はパンリブホンのアメリカ人所有船舶に二重に船籍を付与し、徴用など米国籍と同一の扱いをすることができる。そうすればEUSCドクトリンの信頼性は完全なものになる。しかし、水上千之は、国家は船舶の国籍付与に関する自由をもっているが、唯

一の例外が二重国籍であるという。国籍の二重付与は禁止されるという原則は、合理性もあり、伝統的に承認されてきた[16]。

(d) アメリカへの移籍（転籍）

アメリカは必要な場合パンリブホンから船舶を自国へ移籍させることも考えられる。もし移籍が可能であれば、これらの船舶を米国籍船としてアメリカは利用することができる。船籍をA国からB国へ移すことは、便宜船籍国間の登録税・年税収入をめぐる競争もあり、よく行われている（資本移動の自由）。一般的にいって制約は設けられていないし、設けること自体便宜船籍提供国にとってマイナスになる。ただし、これは平時の話であって有事となれば別である。二重国籍禁止の裏返しとして、移籍には旗国政府による登録の抹消が必要になるけれども、抹消するか否かはもとより旗国の主権に属し自由である。したがって、実際に転籍できるかどうかは旗国との関係に左右されることになる。

以上みたごとく、国際法上 EUSC Shipping の信頼性はあまり高くない。というよりも、ゼロに近いといっても過言でなかろう。

(2) アメリカ船主、乗組員とパンリブホン船

(a) アメリカ船主のコントロール

1936年商船法制定当時の徴用規定はアメリカ籍船が対象であった（sec.902 (a)）が、1954年に「アメリカ人所有船」に拡張し、EUSC Shipping を仲間入りさせた[17]。

ところで、EUSC が現実に機能するには、船主や船員の協力は欠かせない。とりわけ船舶所有者は財産権の保持者であり最も重要な存在といえよう。ただし、船主は船舶を資本として所有しているのであり、資本としての船舶が保全される限り、その物的形態に必ずしもこだわらないだろう。

戦時に船主が憂慮することは、自社船が沈没等の損害を被るかも知れないのに、保険料が暴騰し通常のレートではカバーされないことである（払いきれない）。従って、もし戦争保険（war risk insurance）を政府が肩代わりしてくれるのであれば、資本は保全されるので米国政府に協力することも易いこと

第3章 アメリカの軍事戦略と便宜船籍制度の「形成」

表3-3 EUSC Shipping の推移（各年末）

	1959年 隻数 千D/W	1963年 隻数 千D/W	1968年 隻数 千D/W
総計	504　10,831	442　12,186	400　15,405
リベリア	337　7,951	316　9,514	273　11,625
パナマ	150　2,796	114　2,616	118　3,742
ホンジュラス	17　84	12　56	9　38
船種別			
貨物船[1]	216　3,046	93　874	45　395
バルク＆鉱石船	―　―	80　2,383	87　3,164
タンカー	288　7,785	269　8,929	268　11,846

出所：U. S. DOC and Maritime Administration ［1970］, Table3.
注1）貨物船には貨客船（1959：7隻、30千D/W、1963：6隻、27千D/W、1968：8隻、65千D/W）を含む。

になる。このことからキルガーは、EUSCにとって戦争保険は最も重要な要素（centerpiece）であるという（Kilgour［1975］, p.340）。ちなみに1954年の承認額は43.4億ドル（1.5兆円）であった[18]。

さて、アメリカ船主の動向はどうであったろうか。ACFN（American Committee for Flags of Necessity）の名称変更は興味深い事実を示してくれる。同委員会は便宜置籍船のアメリカ船主の集まり（初代委員長：アーリング・ネス）で、もっぱら労働組合対策に力を入れてきた（Naess［1972］, p.51）が、1974年に、ロビーイングのスローガンであった"Effective Control"をその名称に反映させるため Federation of American - Controlled Shipping （FACS）に改めた。メンバーにはオイル・メジャー、鉄鋼、化学等のインダストリアルキャリアが名を連ねている[19]。以上にみられるように、アメリカ船主はEUSCに協力的であったといえよう。表3-3参照。徴用については後に検討するが、契約・協定レベルにおいていえば、実効性は十分であったといえよう。

(b) 乗組員の忌避と EUSC Shipping

以下のことはあまり知られていないが、日本における第2次世界大戦の最

109

大の被害者は商船船員であった。死者6万人強で、損耗率は実に43％（陸軍20％、海軍16％）に上った（日本殉職船員顕彰会）。アメリカも同様で、海軍は1／114すなわち114名に1人の死亡であったのに、また陸軍は1／48、海兵ですら34に1人であったのに対し、商船は26人に1人の割合で死者が出たという（http：//www.usmm.org/）。理由は簡単で、大きな図体（横が150m（船長）、縦が20m（船高）の標的を想え）と鈍足（時速20km程度）にある。潜水艦、駆逐艦、戦闘機にとって好餌を目の前にするに等しい。

　従って、自らの生命を維持するために乗組員が乗船を拒否することは当然であるし、EUSC政策の機能不全も十分考えられる。EUSCドクトリンに対する疑いは初期の頃、このクルー問題に当てられた。事実、ベトナム戦争時にはベトナム向け軍事物資が外国人クルーに拒否され、目的を達成できなかったケースがあった[20]。

　アメリカ籍船の要件として、①米国人所有、②アメリカ人船員、③米国建造が1936年商船法で規定されたことは前にも触れたが、世界的にレアケースであるとともに「米国家への忠誠心」を重視している現れでもある。ホワイトハーストは、ソ連と一戦を交えていたら潜水艦の攻撃により商船はひとたまりもなかったであろうし、乗組員を信頼できるかどうかは賭けに近いのではないかという[21]。

　確かに、乗組員の忠誠心・犠牲的精神に期待することはできない。しかし悲しいことに、歴史の現実に照らしてみると、傭兵や外国人部隊、あるいは最近のイラク戦争における「戦争の民営化」等、上記の欠陥を補う制度・ビジネスは数多く存在する（シンガー［2004］等参照）。翻って考えてみるに、EUSC Shipping政策そのものが最も洗練された「戦争の民営化」といえなくもないのである。

(3) パナマの反米ナショナリズムとEUSC Shipping
(a) パナマの政治動向

　先に検討したように、国際法上アメリカは便宜置籍船について法的権限をほとんど有していない。したがって、パナマとリベリアの政治的動向は、

第3章　アメリカの軍事戦略と便宜船籍制度の「形成」

EUSC Doctrine にとって決定的に重要である。とはいえよく知られているように、パナマとリベリアの通貨は実質的に米ドルである[22]。経済主権ともいわれる金融・為替管理権を放棄しているところからすると、親米モデル国家として何も問題がなさそうである。ただ、ノリエガ将軍を待つまでもなく、パナマの歴史は「反米ナショナリズム」の歴史とすらいえる。EUSC Program は相当不安定な基盤のうえに築かれていたといわなくてはならない。

　パナマがコロンビアから独立するに当たってアメリカから受けた援助の対価は、法外なものであった。独立を援助するに際し、アメリカは赤子の手をひねるようにパナマ運河地帯（運河中心から両岸 16km）の「主権」を手にした（1903 年条約では永久に）。それを可能にしたパナマの国内政治はオルガルキーアと呼ばれる名門ファミリーの寡頭政治である（国本他［2004］、98 頁以下）。しかし、このパナマ運河条約の内容・性格からして反米感情は盛り上がざるを得ず、やがて「1931 年革命」に到達する。指導者はアルモディオ・アリアス（後に大統領にもなる）であった。ファミリーによる政治の独占はこれで終わりを告げることになる。

　パナマで半世紀以上カリスマ的人気を博したのはアルモディオの弟のアルヌルフォ・アリアス（以下、単にアリアスという）である。3 回も大統領に選出されるが、3 回ともクーデターに倒れるという悲運に泣いた[23]。ただ、政治スタイルはポピュリズムで、Panameñismo として純血主義に近く、北アメリカ人はもちろん西インド諸島人、中国人、ヒンズー教徒、ユダヤ人なども排撃した。大統領に初めてなったのは 1940 年であるが、アメリカの軍事基地要求やパナマ船の武装要求（後述）を拒絶した。そのためナチやファシストの影響が疑われていた（Meditz & Hanaratty［1989］, p.32）。また、情報満載の運河をめぐりスパイ合戦が演ぜられた。

(b) パナマ船の武装とクーデター

　1941 年に入りパナマ船は U ボートなどに次々と沈められていった。そこでアメリカは、パナマ籍船の武装を要求する。ところが外相は、ドイツはアメリカ海軍を恐れて武装したアメリカ商船を攻撃することはないだろうが、パナマには海軍がないからかえって危険に曝されることになると拒絶した。

そしてアリアスは、もし商船が武装するなら船籍を剥奪すると10月6日声明を出した。緊張は一気に高まったが、翌7日アリアス夫妻は休暇でキューバに飛んでしまう。これを奇貨として司法大臣を中心とするクーデターが決行された。議会の承認なしに職務を離れたとして10月9日に解任された[24]。

新政権はただちに船籍剥奪の大統領令を撤回し、パナマ船は武装されることになった。また、米国が要求していた多数の軍事基地も新大統領の下で貸与されることになった。そして12月8日アメリカと同時に日本に、同12日にはドイツとイタリアに宣戦布告を行った[25]。

このクーデターは示唆的である。第1に、1936年のハル・アルファロ条約で、パナマないし運河の安全、中立が脅かされたときには、アメリカは一方的に軍事行動が取れることになっていたことである。アリアス政権が取り得る手段は限られていた。

第2に、クーデターに対するアメリカの関与である。ハル国務長官はもちろん関与を否定したけれども、カーライルは首謀者の行動や時系列から懐疑的である。その後2回のクーデターを考えると、アメリカの意思を感じないわけにはゆかないであろう[26]。

以上にみたごとく、パナマの反米ナショナリズムをベースに観察する限り、パナマ船に対する統制は、制度としてはまことに脆弱であったといわざるを得ない。EUSC政策のパナマにおける信頼性は、パナマ運河条約による米軍の軍事プレゼンスによって担保されていたといえるのではないであろうか。パナマ政府が本気でEUSC政策を拒否する場合（当然両国を取りまく軍事的緊張は高まっている）には、駐留米軍の行動が顕在化したと思われる。

時代は下がるが、リベリアではドエ曹長による軍事クーデターが1980年に発生し不安定化する。また、パナマ運河返還条約は1977年に締結され、アメリカの軍事プレゼンスが失われることは確定済となった（返還は1999年12月31日正午）。さらに、1983年から実権を握ったノリエガ将軍の危険性が徐々に顕在化していた。このような背景の下で危機感を覚えた前述FACS（アメリカ統制船主連盟）は、カントリーリスクを低下させるため船籍追加運動を展開していたが、MARAD（Maritime Administration）は1987年に

至り第 4 の戦争保険対象国としてバハマを承認した⁽²⁷⁾。これも同一の文脈で読むことができるであろう。

(4) リベリア海事法の意外な形成要因

リベリアについては、EUSC Shipping としての承認が遅れたことや、資料的困難さから、海事法がどのように形成されたのかについては、米国においてもほとんど知られていなかった。カーライルの研究によってようやく細部まで明らかになった。日本への紹介も含め、この機会にやや詳しく検討しておきたい。

(a) リベリアの歴史とアメリカの関心

「解放奴隷の国リベリア（free land）」といえば理想の国のように思えるが、解放された奴隷自身が植民地を築くという複雑な構造の下にあった。1821 年アメリカ植民協会（ACS、正式名称は American Society for Colonizing the free People of Color in the United States）の力で、現地族長と土地の交換協定を結んだのが建国の始まりである。帆船での数十人からの植民であるから時間を要し、共和国として独立したのは 1847 年である（それまで総督が派遣されていた。米国承認は遅れて 1862 年）。独立後も順調に発展したわけではなく、イギリスからの莫大な借金で苦しめられる。また、東の仏領コートジボワール、西の英領シエラレオネとの紛争も絶えなかった。

第 1 次世界大戦の終了で困難が一層増す中、イギリスとオランダによるゴムの独占を打開すべく Firestone Tire and Rubber Company が入植する。100 万エーカーの土地の 99 年間「租借」（6 セント／エーカー／年）と収入の 1% の税金支払いに関する協定が 1926 年に締結された。さらに、財政破綻に対し 500 万ドル（年利 7%）が貸付けられた。こうしてファイアストーンはリベリアにおいて救世主的、盟主的存在となるわけであるが、海事法形成とは直接関係しない。

アメリカがリベリアに関心をもつようになるのは、第 2 次世界大戦になってからである。地政学的にみて（ブラジル・西アフリカ間は 1,500 マイルほど）枢軸国は、ドイツの影響力の強いブラジルを通して西アフリカを侵略の

拠点にするのではないかという恐れから、アメリカは武器貸与法その他でリベリアの軍事拠点化などを急ぐことになる。①空港、②対独潜水艦監視水上艇基地、③モンロビア港、④道路などの建設と、セイロンを除き連合国が失ったゴム園の確保（開発）などである。1942年には防衛（地）協定（Defense Areas Agreement）が結ばれ、兵員等5,000人が駐留した。1943年1月にはルーズベルトも訪問している[28]。この延長線上にリベリア海事法の制定がありそうであるが、予想は見事に裏切られることになる。

(b) ステティニアスと海事法

ステティニアスはコーデル・ハル国務長官の後任（1943年10月～45年4月）であったが、ヤルタ会談の帰途モンロビア港の開港式に招かれる。そこで目にしたものは貧困と豊かな資源であった。とりわけ大戦中に飛行機のコンパスが狂うことから発見された鉄鉱山に魅力を感じていた[29]。

ルーズベルトの急死に伴い国務長官を辞任したステティニアスは、リベリア開発に乗り出す。その計画は壮大で、いわば「民間版アフリカ開発」とでもいえるようなものであった。鉄鉱山開発を中心にインフラ整備（電化、上下水道を含む）と輸出を行えば貧困からの脱出も可能であるし、成功すればエチオピア、モロッコなどでも採用できると考えた。

この計画を実現するため、自ら20万ドルを拠出して資本金100万ドルのStettinius Associates of New York-Liberia Co.を1947年に設立した。幸いなことに1944年にリベリア大統領に就任したタブマンは外資導入（open door policy）に積極的であった[30]。出資者は国務長官当時の同僚が多かった。利益配分はリベリア社65％、リベリア政府25％、リベリア財団10％と定められていた。同財団は教育、健康など福祉活動に専念することになっていた（carlisle［1981］, p.118）。

カーライルは、リベリア海事法はアメリカの強い決意とリベリア政府の（外貨収入への）熱望（eagerness）の下で出来上がったと理解すべきだという（Ibid., p.119）。しかし、ステティニアス自身の全体計画の中ではマイナーな計画と考えていたようである（Ibid., p.122）。事の発端はステティニアスがAOTC（American Overseas Tanker Corporation, パナマ）の出資者であったこと、

第 3 章　アメリカの軍事戦略と便宜船籍制度の「形成」

1947 年末にある船主からリベリアの海事法について問われたことからのようである（Ibid.,p.120）。

　ステティニアスは、リベリア社の計画に対する米国内での支援を取り付けるため、1948 年 3 月にワシントンで政府内の名立たる人物を集めて閣議まがいの会合（sub cabinet）を開いた。参加者は陸軍長官、空軍長官、海軍副長官、国務次官、CIA 副長官などであった。その席で彼は、リベリア社の計画がアメリカの外交戦略の助けになること、CIA に情報を提供することができることなどを力説した。しかし、結果はもう 1 つであった。

　このこともあってか、彼はリベリア国内での法律作成を先行させることになる。日米開戦時の駐日大使グルーを中心として、最初に会社法案が作成され、次いで海事法案が 48 年 7 月までに書き上げられた。この間タブマンから、法令を約束通り早く作成し、外貨収入をあげさせて欲しいとの催促を受けていた。

　法案が出来上がってもリベリア政府には知らされなかった。その理由は石油メジャーへの説明と了解であった（Ibid.,p.123）。かくして 11 月に議会を通過し、48 年 12 月 16 日にタブマンが署名し、リベリア海事法は一応の完成をみる[31]。

　国務省への報告はなぜか 1948 年 9 月末であった。一方、国務省は、ハルの時代からパナマ方式に懐疑的であったこともあって、翌年 1 月まで法案を店晒しにした。それでも 3 月には国務省自身の報告書も提出された（Ibid.,p.125）。そして報告書で指摘された諸案件は 1949 年 12 月のリベリア議会で修正され「正式」なものとなった（Ibid.,p.128）。

　このように記すと、若干の揉め事はあったにしろ順調に形成されたごとくであるが、国務省は、次に述べるごとくリベリアの議会を通す必要のない「規則」の形式で重要な決定を行い、かつ、承認させたのである。当初、リベリア社の子会社であるリベリア国際信託会社（ITC：International Trust Company of Liberia）は、リベリア政府の単なる下請機関（agent）と位置付けられていた。ところが、国務省はこれに反対し、同社をリベリアにおける唯一の海事行政機関と位置付け、すべてのリベリア籍船を取り扱えるよう要求

した。それは法律ではなく海事規則（Liberian Maritime Regulation）に定められ、ITC はコミッショナー代理として同規則に明記されることになった（Ibid.,pp.127-129）[32]。

　ITC の代理手数料は、登録料（当時 1.20 ドル / トン）の 27％もあった。カーライルは、パナマ領事の査証料や手続の仕方にアメリカは悩まされ続けたことからして、ITC の設置がリベリア船籍の大きな特徴であるとする。また、海事法はアメリカのニーズに合うよう慎重に作られている一方、リベリア議会を通したので国際法上の問題はないとしている。国務省は旅客に対する責任強化を申し出たが、リベリア政府は（コスト増になるためか）受け入れなかったという便宜船籍制度らしい事実も記されている（Ibid.,p.128）。

(c) リベリア海事法と EUSC Doctrine

　有効な統制の観点から注目点を述べてみたい。第 1 に、海事法令作成のノウハウも含めリベリア政府はステティニアスに全面的に依存したことである。リベリアにとっての海事法の魅力は登録料と年税すなわち外貨収入にあり、自国船のコントロールにはなかった。外貨収入が国家歳入の 10％前後を占めていたことについてはすでに触れた。第 1 章 2（2）参照。

　第 2 に、国務省はリベリアの立法過程に介入するのは当然と考えていたことである。パナマとは異なる圧倒的な影響力をリベリアに対し有していた。

　第 3 に、原住民出身のドエ曹長が 1980 年に反乱を起すまで、リベリアはアメリコ・リベリアンが支配していたことである。EUSC の観点から危惧されるような政治状況には当時なかった。

　第 4 に、前後するが、1948 年 9 月にリベリアは EUSC Shipping 該当国として統合参謀本部（JCS）により承認された。前述した sub cabinet の後、48 年 7 月に AOTC の 5 隻のタンカーをパナマからリベリアに移籍できるかどうかをステティニアス側が海軍作戦部長（CNO）に問いかける過程で、JMTC（Joint Military Transportation Committee）を経由し、JCS により承認された。海事法案について国務省に報告する以前の段階での承認であり、国務省と異なるルートが存在したことになる。

　第 5 に、海事規則はアメリカが決定したことについては上述したが、この

規則によりすべての案件をアメリカ側で処理することが可能となったことである。まず、前注でみたごとく、リベリアの海事長官（Commissioner of Maritime Affairs）の役割は、ニューヨーク市においては副長官が代理することとし、規則の改廃と副長官の指名以外のすべての法律行為を執り行うことができると定める。この権限はキューバ危機時に目の当たりにする。危機の最中の 1962 年 10 月 17 日、リベリア海事委員会副長官である国際信託会社は、「ニューヨークで、リベリアが同国国旗を掲げた船舶が荷を積んでキューバに出入りすることを禁止するよう命令した」（朝日新聞 1962 年 10 月 19 日夕刊、NY 発ロイター、法令上の根拠不明）と発表している。

第 6 に、他国による徴用（requisitioned by another country）は違法であるが、特別に許可を得れば可能であるとしている（海事規則第 41 条）[33]。その許可行為は上記国際信託会社が行うのであるから、いわずもがなである。

第 7 に、国務省の意向を汲んだ規定も存在したことである。海事規則第 1 章第 40 条は「リベリア共和国の国益のために」、許可なくリベリア船籍をソ連、中国をはじめ東側計 15 か国に対し売却、用船、貸与することを禁止すると定め、違反した場合には、船籍登録の抹消と、罰金が課されることになっていた。

もっとも、リベリア政府が常にアメリカ一辺倒であったというわけではない。1973 年の第 4 次中東戦争において、パレスチナを支持してきたトルバート大統領は、大統領令（Exec. Ord. No. Ⅳ）でリベリア船によるイスラエルへの武器輸送を禁止した。このことをもって「有効な統制」に黄信号が点されたとされることも多いが、米国のコントロールに反旗を翻えしたと評価できるかどうかは疑問であろう[34]。

(5) その他の論点

EUSC Shipping に関し残された論点についていくつか指摘しておきたい。

第 1 は、PanLibHon の海軍力である。3 国はいずれも海軍を有していない。従って、たとえ有事に上記のいずれかの国が米国と対立したとしても、アメリカ人船主が米国政府の意向に従う限り、アメリカはかかる船舶を「有効な

統制」の下に置くことはなお可能である。PanLibHon 政府はそれを阻止できない[35]。もちろん、PanLibHon は船籍登録を抹消し、該当船を無国籍化するであろうが、第 2 次世界大戦の経験が示すように、米国の力をもってすれば無国籍のままでも運航することができるであろう。パナマ船等を米国籍にするためには、時間的にも法律上も制約があったことは前に述べた。

第 2 は、船種の適合性である。便宜置籍船はタンカーや鉱石船など専用船が多く、軍事輸送には向かないという批判をしばしば受けた。確かにその通りであるが、総力戦となればいわゆる経済安全保障が重みを増す。これらの船種はアメリカ経済を支えるために、米国政府の統制下に組み込まれる必要があった (Lovett [1996], p.120)。

第 3 に、注目されることはほとんどないが、動員体制にも注目しなくてはならない。総力戦に至らない場合でも、イラク戦争にみられたように大々的なキャンペーンが展開されるのが普通である。成田龍一・倉沢愛子『日常生活の中の総力戦』(岩波、2006) にみられるように、動員は隅々まで行われる。このような状況下で、アメリカ人船主は外国籍船の船主であることを理由に政府の意向に従わないことは難しいであろう。生命を危険に曝す船員の場合ですら、陸上に在る船員組合 (本部) の受容によって、生存のための離脱を主張することは通常困難となる。これが歴史の教えるところである。

最後に、The doctrine of EUSC Shipping の信頼性に対する批判的見解を 3 つ紹介しておこう。1 つはゴーターに代表されるもので、米国政府が統制できるのは米国籍船だけであるとの前提の下で、EUSC については一切言及しないという無言の批判である[36]。真っ当な見解といえなくもないし、ゴーターの主張のように事が運んでいたとしたら、便宜船籍制度は形成されなかったといえよう。この観点は極めて重要であるけれども、アメリカ人船員を外国人船員に置き替えたり、国内造船所を無視して船舶を輸入したりすることは国内政治の許すところではなかったといえよう。このように考えると、EUSC Doctrine はアメリカの非軍事的な国内問題であったといえなくもない。

批判の第 2 は、EUSC Shipping の限界・不確実性を指摘することで、衰退傾向にあった米国船を中心とするアメリカ海運の再建を期待するものである。

ホワイトハーストに代表されるものであるが、東海林滋は第2次世界大戦時の船員（の犠牲）を称賛する new patriotism の臭いがするとして斥けている（東海林［1985］、139頁）。経済的にも不可能であった。

批判の第3は、主権の多様性から信頼性に疑問をもつ見解である。便宜船籍提供国はフラッグすなわち主権を商売道具にしているが、主権には多様な側面があるのであり、いわば魂までは売り渡すことはできないというわけである。たしかにいかなる法律が制定されていようとも、政治的な反逆はあり得ることである。カーライルの見解の真意はここにありそうである[37]。すでに検討したパナマやリベリアの事例、およびバハマの追加認定の例などからすると避けて通れない課題であろう。ただ、本章が主な対象としていた時期においては、安全保障政策上のアメリカのハードパワーとソフトパワーは十分であったといえよう[38]。

注

（1） ギャディス［2004］、434頁。ただしギャディスの造語ではない。タイム誌は1959年に IRBM + NATO = ICBM と言い当てていた。ソ連のキューバ配備も、同年初めにトルコに配備されたジュピターに対する反撃でもあったことは知られている。同前、427、435～441頁参照。

（2） 小林英夫は、冷戦も含め20世紀全体を総力戦の時代と総括する。たしかに、ソ連は国家の総力をあげた戦に尽き果てた感が強いが、指摘するに止めておく。小林［2004］、1頁。

（3） U.S.DOC［1975］, p.752. なお、Lane［1951］, p.7 と照合のこと。

（4） 1915年海員法については山本［1960］、143頁以下に詳しい。

（5） 補助金は半端でない。1957年定期船の運航コストの35％は低い方で、旅客船は50％以上のこともあったという。ファーグソン他［1969］、50頁。國領［1995］、17頁によると1956～65年の10年間で CDS, ODS は約23億ドル（8,200億円）に上った。

（6） 米国海運の存立基盤が国防にあることは広く認められている。Gorter［1956］, p.76, Reynolds［1979］, p.244, 佐波［1943］、39頁、山本［1989］、25頁、東海林［1986］、304頁など。これに対してジェースは、過去70年の歴史からして補助金は常に船主の私するところであり、国防とか貿易促進は自己を正当化するための隠れ蓑にすぎなかった、1936年法も同様の運命を辿るであろうと断ずるが、戦後のアメリカ海運の衰退を客観的に眺めると

き、ジェースの指摘も案外的外れとはいえないようにも思われる（ジェース［1938］、227頁）。
（7）　第201、701、702条参照。佐波［1943］、32頁、戸田［1943］、302頁以下参照。
（8）　Lawrence［1966］, p.372. Pedraja［1994］, pp.647-650. 後者によると、WSAは戦時輸送がスムーズに遂行されないのは港湾作業のためだとして、コンテナ輸送に切り替えることにしたが、伝統的な海運界の抵抗および実施に至る前に戦争が終わったことで、日の目をみなかったようである。
（9）　MARAD［1958］, pp.44-45、山本［1965］、49頁参照。
（10）　継続した理由の第1は、移籍船は純粋のアメリカ船ではなかったことである。第2は、1915年海員法にある。同法に規定する安全・居住基準に多くの船舶が合致せず、転籍すれば改造（ドック入り）を余儀なくされた。第3に、米国籍船にするよりも賃金等労働コストが低いことによる。Carlisle［1981］, p.105.
（11）　1944年5月のリストはパナマ籍船について、エージェンシー協定にもとづくもの66隻（米軍徴発と亡命的な徴用）とアメリカ人所有船の定期用船によるもの61隻を掲げている。
（12）　Carlisle［1981］, p.200, Jantscher［1975］, p.130.
（13）　私掠船、海賊等については篠原［1983］、72～89頁が興味深い。
（14）　Boczek［1962］, p.96. 航海条例等について武城［1992b］、55頁以下参照。
（15）　法学者であるボチェックは、便宜置籍船に対する徴用権を否定するが、事実の問題として、便宜置籍船が旗国に入港せず、旗国が公海において支配力を自国船に及ぼし得ない（たとえば軍艦を有しないとか）ならば可能とする。Boczek［1962］, pp.207-208. 東海林［1984］、80～81頁。
（16）　水上［1994］、60～64頁。なお、1958年の公海条約第5条は、船舶と旗国の間に「真正な関係（genuine link）」が存在しなければならないとする。これはとても大きな問題であるがここでは触れることができない。榎本［1988］、121頁以下、逸見［2006］、89頁以下参照。また、1986年の国連船舶登録要件条約は裸用船契約に関連して二重国籍「擬き」の制度を設けたが、これも指摘するに止める。
（17）　"vessel documented under the laws of United States"（http://www.usmm.net/mmact1936.html）から"vessel owned by citizens of United States"に。U.S. Government Printing office［1966］, pp.89-90. 当然のことながら十分な補償規定

第 3 章　アメリカの軍事戦略と便宜船籍制度の「形成」

　　も設けられていた。
（18）　*MARAD* [1954], p.25. 1958 年は 62 億ドルであった。*MARAD* [1958],
　　p.23. 両年ともそのほとんどすべて（97〜98％）が外国船すなわち EUSC
　　Shipping であった。なお、戦争保険には船体だけでなく、船主の種々の責任
　　をカバーするいわゆる PI（Protection and Indemnity）も含まれているので、
　　船主にとってはフルカバレージに近い。
（19）　スローガンは、輸入石油の 30％はアメリカ船でとするオイルショック
　　時の石油輸送法案を潰すためのものであった。法案は議会を通過したがフ
　　ォード大統領が 1975 年に拒否権を行使した。Pedraja [1994], p.210, Kilgour
　　[1977], p.343. なお、1962 年 ACFN は傘下の 85％の船舶は EUSC 政策の対
　　象となりうると推定している。Lawrence [1966], p.189.
（20）　Kilgour [1977], p.342. Frankel [1982], p.42 はクルーの拒否を紹介し、そ
　　れが 1970 年商船法への呼水となった（alarm）としている。東海林 [1984]、
　　82 頁以下。
（21）　Whitehurst [1983], pp.227-228. Reed [1996], p.271 はアメリカ人船員の育
　　成を重視せよという。
（22）　独立直後の 1904 年の通貨協定で、バルボアは米ドルと等価であるとさ
　　れた。コインはあるが、バルボア紙幣はない。独自の紙幣の発行にアリア
　　スが挑むが失敗する。後述。リベリアも 1943 年以降法定貨幣は米ドルであ
　　る（現在は異なる）。
（23）　1940〜41 年、1949〜1951 年、1968 年（1988 年死去）。パナマ運河返還
　　時の大統領は、アリアス夫人のミレイヤ・モスコソであった。
（24）　Carlisle [1981], pp.93-97. 小林 [2000]、52〜62 頁。船籍の抹消は船舶の
　　無国籍化を意味するから、一般的には外国に入港することはできなくなる。
　　抹消を逆手にとってアメリカ籍とすることも考えられるが、アメリカ人船
　　員など前述した種々の要件と時間が障害となった。なお、中央銀行の設立、
　　バルボア紙幣の発行もこの頃である。クーデター後アリアスはアルゼンチ
　　ンに亡命。
（25）　ブリタニカ国際大百科事典第 16 巻 324 頁。小林 [2000]、52 頁は、41
　　年 6 月に対日宣戦布告としている。また国本他 [2004]、153 頁は真珠湾の
　　半年前に独伊に宣戦したというが、アリアス政権下であり考えにくい。
（26）　小林 [2000]、62 頁は関与を肯定する。アリアスは基地貸与を拒否した
　　と記したが、Nelson [1989], p.32-33 によると、基地予定地を米軍が占領す

るとの脅しを受け、1か所（one site）だけは認めていたという。

(27) Pedraja［1994］, p.210, 海事産業研究所『外国海事情報』第740号（88/4/5）。英連邦の一員であり興味深いが省略せざるを得ない。ただ、前述した選択基準でいえば「近接性」（マイアミーナッソー間は300km強）となろうか。

(28) Nelson［1984］, pp.9-14, pp.41-43, pp.46-47, pp.184-185. Carlisle［1981］, p.116. 国際協力推進協会［1983］、2～4頁、ブリタニカ国際百科事典第20巻「リベリア」参照。通貨のドル化については注22参照。

(29) Stettinius, Edward R. Jr. 1900年生まれ。GMで宣伝・労務担当副社長をしたのち、1934年にUSスチールに移籍、後に会長になる。バージニア大学学長就任中の1949年10月に急死する。有能で温厚な人と評されている。

(30) William Vacanarat Shadrach Tubman. "Uncle Shad" と親しまれ、リベリア近代化の父といわれる。1971年まで6選を果たす。Nelson［1985］, pp.51-58.

(31) カーライルは、自著のこの項の表題を "Writing the Law" としている。Carlisle［1981］, p.119.

(32) Authority of the Liberian Government［1964］によれば、次のような驚くべき内容であった。"The Commissioner of Maritime Affairs shall be represented in New York City by one or more duly appointed Deputy Commissioners of Maritime Affairs"（sec.1.12）. "These Regulations shall be administered by and shall be subject to the direction and control of The International Trust Company of Liberia"."all documents referred to in the Liberian Maritime Law or in these Regulations shall be submitted to the said Trust Company for examination and approval"（sec.1.13）.

(33) 1960年改正規則。規定上は現地の船舶所有子会社が申請する。Boczek［1962］, p.200. 大分下るが、1986年に国家でないNATOも徴用できるかが問題となった折り、ノルウェーのリベリア総領事は戦時に徴用できると回答した。LL, Nov. 28, 1986. 翌年イギリスは国防計画で便宜置籍船の徴用に言及した。LL, May. 7, 1987.

(34) Kilgour［1977］, p.344, Reynolds［1979］, pp.244-45, Carlisle［1981］, p.212.

(35) この論点については多くの論者が指摘する。Boczek［1962］, p.202, p.208, Wilson［1963］, p.74, Whitehurst［1983］, p.226, 東海林［1984］、80頁等。細かいことをいえば、ほとんどの便宜置籍船はPanLibHonに入港することはないという前提が必要である。なお、パナマ運河は米国の「主権」下にあったことについては前に触れた。

（36）　ゴーターはある意味徹底している。外国船に管轄権は及ばないから、しかも国防が第一だから、米国籍船のみが対象となる。しかし、"All American"（船主、船員、建造地の3要素）では競争力は保てないから、国際化でそれを補えという（"internationalized" U.S. fleet）。国際化とは「船員」と「建造地」の国際化である。Gorter［1956］, p.72, p.77, p.195.

（37）　書名の Sovereignty for sale については説明がないので理解しにくいが、大胆に推察しておく。Carlisle［1981］, pp.215-216, 東海林［1986］、35〜36頁参照。

（38）　東海林［1985］、140頁、［1986］、302頁以下は、河川に係留された従来の予備船隊（reserve fleet）ではなく、急速展開が可能な RRF（Ready Reserve Fleet）などへ、1970年代半ばから始まる商船の位置付けの変化を指して（すなわち稼動（active）商船への依存の低下）「商・軍分離化」と興味深い考察をしているので紹介しておく。

第4章　便宜船籍制度の「形成」と第1次国連海洋法会議
―― 1950年代における欧州と米国間の対立を中心に――

1　本章の課題

　1920年代にパナマによっていわゆる便宜船籍法が作られたが、ヨーロッパを中心とする国際海運秩序に真向から対立するものであり、1930年代初めにはILOで問題にされた。換言すればパナマ籍船がニッチな間はともかく、世界に占めるシェアが増大すれば、小国パナマのパワーでは支え切れるものではなかった。戦後アメリカは、冷戦突入と合せてEffective US Shipping戦略を採用するが、それは想定される第3次世界大戦において必要とされる商船を米国籍船だけで賄うのは不可能だったからである。そこでアメリカの統制の効く外国籍船を徴用も含めて利用できるようにしたが、その含意は、アメリカが便宜船籍制度を「創設」したというところにある。事実、リベリア船籍法（1949年）は文字通りアメリカ製であった。
　これらの詳細は第3章で述べたが、実は、EUSCドクトリンだけでは不十分であった。パナマ法も含め、それが国際法上許される制度であるかどうか十分なテストを受けていないからである。本章の最大の課題はこの「合法性審査」の経緯や合法性の内容を明らかにするところにある。「審査」は第1次国連海洋法会議で、1949年から58年の約10年間の長きに渡って行われた。具体的には、何を船舶の国籍付与要件とすべきかをめぐって展開されたが、その実体は、ソーランセンがいうように、海洋法上の問題というより国際海運産業の「競争規制」をめぐる問題であったのである。ヨーロッパは一丸となって、国籍要件を厳しくし、便宜船籍国が国籍を付与できないようにしようとした。そして最終段階では、「真正な関係」が旗国と船舶の間に存在し

ない場合、他国（たとえば欧州諸国）は国籍を承認しないこともできるとする「不承認条項」の議論にまでたどり着くことになる（第2委員会採択）。国籍が否定されれば無国籍船となるから、出港を禁止されあるいは没収されても、旗国は外交保護権を行使できない。船主にとっては、所有権を否定されるに等しい事態を迎えたわけで、厳しい鬩ぎ合いが演ぜられた。

　しかし、結末は「大逆転」で終わった。米国はパワーをフル稼働させて「不承認条項」を本会議で否決する。もし不承認条項が本会議において採択されたなら、前述した軍事戦略（EUSCドクトリン）を十全には行使することが出来なくなるのでアメリカも必死であった。結局、便宜船籍制度は、アメリカが覇権国家としての戦略性にもとづいて「創設」したに等しいことを意味する。

　さて、本章においては、以上のような事情から、第1に、欧州海運は便宜置籍船によってどのような不利益、あるいは競争力の低下を強いられたのか、また、欧州と米国政府との対立はどのようなものであったのかを分析してみたい。

　第2に、国連海洋法会議を取り上げる。多くの文献は、それが法学に関わる場合、結論に至る経緯とその後の解釈論については詳細に展開するが、大逆転そのものの政治経済学的な意味合いについてはほとんど触れることがない。また、文献が経済学にかかる場合、国連海洋法会議の議論は法（理論）の衣を着て行われたため、衣の裏側にある便宜船籍制度をめぐる欧州勢と米国勢の経済的闘争については十分に把えきれない嫌いがあった。エアポケットとなっている欧州・米国間の対立や大逆転の政治的・経済的意味合いを解きほぐしてみたいと思う。

　第3の課題は、関連する国際機関や国際労働運動における便宜置籍船をめぐる対立と抗争はどのようなものであったかを明らかにすることである。まず、ILO（国際労働機関）においては、1946年からパナマ船が俎上に載せられ、調査団が派遣されたりした。そして1958年には2つの勧告が作成されることになる。

　次は国際運動である。アメリカ船員にとって、米国商船の売却や準アメリ

カ船の増大は職場の喪失を意味していたわけで、彼等は ITF（国際運輸労連）と連携して闘争を展開することになる。1958年12月には4日間の大ボイコットが世界的に展開され、200隻程度の船舶が停船を余儀なくされた。その後も米国内で大ストライキが実施され、大統領令が発動された。労働委員会の管轄権をめぐっては、連邦最高裁判所まで争われることになった（1963年判決）。これらの闘争は大きな影響力をもち、便宜置籍船は数年間減少した。

　最後は、IMCO（政府間海事協議機関）である。ヨーロッパ諸国は1958年に敗北を喫した後も、IMCO の場で、リベリア・パナマを理事等から外して厳しい安全基準を確保しようとした。それは国際司法裁判所の勧告的意見（排除は不適法、1960年）が出された後も、今度は規則を改正するなどして粘り強く続けられた。欧州は極めてタフな「外交」を展開したといえる。ILO、ITF、IMCO についてはあまりスペースを割くことができないが、便宜置籍船をめぐる欧米間対立の視点から言及してみたい。

2　便宜置籍船の急増によるヨーロッパとアメリカの軋轢

　今後の議論のために、第2次世界大戦後から1960年代までの便宜置籍船と主要国の船舶の推移を**表4-1**に示しておく。便宜置籍船は、1950年の737隻、413万総トンから、1959年にはそれぞれ2.6倍、4.1倍の1,893隻、1,700万総トンに急速に増加していった。ヨーロッパの伝統的海運国からは「いかがわしいがゆえに競争力がある船舶」として敵視されることになる。なお、1950年に100万総トン以上の船腹を擁する国は14か国であったが、そのうち米国、カナダ、日本、パナマ、ソ連の5か国を除いた9か国はすべてヨーロッパ諸国であった。

(1) 便宜置籍船の急増

(a) アメリカの商船売却法（1946年）とパナマ船の急増

　アメリカは、前述したように第1次世界大戦後の苦い経験をもとに、戦後

表4-1　便宜置籍船と主要国船腹の推移

(単位：1,000トン)

	パナマ		リベリア		ホンジュラス		コスタリカ		小　計	
	隻	総トン	隻	総トン	隻	総トン	隻	総トン	隻	総トン
1939	159	717							159	717
1948	515	2,716	2	0.8					517	2,716
49	535	3,016	5	47	123	409			663	3,472
1950	573	3,361	22	245	142	522			737	4,128
51	607	3,609	69	595	152	508			828	4,712
52	606	3,740	105	897	145	468			856	5,105
53	593	3,906	158	1,434	146	470	50	146	947	5,956
54	595	4,091	245	2,381	130	438	70	200	1,040	7,110
1955	555	3,922	436	3,996	117	431	114	340	1,222	8,689
56	556	3,925	582	5,584	106	385	152	507	1,396	10,401
57	580	4,129	743	7,466	94	367	152	519	1,569	12,481
58	602	4,357	975	10,078	89	338	144	510	1,810	15,283
59	639	4,582	1,085	11,936	78	201	91	287	1,893	17,006
1960	607	4,235	977	11,282	59	153	44	91	1,687	15,761
1965	692	4,465	1,287	17,539	47	81	−	−	2,026	22,085
1970	886	5,645	1,869	33,296	52	60	236	332	3,043	39,333

	アメリカ[1]		イギリス		ギリシャ		日　本		世界総計	
	隻	総トン	隻	総トン	隻	総トン	隻	総トン	隻	総トン
1939	2,733	9,336	7,009	17,984	607	1,780	2,337	5,629	31,186	69,439
1948	4,800	26,900	6,025	18,024	355	1,286	1,204	1,023	29,340	80,291
49	4,606	25,558	6,077	18,093	377	1,329	1,121	1,563	30,248	82,570
1950	4,522	25,223	6,060	18,219	386	1,348	1,499	1,871	30,852	84,583
51	4,479	25,035	5,983	18,550	373	1,277	1,529	2,182	31,226	87,245
52	4,440	24,873	5,912	18,623	372	1,274	1,587	2,787	31,461	90,180
53	4,362	24,817	5,784	18,583	361	1,222	1,669	3,250	31,797	93,351
54	4,323	24,880	5,740	19,014	351	1,176	1,727	3,577	32,358	97,421
1955	4,102	23,927	5,632	19,356	350	1,245	1,770	3,735	32,492	100,568
56	3,989	23,643	5,508	19,545	347	1,307	1,891	4,075	33,052	105,200
57	3,936	23,428	5,427	19,857	370	1,471	2,032	4,415	33,804	110,246
58	3,861	23,084	5,417	20,285	397	1,611	2,413	5,465	35,202	118,033
59	3,765	22,763	5,395	20,756	489	2,150	2,775	6,276	36,221	124,935
1960	3,638	22,341	5,246	21,130	747	4,529	3,124	6,931	36,311	129,769
1965	3,111	19,514	4,437	21,530	1,377	7,137	5,836	11,971	41,865	160,391
1970	2,983	18,463	3,822	25,824	1,850	10,951	8,402	27,003	52,444	227,489

出所：Lloyd's Register of Shipping Statistical Tables, 1948-1960, 1965, 1970.
注1）船腹は膨大であるが稼働中の外航船に限れば、1952年；991隻、777万総トン、1957年；740隻、613万総トン、1960年；571隻、491万総トンにすぎない。MARAD [each year].

表4-2 戦時建造船と民間所有船の売却先国とその船腹

(単位：1,000トン)

国 名	政府所有戦時建造船 隻	政府所有戦時建造船 総トン	民間所有船 隻	民間所有船 総トン
イギリス	218	1,562	8	26
パナマ	152	1,254	271	2,251
イタリア	123	903	28	144
ギリシャ	107	785	3	16
フランス	98	748	18	44
ノルウェー	102	691	5	23
オランダ	84	564	4	14
ホンジュラス	23	191	53	218
リベリア	–	–	142	1,233
コスタリカ	–	–	2	8
その他	206	1,225	206	772
計	1,113	7,923	740	4,749

出所：日本郵船「米国戦時建造船の対外売却状況」『世界海運』第6号 (1951年1月)32頁、Foreign Transfer Branch of ship Operation (included in ILO [1956], pp.105-106).
注1) 政府所有船の売却期間は、1946年3月〜1950年3月 (認可ベース)、民間所有船のそれは1945年7月〜1955年6月の10年間である。

ただちに戦時標準船（政府所有）の売却に着手する。それを実施する商船売却法（Ship Sales Acts of 1946）は1946年3月に実施された。当初は翌年末までとなっていたが、外国への売却は1948年2月末まで2か月間延期された。国民向けは1951年1月15日まで延期された。1950年3月までに売却された政府所有船舶は**表4-2**のごとくである（売却権限行使と実行との間にはタイムラグがある）。総計1,113隻、792万総トンであるが、他にも同じ時期に民間所有船287隻、147万総トンが外国に売却された[1]。さらに複雑なのは、海外売船といっても実質的にはアメリカ船主保有の便宜置籍船等も多かったことである。

マーシャルプランとの関係でヨーロッパ向けが多いが、パナマには、戦時標準船が125万総トン、民間所有船が100万総トン売却され、1950年の保有船腹は336万総トンに達していた。便宜置籍船はこの年すでに世界船腹の5.0%弱を占めるに至るが、これがヨーロッパを刺激し、ILOで取り上げられることになる。第4節参照。

(b) リベリア籍船を育てたギリシャ船主

リベリアの海事法を創設したのは、元国務長官のステティニアス（大きな枠組ではアメリカ）といっても過言でないことは前章で詳しく述べた（第3章4（4））が、ハーラフティス（Gelina Harlaftis）の研究に依拠すれば、リベリア籍船を育てたのはギリシャ船主といえそうである。表4-3は、ギリシャ船主の支配するリベリア船とパナマ船が両船籍に占める割合を示したものであるが、リベリア船について1949～59年間を単純平均すると、ギリシャ船主は実に79％所有していたことになる。なお、1949年に登場したリベリア籍船（ギリシャ支配船に限定されない）は倍々ゲームに近い成長を重ね、1955年にはパナマ籍船を凌駕し（表4-1参照）、便宜置籍船のトップに躍りでることになる。

このようにリベリア船におけるギリシャ海運の役割は非常に大きいが、その背景については、冷戦とアメリカの支援、自国船員の供給を大量に受けられたこと、政府の介入を拒否し外国で資本蓄積を重ねることができたことなど「ギリシャ海運の特異性」として第2章で詳しく検討しているので、次に進むことにする。

表4-3 ギリシャ船主が実質所有するリベリア・パナマ船とその割合の推移

（単位：1,000トン）

	リベリア 総トン	％	パナマ 総トン	％	小　計 総トン	％	ギリシャ籍 総トン
1949	50	100	1,025	34	1,075	35	1,301
1950	136	57	1,148	34	1,284	36	1,264
51	396	67	1,668	46	2,064	49	1,238
52	696	77	1,770	47	2,466	53	1,175
53	1,310	92	1,848	47	3,158	59	1,139
54	2,378	100	1,756	43	4,134	64	1,242
1955	3,236	81	1,729	44	4,965	63	1,270
56	4,687	84	1,722	44	6,409	67	1,444
57	6,415	86	1,903	46	8,318	72	1,575
58	7,225	72	1,805	42	9,030	63	2,274
1959	6,366	53	1,692	37	8,058	49	3,892

出所：Harlaftis［1996］, pp.241-243.
注1）リベリア船、パナマ船の総数については表4-1参照。
　2）割合（％）とは、たとえばリベリア籍船に占めるギリシャ船主　支配船の割合。

(c) 現在と異なる競争環境

便宜置籍船の特徴といえば、ないに等しい税金、安い船員コスト、低い安全性と粗い安全規制などがまず目に浮かぶが、当時の状況はこれとは異なっていた。まず、船員についていえば、現在のようなフィリピン人船員を中心としたアジア船員は存在しなかった。もちろん、インド船員のような植民地船員は存在した。英国を筆頭に欧州海運は古くからこのような船員を雇用していたわけで、次に述べるようにパンリブホンコ（表4-1上段の4国の俗称）船の増大によって競争上の変化が生じたわけではない。英国では、1951年152,707名の船員がいたが、そのうち「インドその他英領」出身船員は41,957名（27.5％）、その他外国人5,670名であった[2]。

ILOが1955年に行った各国政府へのアンケートによれば、パンリブホンコ籍船に乗船している伝統的海運国等の船員は**表4-4**にみるごとく、「不明」回答が多いにもかかわらず、22,642名である。あまりの多さに圧倒されるが不思議ではない。パンリブホンコ各国は船員を養成していなかったので、便宜置籍船主は伝統的海運国の船員を引き抜いて乗船させる方法に頼らざるを得なかったからである。

表4-4 パンリブホンコ船に乗組む自国船員数[1]

国　名	乗組員数	国　名	乗組数
オーストラリア	10～20	日本[3]	151
ベルギー	15	オランダ	no inf.
カナダ	no inf.	ノルウェー	相当数
キューバ	—[4]	パキスタン	39
デンマーク	no inf.	ポーランド	no inf.
フィンランド	27	ポルトガル	267
西　独	2,073	スウェーデン	no
ギリシャ	12,000	トルコ	no inf.
インド	3,060	イギリス	no
アイルランド	no inf.	アメリカ	no
イタリア[4]	5,000	計	22,642～652

出所：ILO［1956］, pp.42-45.
注1）回答時期はバラついているが、大略1955年末（12月5日発送）。
　2）no inf.: no information available, no: not possible to indicate.
　3）日本は56年2月29日現在。パナマ船：3名、リベリア船：148名。
　4）キューバは国内船の10倍が外国船に、イタリアは4国船に限らない。

表4-5 ギリシャ・イギリス船員の標準賃金比較（AB船員）

(単位：ポンド／月)

年	ギリシャ	イギリス
1933	4.00	8.10
1947	28.00	20.00
1951	30.00	22.00
1952	不明	24.00
1954	不明	25.50
1955	32.00	27.50
1956	32.00	29.50
1957	35.00	31.50
1958	35.00	33.25
1960	35.00	35.75
1965	40.00	40.68

出所：Harlaftis［1966］, p.233.
注1）手当てに関する詳細な注が付いている。実際には、英国船員はもう少し高くなりそうである。

次に賃金である。当時ギリシャ船主は便宜置籍船の過半を握っていたことについては触れたが、驚くべきことに、ギリシャのAB船員（Able-Bodied seamen、熟練船員）の賃金はイギリスのそれを上回っていたことである。**表4-5参照**。

ギリシャ船員の賃金が高かったことからして、1950年代における便宜置籍船の船員コストは伝統的海運国のそれよりも高かったことが推定できる。便宜置籍船の擁護者であるネスがこのことを強調するのは当然としても、ITF（国際運輸労連）自身も、短期的・表向きには便宜置籍船の方が船員にとって魅力的であると認めていた[3]。

次に安全についていえば、1949年のILO調査（後述）ではパナマ籍船は老朽船が多いだけでなく、国際条約（基準）を批准せず安全性が低いと断定された。ところが、1950年代に入ると新造の便宜置籍船が増加し、伝統的海運国は船齢面からみた安全性の低さを批難することが難しくなりつつあった。もっとも50年代後半には「スーパータンカー」などが登場し、海難事故による海洋汚染等への懸念も浮上してくるが、当時はまだ隻数も少なく、世界を震撼させたトリーキャニオン号（リベリア籍）事件[4]が発生するま

でにはもう暫く時間があった。

　このようにしてみると、便宜置籍船問題の焦点が当時どこにあったかがよくみえてくる。アメリカは別として船員コストに大きな差はなく、安全面も決定打に欠けていた。税金・税制こそが便宜置籍船問題であったといえよう（後述参照）。

(2) OEEC（欧州経済協力機構）における便宜置籍船対策
(a) OEEC の沿革と性格

　マーシャルプランは 1947 年 6 月に発表されたが、特徴の 1 つは欧州自身による復興であった。資金援助等の配分は欧州に委ねられ、OEEC がその担い手となった。OEEC は 1948 年 4 月に発足するが、次の 3 つの目的を有していたとされる（村田 [2000]、6 頁）。

　第 1 は、アメリカからの援助の配分である。配分を効率的かつ公平に実施するために、各種の委員会が設立された。第 2 に、貿易の自由化である。数量制限の段階的廃止を定めた貿易自由化コード（The Code of Liberalization）を 1950 年に採択した。翌年貿易外の自由化（Liberalization of Invisible Transaction）がそれに追加された。これとは別に、OEEC の海運委員会は 1950 年、国旗差別を禁止する海運自由の原則（The Principle of Shipping Freedom）に合意した。第 3 に、多角的決済機構である欧州決済同盟（EPU）の設立・運営と通貨の交換性の回復であった。

　要するに、OEEC は欧州を「統合」し（大蔵省関税局 [1961]、9 頁）、その活動はヨーロッパを代表していたと評価することができるであろう[5]。なお、アメリカとカナダは 1950 年 6 月に準加盟国となった。

(b) 海運委員会の活動

　OEEC は、貿易と輸送は世界の富の再配分にとって車の両輪を形成するとして、1954 年から年報 *Maritime Transport* の刊行を開始した。第 1 年報では、2 つの要因によって（海運を取り巻く）状況は悪くなっているとした。国旗差別による海運自由の原則の侵害と、競争に関連する便宜置籍船の増大である（*MT* [1954], p.65）。前者は、最大の敵である（worst enemy）として第 1 年

報で特集が組まれた。第2年報では便宜置籍船が特集（第4章）となり、その結論部分において、各国の関心の高さからして勧告に向けた努力を重ねたいとしていた（MT［1955］, p.65,［1956］, p.58）。

また、第4年報では「国際海運における深刻な問題」の第1に位置付けられ、政府間レベルで推奨できる是正政策の研究を引き続き行っているとした（MT［1957］, p.61）。ただし、この年報の発行は1958年4月であり、次に述べる『研究』が刊行された後であった。

(c) OEEC 海運委員会の研究報告

名称は、『増大する便宜置籍船とその影響に関する研究 Study on the Expansion of the Flags of Convenience Fleets and on Various Aspects Thereof』である（以下、『研究』とする）[6]。前述したように、この研究は1954年に着手されたと思われるのに、海運委員会がOEEC理事会に上程したのは、1957年11月29日であった。長い年月を要した理由は、最大の便宜置籍船利用国でありかつメンバー国でもあるギリシャとの調整にあったと推察される。ギリシャは、理事会宛のドラフトにおいて、①この『研究』に強く反対すること、②『研究』はメンバー国への注意喚起に止めるべき（刊行しない）ことを特記させた。しかし、理事会は、1958年1月24日一部を除き（注17参照）ドラフトをそのまま承認した。

内容は、①便宜置籍船の成長、②便宜置籍船主の利益、③便宜置籍船主の不利益、④便宜船籍国での登録法、⑤海運国における登録法、⑥大便宜置籍船隊出現の影響、⑦船舶と旗国との法的関係、⑧結論、⑨参考ノートから構成されている。

まず「はじめに」において、便宜置籍船とは、外国船主に国旗掲揚を容易に許す法律を有するパナマ、リベリア、ホンジュラス、コスタリカのような国の船舶（flags）としている。①便宜置籍船の成長においては、データを示すとともに、便宜置籍船の80％超はギリシャと米国船主に属すると推定している（OEEC［1958］, p.4）。また、1957年後半における建造中の船舶のうち便宜置籍船は18％、とりわけタンカーに限れば25％に達すると警戒感を露にする（Ibid., p.2）。

②船主の置籍要因については、実質無税およびアメリカ船主にとっての低い船員コストを指摘する。また、オイルメジャーのアウトソーシングが便宜置籍船化を促進しているとする（Ibid., p.5）。③〜⑤は省略。

　⑥便宜置籍船の影響については3つをあげる。1つは経済的側面である。便宜船籍国は実質無税ゆえ、好況時の強蓄積により優位に立てる。これに対して伝統的海運国は利益から税金分を留保しなくてはならないし、減価償却も自由でないため船隊のリプレースもままならないとする（Ibid., p.8）。ただ、それだけではないという。不況時に船主は、安全コストとマンニングコストを切り下げる誘惑に駆られるが、伝統的海運国にあっては、労働協約、国内法、国際条約によって制約されていると実務的な難点も指摘する（Ibid., p.9）。興味深いのは、賃金面などは伝統的海運国と変らないとしていることである。前述の分析が確認される。

　第2は社会的側面についてであるが、まず、ILOが「勧告」を準備しているのでそちらに譲る（付録に添付。後述参照）として、ILOとの協働を示唆するとともに、3点に触れる。1つは、海運国は国家予算から多額の歳出をして船員の養成をしているのに、便宜置籍船はそれを横取りしている。その結果海運国では船員不足が生じる始末であるとする。2つは、雇用期間について海運国は資格証明書で知ることができるが、便宜置籍国ではそのようなシステムを有していないし、雇用期間を証明する行政機関もないとする。3つは、社会的な歳出、船員教育、海事行政、海上安全などに関する負担は海運国の船主にとって極めて重い（のに便宜置籍船船主はそれを負うていない）とする（Ibid., pp.9-10）。

　第3は軍事戦略面についてである。戦時に大量の便宜置籍船が存在することは重大問題であるが、海運委員会の権限外の事項であり触れないとする（Ibid., p.10）。

　⑦旗国と船舶との関係については、まず、海運国は種々の条約を大方批准し、有効に規制しているが、便宜船籍国は海上人命安全条約などほんの少ししか批准していない。それだけでなく、それらを実効的に執行しているようにみえない。また、海運国は民事・刑事の海事法を用意し、裁判所も経験豊

富であるのに便宜船籍国では欠けている。これに続いて、国連海洋法会議に関連する「真正な関係（genuine link）」問題に大きなスペースが割かれるが、次節で扱うことにする。

⑧結論においては、現在のところ、国際レベルにおける行動を提唱できる段階にないが、注意深く見守り、その可能性を探りたいとする。他方で、各国に、船主を自国籍船に繋ぎとめ・増大させる措置を取ることを期待したいとも述べている。

⑨参考資料では「便宜置籍船船隊の増大に伴う問題に関する提案についてのお知らせ」として2つ取り上げている。1つは海洋法会議の様子を紹介している。もう1つは、ILOの勧告（準備総会）とITFの提案を掲載している。OEECが他の機関とも協力し合いながら便宜置籍船の増大に対処しようとしていたことが窺える。このことは以下でも知られる。1959年3月に発行されたMT［1958］では『研究』発行以降次の進展があったとしている。①海洋法会議の「真正な関係」、②ILOの勧告採択、③ITFによる4日間のボイコット、④コスタリカの便宜置籍制度の廃止[7]。

『研究』は国際的な行動を勧告しないとしたが、その裏にはギリシャの一連の本国復帰政策が好影響を与えていたのかも知れない。第2章3参照。

(3) ピークとなった欧州と米国政府間の非公式協議（1959年6月）
(a) ヨーロッパ諸国とアメリカとの非公式協議

ITFのボイコット、ILOにおける便宜置籍船に関する勧告、国連海洋法会議における公海条約の採択、これらはすべて1958年に起こったことであった（59年1月には政府間海事協議機関において、海上安全委員会の委員からリベリアとパナマを外すことも行われた）。

このような背景の下で、1958年11月から12月にかけて欧州4か国（英国、ノルウェー、デンマーク、オランダ）は、アメリカ政府に海運に関する非公式協議を申し入れた。議題は国旗差別の禁止、海運補助、そして便宜置籍船問題であった。会議は当初59年2月の予定であったが、実際には、6月8日～11日（の予定で）ワシントンで開催された。ヨーロッパからの参加国

はさらに 5 か国（仏国、イタリア、西独、ベルギー、スウェーデン）増え 9 か国であった。

　極めて厳しい交渉となった。①定期船維持のための建造・運航差額補助金、②高額運賃の支払いを可能とする自国船優先政策、③準アメリカ船としての便宜置籍船は米国海運政策の 3 本柱であり、どれ 1 つとして欠くことはできなかった。妥協の余地がないところに問題があった。ヨーロッパを代表して発言していたイギリスの交通・航空大臣のワトキンソンは、アメリカはあまりに頑だと非難し「席を立つ」と発言するほどであった。一方のアメリカは、新聞記者が海運政策に閂（bar）をかけたと表現するほどであった。会合 3 日目にワトキンソンは、常設の連絡委員会を設けることを提案するがアメリカ側の反対は強かった。

　国務長官のディロンは「たとえ、このことによって NATO のパートナーの経済をいくぶん傷つけることがあっても、防衛上の要請その他から政策変更は許されない」と発言するほどで、会議は決裂状態に入り、1 日早く終了した[8]。

　この政府間協議によって欧米間の便宜置籍船問題は暗礁に乗り上げ、膠着状態の 60 年代に移行することになる。

(b) イギリス海運の対応とバミューダ

　1960 年 12 月に英国海運総評議会は『英国海運の調査と政策提言』（GCBS [1960]）を発表した。海運についての包括的な調査・提言であるが、本稿との関連では、①英国籍船への課税軽減措置[9]、②英連邦内の低率課税地域の利用の自由化が焦点であった（Ibid., p.45）。後者はバミューダと関連している。ただ、後年のバミューダ籍と異なって、この段階でのバミューダは外資導入のためのタックスヘイブンと考えた方がよい。もちろん、英国特有の船籍制度と結びついている。イギリス連邦は 1931 年の海運協定によって船籍制度の統一を図ることにした。1894 年の英国商船法をもとにして、連邦内のどこの国において所有される船舶も、英国船として見做される（国旗掲揚権）とともに、船籍港は連邦内のどこでもよいとされた（UN [1955], pp.180-186, *MT* [1971], p.87）。

表 4-6　アメリカ船主所有の外国船（1960 年央）

	隻	千総トン
パナマ	116	1,465
リベリア	126	2,564
イギリス	100	1,239
オランダ	15	218
ベネズエラ	19	168
ホンジュラス	17	75
その他	61	761
計	454	6,490

出所：船協月報 3 巻 6 号（1962 年 6 月）、45 頁。
注 1) 原典は、Maritime Administration, Office of Ship Statistics, Ship Data Division.

　米国船主所有の英国船はこの頃優に 100 万トンを超えている（**表 4-6** 参照）。タックスヘイブンとしての英領バミューダに子会社を設け、ロンドン港に船籍登録をすればアメリカ船主にとっては立派な「便宜置籍船」になるからであった。

　これに対し、英国船社には厳しかった。所得税法上バミューダに子会社を設けることは、事業譲渡として実質上禁止されていたからである。もっとも、客船を主とする P&O がタンカー船社を子会社として設けることは新規事業として許された。そして、外国船社にしろイギリス船社にしろ船籍港はほとんどロンドンであったという（スターミー［1965］、285 頁以下）。ロイズレジスターにバミューダ籍が現れるのは 1964 年である[10]。

　さて、話を戻すと英国海運総評議会の提言（上記①）は、イギリス船の競争力を税制面で便宜置籍船に近付けようとするものであったといえよう。その論拠として評議会は、OEEC の『研究』から「国際的行動は現状ではできないが各国でできることはある」を引用し、ギリシャの減免税政策の例をあげていた（GCBS［1960］, p.41）。なお、ホープは、1957 年に 140％の減価償却（investment allowance）が認められ、英国船主にとってバミューダ置籍のメリットはほとんどなくなったとしている（Hope［1990］, p .410）。

3 国連海洋法会議を舞台とする長期間の攻防

(1) 公海制度「法典化」のスタート

　戦後の便宜置籍船の命運を法制面で握ったのは、国連の第 1 次海洋法会議（総会は 1958 年）であるといっても過言でない。それは、前述したように便宜置籍船の存立基盤を提供することになったからである。経済学において法はどちらかといえば等閑に付されがちであるが、海洋法会議の行方如何によっては便宜置籍システムの存続は不可能であった。海洋法会議は 4 条約（領海、公海、大陸棚、生物資源）を成立させたが、ここでは「公海に関する条約（Convention on the High Seas）」とりわけ「船舶の国籍」をめぐって争われた経緯とその意義について論ずることにする。

　国連憲章第 13 条は「国際法の漸進的発達及び法典化」のための国際協力の促進を定めている[11]。これに従い、1947 年の総会で「国連国際法委員会（ILC UN International Law Commission）」が創設された。委員は総会の指名による 15 名（1957 年、21 名に）で、国家を代表するわけではなかった[12]。国際法委員会は 1949 年に活動を開始するが、公海制度は第 2 委員会に付託され、フランソワ（Francois,J.P.A., オランダ）教授が特別報告者（提案者）に任命された。彼は 1930 年のハーグ国際法典編纂会議の領海についての報告者（今回も同様）でもあった。

　1950 年に行われたフランソワの第 1 回報告は、船舶の国籍の法典化に極めて消極的であった。ところが委員会では、努力せよと激励された（ILC [1950], vol.Ⅰ, p.191, par.39）。

(2) 船長（自国民）条項による攻勢

　1951 年 4 月に提出された第 2 回報告は一転して極めて挑戦的なものに変身していた。ILO のパナマに関する調査報告書（後述）や、パナマとホンジュラス、コスタリカに加え、米国自身の手によってリベリアに便宜置籍船の拠点が創設されたことが影響しているのかも知れない。

報告書は、船舶の国籍要件として①所有権と②船長の自国民性をあげた。前者についてみると、船舶の 50％以上が「国民・内国法人」によって所有されなくてはならないとされた。詳しくいえば、個人あるいは合資・合名会社の人的責任社員については国民あるいは居住権者が、株式会社については本店を旗国に有する内国法人が、どのような組み合わせであれ、持分の 2 分の 1 以上を有することとされた（ILC［1951］, vol. Ⅱ, pp.75-77）。提案は、1896年の国際法学会（ヴェニス）草案と各国の許与要件の現状を背景としているとされた[13]。

　さて、フランソワが「船長は旗国の国籍を有しなければならない」と提案したのは、後の議論で相当明確になるが、所有権条項だけでは便宜置籍船を阻止できないからであった。もちろん「法衣」を着て議論されたから、それほどストレートではない。たとえば、第 121 回委員会においてフランソワは、船長条項の削除提案に対し次のように反論した。公海において旗国の法律を船舶に妥当させなくてはならないが、旗国法によく通じた船長でないとそれは難しい。外国人船長にそれを期待することはできない。また、次のようにも指摘した。「ある特別な理由によってある国の商船は異常な割合にまで成長しているが、その国を助けるために（本来の）道を歩まない理由を何かみつけだせるだろうか」（ILC［1951］, vol. Ⅰ, p.334, par.125-127）、と。ある国とは便宜船籍国を指していることは疑いなかった。

　この船長条項がいかに劇的な効果をもたらすかは、ILO の調査で明らかであった。パナマ船籍にパナマ人船長は 1 人もいなかったし、リベリア人船長はさらに期待薄であった。船長条項が実現すれば、便宜置籍船は国籍要件を満たすことができず壊滅的打撃を受けることは間違いなかった。それだけではない。多くの船長（および後継者）を抱えている欧州諸国海運は極めて有利な立場に立つことができた。

　しかし、提案にはやや無理があった。外国人船長が各国に多数存在していた歴史や、船長を十分擁しない新興海運国にとって外国人船長は不可欠であった（明治前期の日本を想え）からである。結局、船長条項は 3 委員の賛成しか得られず（反対 8 委員）削除された。

(3) リベリア船の急増と船長条項の復活提案

1952年からリベリア船は急増し始め、55年には世界第4位（400万総トン）にまで成長した。タンカーを中心とする新造船に特徴があった。表4-1参照。これが国際法委員会の議論を微妙に変化させた。

当時議論された船舶の国籍付与要件については前に紹介したが、株式会社が所有する場合、現地法人と本店所在地の制約をクリアすれば外国船主は自由に船舶を保有できた。これを評してサンドストローム（スウェーデン）は、個人や合名・合資会社については厳格であるが、株式会社がすべてを台無しにしてしまっていると述べた（"quite easy to evade all restrictions", ILC［1955］, vol. I, p.63, par.18）。

シェル（仏）は、虚構の旗（fictitious flags）を防ぐには船長条項の復活しかないと、再提案を試みた。反対する委員は減少したが、有能な船舶職員を十分擁しない国々（便宜船籍国ではない——筆者）に対して公正さを欠く（サンドストローム）とする議論を越えることはできなかった。投票の結果は賛成4、反対4、棄権4のドローとなり認められなかった（Ibid., par.25）。

(4) 「真正な関係」プラス不承認条項による攻勢

(a) ノッテボーム判決（1955年4月6日、国際司法裁判所）

ノッテボームは、1881年ドイツに生まれたドイツ人であったが、グアテマラで経済活動を行ってきた。そして第2次世界大戦勃発直後に永世中立を宣言していたリヒテンシュタインに帰化した。ノッテボームは1943年10月連合国側に立って参戦していたグアテマラ政府によって捕らえられ、アメリカに移送された。戦後、財産も没収された。リヒテンシュタイン政府は、彼の損害回復の求めに応じ、1951年国際司法裁判所（ICJ International Court of Justice）にグアテマラ政府を訴えた。

結果は敗訴であったが、本稿に即して判決を要約するなら、①誰に国籍を付与するか（誰を自国民とするか）は主権にもとづく国内法の問題である（国内管轄事項）。②しかし、自国民を他の国から保護する権利があるかどうかは国際法の問題である。③「諸国の慣行、仲裁、司法判決、学者の意見に

よれば、国籍とは、相互の権利・義務の存在とともに結びつきという社会的事実、すなわち、生存、利害関係および感情の真正な連関（genuine connection）をその基礎に持つ法的きずなである」、④すなわち、国籍許与が他国によって承認されるためには、「真正な連関」がなくてはならないとした[14]。

(b) 欧州側の新たな挑戦——「真正な関係」

国際法委員会の会議は、まず、フランソワ（特別報告者）が提出した報告・提案を解説付きで各国に送付し、それに対する各国の意見等を待って開催する方法が取られていた。フランソワの第7報告は1956年1月に出されたが、それに対して、オランダ政府は1930年の法典編纂会議の結論および、ノッテボーム判決に触れつつ、それとほぼ同様の次の提案を行った。「各国は領域内の船舶の登録及び自国の国旗を掲揚する権利についての要件を定めるものとする。ただし、その船舶の国家的性格（national character）が、他の国家によって認められるためには、当該国家と船舶の間に真正な連関（genuine connection）が存在しなくてはならない」。その理由として、主権の乱用に備えた予防手段（safeguard against the possible abuse of the right of a sovereign State）を設けるためだとした（ILC［1956］,vol. II, pp.63-64）。乱用が何を意味しているか明らかであった。イギリス政府の提案もそれに近いものであった[15]。

(c) 不承認条項の変質

不承認条項そのものは1951年にハドソン（米）が行った提案以来問題にされることはなかった（ILC［1951］,vol. I, p.330, par.59）。それは前述したように、条約案の定める要件（所有権条項）は実質上極めて緩やかで、イギリス政府がコメントしたように便宜船籍をも許容するものであったからである。ところが、不承認条項と「真正な関係」が結びつくことによって、その内容はがらりと変わってしまった。極めて強い批判に晒されたように、「真正な関係」はその内容が明確でなく、広くも狭くも理解できるからだけではない。第1次（第1義）的な判定権者が、旗国でない他の国、具体的には入港国にあることが決定的に重要であった。提案者の意図がそこにあったように、便

第 4 章　便宜船籍制度の「形成」と第 1 次国連海洋法会議

宜置籍船は国家と船舶の間に真正な関係を欠いていると判断される可能性は十分あった。

　このような重大な転換があったにもかかわらず、国際法委員会は、前述したオランダ提案とほぼ同一の提案を賛成 9 委員、反対 3 委員、棄権 3 委員の圧倒的多数をもって承認した（56 年 5 月，ILC［1956］, vol. I , p.72, par.33）。そして国連総会に送付した。前述した委員の顔触れからして、賛成は欧州委員に止まらない。便宜置籍船が法的にみて不正義な存在であることが強く意識されていたのではなかろうか。なお、"genuine connection" は "genuine link" に変更された。

(5) 国連総会における大逆転
(a) 本会議の第 2 委員会における議決

　会議は、1958 年 2 月 4 日から 4 月 27 日まで、ジュネーブの国連欧州本部で開かれた。国連総会に提出された膨大な「海洋法に関する条項案」はただちに採決されることなく、本会議で創設された第 2 委員会において審議された。委員会では、**表 4-7** に示した案が 4 月 8 日に採決に付された。

　もちろんアメリカ、パナマ、リベリアは真正な関係や不承認条項に強く反対をした。しかし、大勢は動かなかった。そこでリベリアは、表 4-7 の二重下線部分について「賛否を問う」分離投票を要求した。結果は、**表 4-8**（委員会）にみるごとく、原案のままとする賛成が 3 分の 2 を占めた。いくつか指摘しておきたい。

　第 1 に、便宜置籍船に対する世界の目は極めて厳しかったことである。4 分の 3 の委員による国際法委員会案の承認はヨーロッパにとっても意外であったかも知れない。

　第 2 に、法典化ではなく規制の創設（立法措置）であったにもかかわらず、多くの国々が賛成したことである。国連に対する期待を物語っていたのかも知れない。

　第 3 に、不可解なのはアメリカの動向である。すでに指摘したようにアメリカにとって便宜置籍船は、米海運資本の対外進出あるいは多国籍企業化の

表4-7 海洋法会議第2委員会が採択した「船舶の国籍」に関する第29条[1]

| 第1項 各国は、船舶に対する国籍の許与、自国の領域内における船舶の登録及び自国の旗を掲げる権利に関する条件を定めるものとする。船舶は、その旗を掲げる権利を有する国の国籍を有する。<u>ただし、その船舶の国家的性格が、他の国家によって認められるためには</u>、その国と当該船舶との間には、真正な関係が存在しなければならず、特に、その国は、自国の旗を掲げる船舶に対し、行政上、技術上及び社会上の事項について有効に管轄権を行使し、及び有効に規制を行わなければならない。
第2項 各国は、自国の旗を掲げる権利を許与した船舶に対し、その旨の文書を発給するものとする。 |

出所：UNCLS［1958］, vol. Ⅳ, p.151, Doc. A/CONF. 13/L. 17/Add. 1.
注1）公海に関する条約では第5条となった。
　2）2重下線部分は本会議で削除された。
　3）網掛部分はイタリアとフランスの修正案で、承認されたもの。

表4-8 国連海洋法会議における不承認条項の採決結果

採決会議	賛成	反対	棄権	合計
委員会（4月8日）	39	13	6	58
本会議（4月23日）[1]	15	30	17	62

出所：UNCLS［1958］, vol. Ⅱ, p.20, vol. Ⅳ, p.75.
注1）本会議における採決案件は「削除」提案であるが、対比させるため承認提案のごとく記している。

道具であったわけではない。激化する冷戦が熱戦に転化した場合に必要な、膨大な商船を確保するためである。アメリカの世界的な軍事戦略の要の1つであり、放棄することは許されなかった。ところが、表4-8の委員会の採決をみる限りでは、アメリカが便宜船籍制度存続のために活動した様子は窺えない[16]。

(b) **本会議における大逆転**

船舶の国籍条項に最終的な決定を下す本会議は4月23日に開かれた。この間わずか15日間である。強力なロビイング（extensive lobbying）が展開され[17]、大逆転劇が演ぜられた。

表4-8にみるごとく票決結果は大差であるが、手続き規則で3分の2が要求されたので（水上［2004］、88頁）、実際にはぎりぎりの得票であった。問題は票差よりも、「転向国」にある。表4-8から24か国の「転向」がみ

第 4 章　便宜船籍制度の「形成」と第 1 次国連海洋法会議

てとれる。14 〜 17 か国は賛成から反対に、7 〜 11 か国は賛成から棄権に回った（追加 4 か国との関係で）と考えられる。

　これだけの転向を促すことができる国はアメリカを措いてない。しかし、ボチェックは、次のような事実がロビイングの真相でないかという。上記期間にロンドンで国際海運会議所（ICS）の年次総会が開かれていたが、そこで問題となっている条項の表現（wording of the clause）への懸念が表明された。その結果多くの船主が自国代表に働きかけ、大逆転に成功した、と。しかし、そこで引用されているタイムズと ニューヨーク・タイムズの記事を検討する限りでは疑問が残る。ボチェックが論拠としているのは ニューヨーク・タイムズの記事である。一方タイムズにおいて、ICS 会長のアンダーソンは、懸念は表明されたが、欧米間で意見が割れていて新しい提案はできなかった。便宜置籍船に対し何等かの手を打たなくてはならないと皆が感じているが、何をしたらよいか探しあぐねている。このままでは将来大変なこと（desperate situation）になると述べている。ICS の歴史やメンバー（海運国船主）を考慮に加えるならば、大逆転の源泉たり得たか疑問であろう[18]。

　かくして、不承認条項は削除された。公海条約第 5 条は旗国と船舶との間に真正な関係がなくてはならないと定めるけれども、この義務を履行しない場合の制裁（sanction）については手掛りを失うことになった。その結果、公海条約の実践が示しているように、国家は船舶に自由に国籍を付与することができるようになった。国連憲章第 13 条に従うなら漸進的発展はおろか、ある種の慣行として存在していた所有権条項の法典化にも失敗してしまったといえよう。

　クーパー（[2008]、47 頁以下）は、近代を 3 つに分ける。1 つは、「プレ近代」。2 つは、「近代」で、国民国家・主権国家を第 1 に考え、外部からの干渉は、国家の主権に対する挑戦と考える世界である。ポスト近代では、「国の主権や、内政と外交の区別を強調することもない…互いに干渉し合うことを認める高度に発達したシステムである」とする。船舶の国籍をめぐる攻防は国際法のレベルからいえば、彼のいうポスト近代を目指しながら「近代」に戻ってしまったといえるのではないだろうか。

しかし、これによって海洋の秩序が維持できたわけではない。極めて国際的な海運市場にあっては「一国の主権の行使」は他国あるいは公海に大きな影響を及ぼす。1981年から開始せざるを得なくなったPSC（Port State Control、入港国による監督）は、入港国が旗国の上記主権を制限することもあり得ることを、強烈にアピールしている。

4　ILO（国際労働機関）における便宜置籍船

(1)　海事関係のILOにおける特別な取扱い

　旧運輸省には長い間船員局があった。そこで船員の労働問題を取り扱い、労働省は「陸」の問題を扱うことになっていた。労働委員会も職業安定所も別建てである。その所以はILOにある。ILOにおいて1920年代から特別の海事総会（Special Maritime Conference）として開催されてきた。議題の調整等は、労使2者構成の合同海事委員会（Joint Maritime Commission、以下JMCという）で事前に行うことが1921年の第3回総会で決議された。2回討議制が導入されてからは、3部構成の予備技術海事会議（Preparatory Technical Maritime Conference、現在は「準備総会」という）がもたれている。

　JMCが要の位置にあるが、大方、労働者側委員はITF（国際運輸労連）が、船主側委員はISF（International Shipping Federation、国際海運連盟）が委員を選び、それを総会が指名する手続きが取られている。要するにJMCは、世界的な規模での労使交渉機関的な性格を有していたことが分かる。また、歴史からも推察されるが、欧州委員が圧倒的多数を占めていた[19]。

(2)　ILOによるパナマ船籍の調査

　ILOでパナマ船籍などが最初に取り上げられたのは1933年の第10回JMCであった。ただ、尻切れ蜻蛉で終わったことと、戦前のケースであることからここでは取り上げないことにする（詳しくは、ILO [1956]、pp.3-4（Historical Review）参照）。

　さて、前述したように戦後パナマ船等は米国商船売却法などにより急増す

第 4 章　便宜船籍制度の「形成」と第 1 次国連海洋法会議

る（表 4-1、2 参照）。それに呼応するかのように、ITF は便宜置籍船について JMC で審議するよう ILO 理事会に要請した。1947 年 12 月に開催された JMC において ITF は、①労働条件を低下させるための移転が行われている、②伝統的海運国から条約を批准していない国への移転は ILO スタンダードに打撃を与える、③パナマには労働協約を締結するシステムがない、などを主張した。これに対し船主側は、①労働基準回避の移転は考えにくい、②むしろ低い税金を求めての移転ではないか、③①があるとすれば支持しないが事実が明確ではない、などと反論した。

　JMC は、次のような決議を行った。①船舶の安全と雇用条件の低下が移転の目的である場合、明確な態度をとるよう各国政府、船主、船員団体に要望する、②海上人命安全条約を改正し、実効性のあるものにしなくてはならない、③ ILO の事務局は①の事実について調査し、報告しなくてはならない。この決議は 1948 年 3 月 ILO 理事会で承認された（ILO［1956］, pp.4-6）。

　ITF は JMC の決議では不十分であるとして、48 年 7 月の世界大会でパナマとホンジュラス籍船のボイコットを決定した。期日は、1949 年 5 月 1 日とされた（ITF［1996］, p.137）。これに衝撃を受けたパナマ政府は、ILO 理事会に実態調査を要請した。理事会はこれを容れて、3 名の調査委員を任命した（1949 年 3 月）。Herman Vos（政府側指名、ベルギー）、A. Dalgleish（船員側指名、イギリス）、A. G. Fennema（船主側指名、オランダ）と全員欧州出身者であった（ILO［1950］, p.1）。

　調査団は、5 月に調査を開始し、30 隻の訪船調査を実施するなどして、11 月に勧告付きの報告書をとりまとめた。50 年 1 月の理事会でそれは承認された（Ibid., p.2, p.26）。注目点をいくつか示しておきたい。①パナマの船員法制はバラバラで不備が多い、②未払い賃金の取立てなど救済策がない、③労働組合が存在せず苦情処理システムがない、④船員設備はおしなべて貧弱である、⑤社会保険は外国人に適用されない、⑥パナマ領事館（員）は行政能力・経験とも不足している、⑦船主・船長ともパナマ法を知らない者が多いなどと指摘した。さらに、ITF が批判してきた①老齢船、②安全基準の回避、③社会および労働基準の回避については、大方首肯できるとした（Ibid., pp.8-36）。

　調査委員会の勧告は、立法措置と実施方策に分かれていた。立法勧告では、①ILO条約に準拠した立法、②船員を対象とした単一法の確立とスペイン語・仏語・英語による出版、③海上人命安全条約、満載喫水線条約を有効にするための規則の採用、④中央政府における単一、かつ、船員問題のすべてを対象とする船員行政組織の確立などであった。

　実施勧告では、①上記法制の船主・船長へ配布、船内備え置き、②領事館サービスの強化（a 執行官の訓練、b 自国船が頻繁に寄港する港への経験・訓練とも十分な館員の配置、c 領事館による監督など）、③船級協会を含む船舶検査の制度化、④船舶検査の強制と国籍抹消を含む制裁手段の導入、⑤労使紛争処理手段の採用、⑥海技免状の発行・更新時における厳格な能力確認策の導入[20]、⑦ITFと船主の間で協議が完了している標準労働協約適用の推進などが指摘された（ILO［1950］, pp.41-42）。

　以上から我々はいくつかのことを知ることができる。第1に、パナマの船員関係の法律および執行体制は相当貧弱であったこと、第2に、領事館の役割は大きく、かつ、費用負担も含め困難が伴っていたこと、第3に、ITFとの標準協約がよい例であるが、欧州における基準をパナマ船にも波及させようとしていたことなどである。

(3) ILO第107号、第108号勧告（1958年）
(a) 船員雇入（外国船舶）勧告（第107号）

　「外国において登録された船舶に勤務する船員の雇入に関する勧告」が正式名称である。すでに1920年の職業紹介所条約（第9号）が存在するが、便宜置籍船の増大によって公設の職業紹介所を経ないケースが増大し、いわゆるピンハネ業者の横行も心配されるようになった。1952年のJMCで問題が提起され、58年の総会で勧告として承認された[21]。

　当初、加盟国は公認の紹介所を介して外国船に乗船させなければならないとなっていたが、各国の思惑が交錯し具体性に欠ける勧告となった。結局、加盟国は、雇入条件が海運国の労働協約等と同等でない場合には、自国の領

域内で外国船に乗船することを阻止するため、権限内のあらゆる措置を取らなければならないと規定された。内容の乏しさはともかく、船員を低い労働条件のまま便宜置籍船に供給するのを阻止しようとするのがその狙いであったことに注目したい。

(b) 船舶の登録に関連する船員の社会的条件及び安全に関する勧告（第 108 号）

ITFは、1954年の世界大会（ロンドン）で便宜船籍国への移籍問題についてILOに提起することを決議した。その際、ホワイト（Lawrence White）による報告が使用されたが、ITFの申し出を受けたJMCもそれを検討材料とした[22]。1955年10月に開催された第18回JMCは、①ITFの提案を予備技術海事会議、および海事総会の議題とすべきこと、②予備会議の前に各国へ質問状を送付し、各国の意見をまとめておくこと、③ILO総会は1957年中に開くべきことなどを決定した。

1956年9月に開催された予備会議の議題名は「船籍移転――社会的条件および安全に関連して（Flag Transfer, in Relation to Social Conditions and Safety）」であった。通常、各国の回答を基にして事務局案が用意されるのであるが、今回は白紙のままであった。船籍移転を船員問題に絞ることが難しかったからであろう。会議においても、船主側はギリシャ船主に配慮して「討議をさけた」（陰山・西巻［1956］、52頁）ため、船員側が10項目の提案を行い、それをもとにして政府委員が決議案を作成した。若干の修正のうえ全員一致でそれが総会に送られることになった（ILO［1957］, pp.5-9）。

決議案は、前文で「これまで伝統的に海運国であるとみなされなかった国に大量のトン数が登録されたことによりこの問題が特別に注目されるようになったことを考慮し」としたうえで、登録国は、とりわけ次の事項に関し義務を果たし、かつ、有効に管轄しなければならないとした。①国際的な安全基準の法整備、②船舶検査の実施、③伝統的海運国水準の労働条件、④雇入れ雇止めを監督する政府機関の設置、⑤団結の自由、⑥送還規定の確保、⑦適切かつ十分な海技試験制度の樹立と海技免状の発給。

船員側が提出した10項目の中には、前章で扱った所有権「条項」や25％を下らない自国船員乗組み義務などがあったが、英米政府代表から国際法委

員会や IMCO など他の機関の取扱いにまかせるべきだとの批判が出された。さらに、アメリカ政府委員は船舶の移籍について種々の条件を付したり、特定国（グループ）に包括的な禁止を課するならば、極めて大きな実際上の困難に遭遇することになるとしたうえで、悪弊を抑制する国際的監視活動は ITF に委ねるのがベストだとした（ILO［1957］, p.4）。予備会議が開催されていたこの時期は、国際法委員会で真正な関係と不承認条項が可決された後であり、米国は一歩も引かない覚悟を示したのかも知れない。また、ITF に高い評価を与えた理由は分からないが、55 年の JMC において船主側から ITF の「長い期間にわたる努力に謝意」が表されたとの証言もある（石井［1971］、249 頁）。

さて、ILO 海事総会は、海洋法会議で公海条約が採択された 1958 年 4 月 29 日から開かれた。前章で詳述した「大逆転」の影響は大きく、「船籍移転」問題は、一般的・抽象的な「船舶の登録に関する船員の社会的条件及び安全に関する勧告」に姿を変えた。この点について山下文利（船員局労政課、当時）は、本件は「総会の最重要案件の一つで」あったが、「有力国の反対に会い結局この問題は別の問題とすりかえられて了った」と報告している[23]。なお、決議案は勧告に格上げされた。

5 ITF（国際運輸労連）と FOC キャンペーン

(1) ITF の活動と性格

ITF（International Transport Workers' Federation）は 1896 年に「船舶・港湾・河川労働者国際連盟」として設立されるが、2 年後に陸上交通労働者も入れた組織に変更され、現在の名称となった（ITF［1996］, p.162）。設立にみられるように、海員・港湾労働者が中心をなしてきた。また、半世紀以上にわたる FOC キャンペーンの担い手であることもよく知られている。その目的を、山本（［1999］, 5 頁）は、第 1 に、便宜置籍船の排除と自国への「追い戻し」、第 2 に、労働協約締結による便宜置籍船の乗組員の保護と組織化にあったという。ITF は巨額の資金（福利基金、後述）を背景に FOC キャンペーンを

150

世界的に展開してきたが、全体としてはヨーロッパ中心の組織であるといえる。一時期を除いて本部はロンドンにあり、歴代委員長、書記長とも欧州出身者である（カナダ人委員長 1 人を除く）。大略 2 年に一度世界大会が開かれるが、1998 年のニューデリーまで（マイアミを除く）すべて欧州で開催された。

象徴的なのが「便宜船員」問題であろう。先進国の船舶に乗船するアジア船員の増加はヨーロッパ船員の利益を損なっている。彼等は「便宜船員 crew of convenience」ともいえるから協約管轄権を（先進国の）船籍国組合の下に置くとともに、乗船中は同組合への加入を強制すべきだとした[24]。また、この問題のために「アジア船員委員会」を 1960 年に設立したが、委員 7 名のうちインドを除く 6 名は欧州諸国代表であった（木畑［1982］、3 頁）。

(2) ITF のボイコット戦術とその変容

1958 年 12 月に行われたボイコットは世界的に大きな反響を呼んだ。OECD の海運委員会が、戦後に行われた唯一の意義のある (significant) 団体行動と評価するほどであった（*MT*［1971］, p.106）。ただ、そこに至る道程とその後は、国際労働運動が直面する困難さを如実に物語っている。

具体的な記述に入る前に、「ボイコット」の実相とでもいうべきものに触れておこう。簡単にいえば、なぜストライキではなくボイコットなのかである。船舶を建造するには巨額の資金が必要である。1 隻 100 億円の船舶もまれではない。また、巨額ゆえに借入金で建造することが多く、金利負担も大きなものとなる。たとえば 1 日停船すれば、減価償却費と利払いだけでも 600 万円の損失が発生するという例もある。従って、船主は停船をどうしても避けなくてはならないが、ITF にも弱点があった。キャンペーン対象船は未組織船なのでストライキを用いて停船させることはできない。港湾労働組合の協力によるボイコットに頼らざるを得ないのである。

さて、ITF がボイコット実施を決定したのは、前にも触れたように 1948 年 7 月のオスロ大会であった。翌年 2 月には船員・港湾両部代表 8 名によるボイコット委員会が設けられた。ただ、パナマ政府の対応もありボイコットは

延期された。また、1950年6月ILO理事会は、調査団の報告書の公表に当たり、パナマ政府に団体協約締結促進のための支援などを要望する声明を発した。これらの一連の動きを受けてITFは翌月のシュツットガルト大会で新方針を決定する。①便宜置籍船の船主と労働協約の締結に努める。②ボイコットは交渉決裂を待って行う。③便宜置籍船のクルーがITF加盟組合の組合員でない場合にはITFの下に組織する[25]。後年、協約締結の証としてブルー・サーティフィケイト（B/C Blue Certificate）がITFから船長に交付されるようになった[26]。問題は、協約の（最低）基準にあった。英国海事協同会の協約が適用されたが[27]、これによってボイコットの心配をしなくてもよいようになったアメリカ船主等は便宜置籍国への移籍を増加させたようである。また、失業船員にこの基準は人気があったという（西巻［1967］、10頁）。

　1952年のストックホルム大会でITFは、ボイコット委員会を「国際公正慣行促進委員会」に改組するとともに、協約締結等を管理する「特別船員部」を設け、伝統的海運国の社会保障負担分に当たる「国際福利基金への拠出（徴収）」を決定した。福利基金はその後長年にわたりFOCキャンペーンを支える財源となった[28]。

　さて、ボイコットがどの程度行われたかであるが、ネスは1953年6月から57年12月までに21回行われたと船名・港湾名とともに記している（Naess［1972］, pp.13-14）。1956年のITF世界大会での報告によると、特別船員部直轄のケースだけで12回のボイコットが行われ、32社が協約を締結したという（西巻［1967］、10頁）。ヨーンソンは、1952年末において協約締結船は50隻としている（Johnsson［1996］, p.32）。このようなことから、ITFのFOCキャンペーンがこの時期活発であったか、また、成功していたといえるか疑わしいところもあるが、英国を中心とする欧州の秩序を便宜置籍船に浸透させようとし、少なくとも船員の側においてはそれが受け入れられていたといえよう。

(3) アメリカを中心とする世界的なボイコット（1958年12月）

便宜置籍船の労働条件がそれほど悪くなかったことは、上述した英国水準、英国と変らないギリシャ船員の賃金、限られたアジア船員などから、断定してもよいと思われる。ただし、アメリカ船員からみれば別である。乗船中の外航・内航船員は、コリアン・ピーク（朝鮮戦争）には7万人を超えていたが1958年央には5.2万人にまで減少していた（U.S.DOC［1975］, p.748）。フォーサイスによれば、9.3万人が4.7万人（1959年）に半減したという（Forsyth［1990］, p.251）。一方、船員の賃金はC-2型船で月額5,000ドル（1937年）から2万4,000ドル（1952年）へと約5倍になっていた（Gorter［1956］, p.102）。

このようにみてくると、便宜置籍船の脅威は米国船員に集中していたことがよく分かる。米国船員組合にとって便宜置籍船の奪還が使命とならざるを得なかった。犬猿の仲といわれたNMU（全米海員組合）とSIU（国際船員組合）は手を結び、公正慣行委員に選出されるとともに、国際的なボイコットの実施を1958年7月のITF世界大会で決定させることに成功した（Northrup & Rowan［1983］, p.49）。それだけでなく、「便宜置籍船のオーナーがアメリカ船主の場合、ITFが受け入れることができる労働協約とは、NMUあるいはSIUとの協定を意味する」という重大な決定を取り付けた（後述参照）[29]。

かくして、1958年12月1日から4日まで世界的なボイコットが敢行された。ボイコットされた船舶数は、米国で120〜130隻、世界で200隻程度であった[30]。当時の便宜置籍船は1,800隻程度である。航海中などで4日間に対象港湾に入港できる船舶は限られていたこと、およびボイコットの後便宜置籍船は相当減少したこと（表4-1参照）などを考え合わせるならば、OECDが後年「唯一の意義ある団体行動」とした評価（前述）は妥当するように思われる。

前述したことと関連するが、ボイコットの行われた翌月（1959年1月）、船員・港湾両部会は会合をもち、便宜置籍船の管轄権は、便宜置籍船を実質的に管理している（actual control）船主国の加盟組合が有する（但し問題があ

れば公正慣行委員会を通して特別船員部が扱う）とする決定を行い、4月に公正慣行委員会もこれを承認した（山本［1984］、149頁以下）。換言すれば、便宜置籍船の40％といわれる船舶の協約締結権が欧州から米国に移ったことを意味するわけで、便宜置籍船をめぐる欧米間対立の1つの側面を示している。事実、その後米英組合間の対立に発展し、米国船員組合（SIU）は権利停止にまで追い込まれた[31]。

　背景の1つは、米国船主の英国籍利用がある。表4-6によると1960年当時、アメリカ船主は英国籍で100隻、124万総トンを保有していた。パンリブホンあるいは米国から英国に自社保有船を移籍すれば、FOCキャンペーンの対象にならないですむけれども、米国の船員組合の立場からすれば、便宜置籍船化と変らない。便宜置籍船をめぐる国家間対立とは別の現象であるが、国際労働運動にも極めて重い課題を投げかけていた。

(4) その後のアメリカの動き

　天王山は1961年に来た。引鉄を引いたのはNLRB（National Labor Relation Board, 全国労働関係委員会）であった。同委員会はいわゆる接触理論を用いて、米国船主所有の便宜置籍船の紛争に関しNLRBに管轄権があると決定した（同年2月）。この決定を背に2大組合を中心に5組合が連携して、便宜置籍船奪還のためのストライキに突入した。それは6月15日に開始されたが、スト停船の米国商船は250隻に及び、港湾は麻痺してしまった。7月3日ケネディ大統領はタフト・ハートレー法を発動して、80日間のスト中止を命令した。この間米国船主との間で、便宜置籍船についての組織協定が数多く結ばれた。

　ところが、1963年2月にNLRBの管轄権を否定する判決が連邦最高裁判所から出される。同判決は、米国に寄港する船舶にその主権は当然に及ぶが、労使紛争等は船内の秩序に関する事項であり、国際法上の慣習に従って船籍国の法律で処理すべきとした。また、米国特有の域外適用についても、労働法に明記されていないので上記に優越しないとした。この判決は決定的であった。米国の船員組合はこれ以降長年にわたりFOCキャンペーンから手を

引くことになる(32)。

6　IMCO におけるヨーロッパの粘り強い対応

1958 年の国連海洋法条約における大敗北および、翌 59 年における欧州・米国政府間非公式協議の決裂にもかかわらず、欧州海運国はその後も便宜置籍船を基本的に受け入れようとはしなかった。とりわけ IMCO（Inter-Governmental Maritime Consultative Organization 政府間海事協議機関）においては、リベリアとパナマを排除し続けた。

IMCO（本部：ロンドン）の設立条約は 1948 年の国連海事会議で採択され、58 年 3 月に効力が生じた。第 1 回総会は 1959 年 1 月に召集された。IMCO で圧倒的に重要な地位を占める海上安全委員会（Maritime Safety Committee）の委員の選出をめぐって、本章 3 で扱った国連総会の延長戦が演ぜられた。

IMCO 条約第 28 条（a）は、①海上の安全に重大な利害関係を有する加盟国 14 を総会が選出する、②そのうち 8 国以上は最大船主国でなくてはならない（of which not less than eight shall be the largest shipowners nations）などと定められていた(33)。常識的には、最大船主国は登録トン数で決定されるであろう（当時リベリア 3 位、パナマ 8 位）が、選挙においては反対多数で両国とも落選した。代わりに 9、10 位のフランス、西ドイツが当選した。伝統的海運国は、便宜船籍国の排除に成功したかにみえたが、すぐに国際司法裁判所に持ち込まれた。裁判所は、1960 年 6 月に賛成 9、反対 5 で、リベリアとパナマを選出しなかったことは、IMCO 条約に準拠していないという勧告的意見を表明した。主な理由として、IMCO 条約の他の条項では登録トン数で処理されていること、個々の便宜置籍船について受益船主国を特定して選出することは実務上困難であることなどをあげていた。これに対し、主立った反対意見は、「総会が選出する（elected by the Assembly）」という点を重視した。さらに、上位 8 国とする確定的規定であるならば、「選出（選挙）」する必要性はないなどであった(34)。

IMCO を舞台とする攻防はこれで終息したわけではなかった。1961 年の

IMCO 総会は「勧告的意見」に従った選出を行った（パナマは 11 位で外れた）が、1964 年総会では前述した 28 条の該当部分を、「最大船腹保有 10 国から 8 国選出」に改正してしまった。この差 2 国に、リベリアとパナマが想定されていたことは明らかであった。効力発生後の選挙（1969 年）から両国は海上安全委員会のメンバーから外されることになる。

理事会メンバーについても、同様の抵抗が試みられた。前記勧告的意見に従いリベリアがカムバックした 1961 年の総会において、リベリアとパナマは理事国選挙で落選の憂き目に会う。しかも、その状態は長く続いた。

IMCO は 1982 年 5 月に名称を IMO（International Maritime Organization 国際海事機関）に変更するが、それを決定した 1974, 75 年総会において条約の全面改正が行われた。海上安全委員会は全加盟国で構成されること、理事国のうちの (c)種理事国（海運サービス提供に実質的な利害関係を有する国）は 6 か国から 12 か国（総計 24 か国）に増加することと改正された。こうして問題に終止符が打たれることになった（1978 年発効）[35]。

注
（1） Pedraja［1994］, p.569, Lovett［1996］, p.57、日本郵船［1951］、30 頁以下、山本［1965］、45 頁、森永［1952］、25 頁以下参照。表 4-2 の右欄は民間からの外国売却で、戦時標準船に限定されない。ただ、48 年 3 月以降米国民がダミー的に購入し対外売却をするケースも目立った。政府の払下げ価格はリバティで 3 分の 1 ほどであった（Lovett）。また、本法は米国海運の力を削いだともいわれる（Pedraja）。
（2） Hope［1990］, p.392. MT［1958］, p.25 は双方で 4.8 万人とする。
（3） Naess［1972］, p.66, ILO［1956］, p.3.
（4） 1967 年イギリス南西部ランズエンド岬沖の暗礁に、12 万トン弱の原油を満載したままトリーキャニオン号は座礁した。6 万トン以上の原油が観光地コーンウオール海岸を汚染し、その拡大を防ぐため最後は英軍が同号を爆破炎上させた。油濁規制を国際的に開始する喫機となった。
（5） 村田［2000］、31 頁以下は、東欧 3 国と韓国の加盟問題に対する取扱いの違いから、OECD に「欧州」を感じたという。
（6） OECD 東京センターの特別の計らいで、パリ本部からドラフトも含め取り寄せていただいた。ただ、謄写版であるため一部不分明なところがあ

第 4 章　便宜船籍制度の「形成」と第 1 次国連海洋法会議

る（一部欠落も）。
（7）　MT［1958］, pp.63-64. コスタリカについてもう少し触れておこう。軍隊をもたない丸腰国家で有名であるが、便宜船籍制度は 1941 年から有していた。ところが、戦後船主の登録税の滞納や密輸など思わしくない行為が発生したため、1956 年議会に特別委員会を設け（新規登録中断）、ILO に国際基準導入のための援助要請を行うなどして、1958 年 12 月末に便宜船籍制度を廃止した。表 4-1 にその変化をみることができる。ILO［1957］, p.6, Boczek［1962］, pp.45-48.
（8）　New York Times, June 9, 1959, p.74 ; June 10, p.74 ; June 11, p.66 ; June 12, p.54 ; June 14, p.88. Naess［1972］, pp.129-135. Boczek［1962］, pp.89-90. 米国海事当局の年報は、政府間協議の事実を伝えただけであった（MARAD［1959］, p.35）が、OEEC 側は会議は有意義だったとし、本文で述べた連絡会に希望を繋ぎたいとした（MT［1959］, p.36）。
（9）　Hope［1990］, p.408 以下によると、英国船の海外移籍は 1939 年から禁止されていたので英国船主にとって、前述した当時の環境から税制が最大の問題であった。便宜置籍船化のブームが到来しなかったのは、税金問題の「解決」が一因であろう（後述）。なお、海外移籍の規制は 1950 年代に入り緩和され、1959 年に完全に自由化されたという。
（10）　ホープは、米メジャーの「英国タンカーは便宜置籍船の役目を果たしたといえるであろう」としている。Hope［1990］, p.406, p.433, p.461. ネスはやや誤解を伴いながら、バミューダは便宜置籍ではないのかと繰り返し批判している。時代により異なるであろう。
（11）　法典化（codification）とは、国際慣習法その他すでに実践されている国際規範を条文化するものであり、漸進的発達とは立法的な規範定立を指す。
（12）　小川［1966］、143, 157 頁参照。参考までに委員の地域別数を示しておく。ヨーロッパ 5 名（ソ連とチェコを入れると 7 名）、北米 1 名、中南米 4 名、アジア 3 名（中・印・シリア）であった。ILC［1950］,vol.Ⅱ, p.364. 国家を代表していたわけではないが、議論には反映していた。委員の交代については Boczek［1962］, p.240n が参考になる。
（13）　各国の状況は、榎本［1988］、78 頁以下に紹介されている。日本の船舶法（第 1 条）も同様。
（14）　ICJ［1955］, pp.21-23. 水上［1994］、199 頁以下参照。
（15）　イギリスの提案は「真正な連関」の用語を用いずに、国籍要件を定め

157

た国内法と実効的な管轄権の行使を求め、それを欠く場合、他の国家はその国籍を承認する必要がないとしていた。その後の真正な関係をめぐる混乱を考えるならば、イギリス案をベースにした方がよかったのではないかと思われる。ILC［1956］,vol. II, pp.80-81. 榎本［1988］、111頁以下参照。

(16)　OEEC［1958］は、「真正な関係」概念は実用性に乏しい、それよりも船主の真の所在地を指標とする方が簡便であると疑問を呈していた。ただ、ドラフト段階では、「それ（ILCの提案——筆者）は共感を持って受け入れられており、全面的に支援する価値を有しているので、海洋法会議の機会を逃がすことはできない」(pp.12-13, par.35)などと記されていた。しかし、理事会はこの段落を削除した。大逆転の兆候と読むべきであろうか。

(17)　Sorensen［1958］, p.205. ソーランセンは、デンマークの首席代表でオーフス（Aarhus）大学の教授であった。現場を見聞きしてきた人の言として貴重である。ただし、これ以上の言及はない。

(18)　Boczek［1962］, p.282. The Times, April 17, 1958, p.8 ; The New York Times, April 19, 1958, p.37. 米国船主は18日の段階で18国の反対を取り付けたとしている。

(19)　1946年～58年間の委員数は正委員12名と副委員5名。それにILO理事会から労使代表各1名が参加し、議長となった。正副委員17名中、労使とも10名は欧州委員であった。詳しくは、飼手・戸田［1960］、275頁以下、石井［1971］、28頁以下、武城［1985］、163頁以下、『海上労働』第4巻8号4頁以下参照。

(20)　ILO［1950］, p.15によれば、法律上はパナマの免状を有しなくてはならないとなっているが、海技試験制度はない。船舶職員のほとんどすべてが外国人なので、乗船中のオフィサーが本国などで取得した免状の提示を受けて領事館員が「証書」の発行を行う。ただ、それは記録のためでテストにパスしたことの証明にはならないと報告している。

(21)　かつてボーレンと呼ばれる周旋屋が、まず宿と食事を用意し（高利の借金がその結末）、船長とも結託して（船長は給料から天引して元利を渡す）暴利を貪った。1920年の条約は船主・船員の協同組織を第1としているが省略する。前述したILO（［1950］, p.30）の調査によれば30隻中4隻のみ公設紹介所経由であった。紹介所の利用は、外国船の船長にも開かれていた（8条）が、実際には利用しにくいものであったのであろう。

(22)　ILO［1956］, p.12. なおホワイトの報告は同書（Ibid., pp.81-98）に収録さ

第 4 章　便宜船籍制度の「形成」と第 1 次国連海洋法会議

れている。このままでは、伝統的海運は便宜置籍船に敗れ、自らがその船主になる以外に道がなくなるだろうと指摘する。半世紀以上も前の予測通りに進んでいる。

(23)　『海上労働』第 11 巻 4 号（1958.6）8 頁。ただし、予備会議決議案の内容はほとんどそのまま承認された。④監督機関については、国内だけでなく国外にも設置すべきことが追加された。

(24)　もっとも、従来から存在する英印航路などについては別であるとされた。詳しくは、木畑 [1982]、3 頁以下参照。なお、便宜船員については労働力移動の観点から戦前に遡って分析するために、「外国船就労船員」を意味する篠原 [1980] の鋭い分析があるが、用語も含め問題を残している。

(25)　ILO [1950], p.2, pp.86-87, Johnsson [1996], pp.29-30, 佐藤 [1990]、10 頁。

(26)　青色の用紙を用いたためにそう呼ばれたが、導入決定は 1958 年の世界大会においてである。ITF [1996], p.137.

(27)　Northrup & Rowan [1983], p.43. もっとも乗組員がほぼ単一国籍で、その国の水準が英国より高ければ、そちらが最低基準になったという。山本 [1984]、147 頁は、英国基準は「建前になっていた」とし、Johnsson [1996], p.30 は、何がミニマムか明らかでなく ITF の弱点であったとする。

(28)　ノースラップとローワンは、基金への拠出は必ずしもその目的通り使用されておらず、ITF を「富者」にしていると批判的である。Northrup & Rowan [1983], pp.135-151.

(29)　Naess [1972], pp.48-51. ネスは、この影響でイタリア船員組合と合意した労働協約に対し B/C は発給されないのではないだろうかと心配したという。なお、ITF の動きに対し 11 月 7 日にアメリカの便宜置籍船主は、American Committee for Flags of Necessity（後の FACS）を結成した。

(30)　ITF の当初発表では、米国 143 隻、世界 192 隻（Northrup & Rowan [1983], pp.47-48)、Naess [1972], p.62 は、米国で 125 隻、カナダで 8 隻、世界で 183 隻とする。ITF [1996], p.139 は、米国で 160 隻、世界で 200 〜 300 隻とする、西巻 [1967]、12 頁は 223 隻とする。

(31)　セントローレンス運河開通（1960 年）後、英国船員の山猫ストを SIU が支援したとするものである。Naess [1972], pp.86-88.

(32)　概括的に次の文献を示しておく。Naess [1972], pp.81-83, pp.108-112. Boczek [1962], pp.80-81. Northrup & Rowan [1983], pp.50-51. なお、船内事項に関する慣習については、山本草二 [1985]、307 頁以下参照。

159

(33) なぜ 8 大国に限定されたのかは、それとして問題であろうが、条約草案は 1946 年 10 月に作成されており、便宜置籍船問題が顕在化していなかったことが大きな原因であろう。なお、パナマは 1958 年 12 月 31 日、リベリアは 1959 年 1 月 6 日というぎりぎりの加盟であった。

(34) ICJ［1960］, pp.150-172. 国際司法裁判所は、前年に採択された公海条約第 5 条の「真正な関係」については、検討しなくても結論に到達できたので、と「門前払い」にしている。Ibid., p.171. 逸見［2006］、166 頁は、公海条約の発効は 1962 年であるが、当時すでに発効していれば異なっていた可能性もあったのではないかと指摘する。

(35) 嘉納［1981］、15 〜 155 頁の詳細を極める研究に負うところ大である。嘉納は研究を総括して、「海上安全委員会および理事会の構成」の紆余曲折は、国際司法裁判所が背後にある便宜置籍船の問題、法的には「真正な関係」問題を回避したために生じたものだとしている（149 〜 150 頁）。

第 5 章　南北問題に転移した便宜船籍制度とその混迷

1　本章の概要

　便宜船籍制度をめぐる動きは、1958 年の公海に関する条約で旗国と船舶との関係は事実上希薄でもよいことが大逆転のうえ決定されたことや、翌 59 年の欧米政府間協議が決裂したことで、1960 年代は膠着状態にあった。1970 年代に入り再び動き出すが、背景はユーロダラーの増大、ニクソンショックとオイルショックによる市場の低迷である。競争力のある便宜置籍船は急速に先進国船のシェアを奪っていった。**表**5-1 参照。これに南北問題が加わり便宜船籍制度は再び動揺期を迎えることになる。本章は主に 1970

表 5-1　グループ別にみた世界の船腹量の推移

（単位：100 万重量トン、%）

グループ	1965 年	1970 年	1975 年	1980 年	1985 年
先進国	–	211.9	318.2	350.1	282.9
（%）	(69.7)	(65.0)	(58.2)	(51.3)	(42.5)
便宜置籍国	–	70.3	161.9	212.6	203.4
（%）	(15.1)	(21.6)	(29.6)	(31.1)	(30.6)
社会主義国	–	21.7	33.1	48.7	58.5
（%）	(7.4)	(6.6)	(6.1)	(7.1)	(8.8)
発展途上国	–	20.5	30.9	68.4	113.4
（%）	(7.3)	(6.3)	(5.6)	(10.0)	(17.1)
その他	–	1.7	2.2	3.0	6.7
（%）	(0.5)	(0.5)	(0.4)	(0.5)	(1.0)
世界　計	–	326.1	546.3	682.8	664.8
	(100)	(100)	(100)	(100)	(100)

出所）*RMT*：1968、1970、1975、1980、1985。
注 1）1965 年の割合は総トン数による。

年代と 80 年代前半を扱うことにする。

　第 1 節では、OECD を中心にどのような動きがあったのかをみておきたい。まず、OECD 自身が 1970 年代に行った調査・研究を取り上げる。それによると焦点は、1950 年代の無きに等しい税金とそれを利用した強蓄積から、安全・メンテナンスおよびマンニング（低賃金よりも資格・能力・定員）に移行したとする。この観点から OECD は、IMCO と ILO に積極的に働きかけ、種々の条約を成立させることに成功する。

　このことと表裏の関係に立つが、船舶の国籍要件を手掛かりに便宜置籍船を規制しようとした 1950 年代の挫折を反省して、OECD は、国際法上各国固有の権能として認められている領域主権を活用することに転換する。まず国際基準（条約）を作り、それを使って入港した便宜置籍船を検査し、欠陥がみつかれば出港停止を含む「処分」をすることによって、便宜置籍船に圧力をかけようとした（Port State Control）。

　第 2 節では、南北問題として浮上した便宜船籍制度について、マニラ総会（1979 年）までを扱う。まず、UNCTAD における海運問題の取扱いとその経緯を整理する。次に、今日の海運界の「常識」では考えにくいが、UNCTAD で便宜置籍船の問題を最初に提起したのは先進国グループであったことを解明する。その後、UNCTAD 事務局の精力的な研究調査により南北問題（発展途上国海運の発展を妨げる便宜船籍制度）に転化することをみる。

　このような経緯から、実は、南北間で「便宜置籍船は船籍国を除くすべての国の海運にとって有害である」との共通認識が形成され、解決は時間の問題かと思われていた。ところが、そこに G77 の「アルーシャ宣言」（1979 年）という嵐が吹くことになる。マニラ総会で、発展途上国は、すでに成立していた定期船同盟のトレード・シェア（権）に加え不定期船（バルクの輸送）のトレード・シェアを要求し、強行採決の拳に出る。これは伝統的海運国が国際海運市場の基本秩序としてきた「海運自由の原則」に対立する政策であり、一気に緊張は高まることになった。やや詳細に検討を加える。

　第 3 節では、便宜置籍船に乗組む船員のアジア・シフトについて述べる。便宜置籍船の実質船主（beneficial ownership）は、かつてアメリカとギリシャ

がほとんどを占めていたが、1970年代に地殻変動が起きる。日本とアジアNICSが相当数の便宜置籍船を保有することになり、それに伴ってアジアの人々が船員として乗組んでゆくことになったからである。このことに注目するのは、OECDがUNCTADにおいて翻意することと深く関わっていると思われるからである。むろんこのアジア船員に日本船員は含まれない。むしろ日本船員に代替する形で乗組んでいった。アジアの中でも群を抜いて多かった台湾、フィリピン、韓国の船員に注目して歴史的背景、海外雇用政策、コスト競争力などを分析する。フィリピンは現在世界一の船員供給国になっている事情もあり、1970年代に開始されたマンパワー輸出政策に注目しておく。

　第4節では、マニラ総会終了後から船舶登録要件条約の成立までを扱う。バルク輸送のシェアを発展途上国が要求したことによって荒れ模様になったことは前述したが、予想に反し、先進国の固い守りに気圧されたためか、発展途上国は総会終了後ほどなく矛を収めることになる。そしてUNCTAD海運委員会の論議は便宜置籍船問題に移ってゆく。ただ、先進国は「有害だが多くの問題が残っている」という曖昧な態度を取り続けた。痺れを切らした発展途上国は、海運特別委員会（1981年）において衆を頼んで「便宜置籍船を段階的に排除する」決議を提出する。態度決定を迫られたB（先進国）グループは、ここで便宜置籍船擁護に転ずることになる。それにしても、先進国はなぜ1970年代の姿勢を一転させ、擁護する側に回ったのであろうか。大きな謎であるが、原因の1つは欧州内部に、1つはアジアにあるというのが本稿の結論である。

　次に、便宜置籍船論争に影響を与えたと思われる3つの文献を取り上げる。メタクサス、『自由登録海運』（EIU）、スターミーである。

　さて、便宜置籍船を段階的に排除する方法として発展途上国は、経済的な3要素（自国民所有、自国船員、船社の旗国内所在）を要件（economic genuine link）とする条約を作成しようとした。国連といってもUNCTADにおいては大国の拒否権はない。しかも、数の力は圧倒的に発展途上国にあった。それにもかかわらず、足掛け5年を費やした条約交渉の結果は、発展途上国

にとって惨憺たる結果をもたらした。条約は成立したけれども、徹底的に骨は抜かれ、もはや便宜置籍船を弱体化させるだけの力を条約は持ち合わせていなかった。これも相当大きな謎であるが、条約の発効要件が鍵を握っていたというのが私の拙い考察の結論である。海事条約の発効には、普通、批准国の船腹が世界船腹の一定割合以上になることが要求されるが、便宜船籍国を除く発展途上国はこの点で劣勢に立っていた（1980年シェア10％）。発効できない条約を作成しても意味はないので、譲歩に譲歩を重ねたものと思われる。皮肉なことに、「先進国の数の優位」に敗れたわけである。

2　便宜置籍船の規制に動き出したOECD

最初に、OECDと欧州諸国政府との関係について触れておこう。OECDにはヨーロッパ以外の加盟国も存在するが、アメリカは政策の基本が欧州と一致せずOECDに関心を示さなかった。カナダ、豪州、ニュージーランドは外航海運に積極的でなかった。日本は海運大国であったが「物言わぬ国」としてOECDをリードすることはなかった。このようなことから、OECDの海運委員会と欧州諸国とは相当部分で一体的関係にあったといっても過言でない。しかも、OECDの活動は先進国のそれとして評価されてきたので、伝統的海運国のあり様を探るには最もふさわしい存在であるといっても過言でない。さらに、小論の課題である南北問題との関連でいえば、OECD海運委員会は先進国グループの事務局的存在であった。

(1) OECD海運委員会の活動

便宜置籍船が世界船腹の20％を超えた（表5-1参照）ことにショックを受けたOECDは、「便宜置籍船」と題するレポートを1972年半ばに年報第5章として公表する[1]。主な内容は、①便宜置籍船の成長、②便宜船籍制度の特徴、③船籍国への貢献、④便宜置籍船主の優位性と不利益、⑤便宜置籍大船隊が世界海運に与える影響（consequences）、⑥便宜船籍制度に対抗するための国際的措置、⑦伝統的海運国の対抗措置、⑧結論である。

第 5 章　南北問題に転移した便宜船籍制度とその混迷

まず、⑤世界海運への影響では、「国民経済的見地からいえば、便宜置籍船は、生産要素、雇用、所得や税収を減少させる。(自国船ではなく便宜置籍船の利用は) 運賃と用船料の外貨払いを必要とするので国際収支に影響を与える。さらに、各国船主を不公正なコスト競争に導き (lead to unfairly low cost competition)、彼等の生産能力を制限する」とする。さらに、船籍国は安全と社会的規制について執行機関を設けていないしその意思もない。リベリア政府は、船員の資格について詳細な規定を有するが自ら監督していないため、実際には職員免状の約半数は無資格あるいは偽造免状をもとに発行されているとする[2]。

⑦対抗策については、多くの国は便宜置籍国への移籍や便宜置籍船の運航を規制しているけれども、中間法人 (intermediaries) を介在させたうえで現地法人に便宜置籍船を所有させる方法 (仕組船もその一形態) をとることが多く、それを阻止するのは難しいとする (MT [1971], p.108)。

1971 年 9 月 30 日に、報告案を検討した OECD の海運委員会は、ILO と IMCO にこの報告を送付すべき (すなわち働きかけるべき) と勧告した。さらに議論を通して便宜置籍船の 2 大問題が明らかにされたとする。第 1 は、便宜置籍船の特別な経済的有利さがもたらす不公正競争の危険性であり、第 2 は、不適切な安全基準と効果的でない執行がもたらす海事社会 (maritime community) に対する脅威である。以上が⑧結論とされた (Ibid.,pp.108-109)。その他、後章で扱う UNCTAD 事務局の報告に近い認識が随所に示されているが省略する。

その後 1972 年 6 月便宜置籍船特別部会 (ad hoc group) を発足させた。部会の 1 つの成果は海難調査であった (MT [1974], pp. 88-105)。1964 ～ 73 年の 10 年間に全損 (total losses) としてロイズ船級協会が認定した 1,237 隻、751 万総トンを分析したところ、便宜置籍船は 461 隻、290 万総トンに上り、OECD 船に比べ 4 倍、世界平均で比べると 2 倍という異常に高い海難率を示した。小型船、高船齢船での海難が多く、その種類としては難破、浸水が際立っていた。このことから、原因は船舶および乗組員の不備・不適切さと密接不可分であると断ずる。

1975 年 9 月、この調査や加盟国の協力の成果を含む「便宜置籍船に関する海運委員会報告」(OECD [1975]) が OECD 理事会で承認された[3]。以上に関連して報告は、便宜置籍船船主に帰属する不釣合な利益 (disproportionate economic advantages) は伝統的海運国における厳格なマンニングとメンテナンス規則およびその効果的な施行から逃れることによって生じるものだと結論付ける。

　かくして海運委員会は、IMCO に対しては諸条約の実施状況を監視するよう、また、ILO に対しては進行中であった基準以下船 (substandard vessels) に関する作業を活発に行うよう、積極的に働きかける (encourage) ことを加盟各国に対し勧告した (Ibid.,p.1, par.2)。

　実は、上述した報告を採択した海運委員会 (6 月 3、4 日) では、便宜置籍船の本格的な規制を開始すべきとするフランス、スウェーデンと、それに反対するギリシャとの間で激しい議論があった。結論は先送りされたが、イギリスは賛否両論の間に入るように基準以下船というコンセプトで妥協を取り付け、規制を開始しようとした (海事新聞、1975 年 6 月 11 日)。その提案は大方の賛同を得たとされるが、後述する ILO147 号条約 (1976 年) などで実を結ぶことになる。

　1977 年 OECD 理事会は OECD 条約第 5 条 (b) 項にもとづき「サブスタンダード船に関する勧告」を行った。「国際基準に満たない船舶によって海上の安全と海洋汚染の危険が増大しているとの懸念が高まっていることに注目」するとともに、ILO147 号条約や IMCO の基準以下船に対するガイドライン (後述) をもとにし、加盟各国は自国の管轄権の範囲内で必要なすべての措置に着手すべきであるとした (MT [1977], p. 83, p. 96)。翌 78 年 3 月、北欧州 8 か国は入港国による監督 (PSC) 協定に調印した (詳しくは後述)。

　OECD は、このような活動によって便宜置籍船の伸びが 1960 年以来最低になるとともに、加盟諸国の輸出入に占める便宜置籍船の利用割合が減少したなどとしてその成果を誇った (MT [1978], pp. 84-85)。

(2) 便宜置籍船に対する国際的規制の開始

前述した IMCO、ILO への積極的な働きかけの成果と思われるいくつかを紹介しておきたい。

(a) 商船の最低基準に関する条約（ILO 第 147 号、1976 年）

この条約はアンブレラ条約あるいはスーパー条約と呼ばれたりする。すでに発効した ILO 条約のうち必要最小限の「11 条約」について[4]、それと同等以上の国内法を定める義務を締約国に負わせる条約だからである。

目玉は、Port State Control（入港国による監督、以下単に PSC とする）にあった。条約第 4 条は次のごとく定める。締約国は寄港した外国船から「苦情」が寄せられたとき、あるいは「証拠」を得たとき、それが安全や健康にとって明らかに危険である場合、拘留（detention）を含む必要な措置を執ることができる（take measures necessary to rectify any condition on board）。「苦情」は、乗組員に限らず、労働組合や各種の協会など乗組員の安全と健康に関係する者からのものでもよい。「目玉」としたのは、ミニマム以下の便宜置籍船を入港国が規制できるようになるからである。

本条約が成立した経緯は次のようなものであった。1958 年の ILO107 号、108 号勧告以後関係者の便宜置籍船に対する関心は低かったが、1970 年の ILO 海事総会において、上記 2 勧告の実施状況を調査し、必要とあらば次の第 21 回 JMC（Joint Maritime Committee、労使の 2 者協議機関）の議題とするという決議が採択された[5]。1972 年に開催された JMC の第 4 議題は Flag of Convenience とされた。会議では、ILO 事務局の調査に対する便宜船籍国の反応はかんばしくなかったと報告されるとともに、OECD の 1971 年報告が討議資料として添付された[6]。討論において船主側は、便宜置籍船は経済的な必要性から生まれ、社会的にも貢献している。便宜置籍船か否かで分けることは国旗差別に等しいと主張した。さらに、便宜置籍船を含むサブスタンダード船こそが問題なのだと強く主張した。妥協の産物として「基準以下の船舶、とりわけ便宜船籍国に登録された船舶に関する決議 Substandard Vessels, Particularly Those Registered Under Flags of Convenience」が採択され、国際文書の作成を次期総会の課題とした（ILO [1975], p. 58)。

ILO 海事準備総会は、アメリカの分担金支払い停止措置による財源不足で 1 年遅れて、1975 年に開催されたが、焦点の国際文書の形式は条約か勧告か、PSC の範囲如何などについては総会に先送りされた。総会では、事務局提案通り文書形式は条約とすることとなり、名称は「商船における最低基準に関する条約 Convention Concerning Minimum Standards in Merchant Ships（No. 147）」として採択された[7]。PSC については、フランス政府代表の提案で、苦情にもとづき、条約の基準に合致しないすべての船舶を対象とすることになった。これに対して冷戦の最中、ソ連その他東側諸国は標的になることを恐れて、締約国船舶に限定すべきとしたが却下された。また、発展途上国は、条約の基準を満たすことは不可能であり不公正な取扱いであると主張したが、オランダ政府代表は「安全と健康」に限定されるし、劣悪な船主に処置するもので心配ないと取り成した[8]。

　いくつか指摘しておきたい。第 1 に、多国間条約的要素を含むことから、ILO 条約としては珍しく「総トン数で世界の 25％ を占める、少なくとも 10 か国」の批准という発効要件が定められた。1981 年 11 月には早くも発効したが、日本の批准は 1983 年 5 月であった。第 2 に、前節で述べたように、OECD 加盟国政府の積極的な働きかけがあり、それが功を奏したことである。第 3 に、OECD 諸国政府と船主との間には相当の開きがあったことである。OECD は、用語は便宜置籍船でよいとしたが、船主は、JMC でみられたように便宜置籍船を肯定することのできるサブスタンダード船を主張した。用語の問題とはいえその後の展開を匂わすものとなった。

(b) STCW 条約（船員の訓練及び資格証明並びに当直維持の基準に関する国際条約）

　カソウリデスによれば、この条約（International Convention on Standards of Training, Certfication and Watchkeeping for Seafarers）は IMCO と ILO の密接な協力によって成立したものであるという（Kasoulides [1988], p. 58）。1967 年のトリーキャニオン号の座礁事故以来便宜置籍船の海難が続発したが、原因の 1 つとして乗組員の能力・経験不足が指摘されていた（前述した、OECD 調査参照）。そのため 1970 年の船員の訓練に関する ILO・IMCO 合同委員会は

「船員職業訓練要綱」を作成した。1971年9月にはIMCOの海上安全委員会にSTW小委員会が設けられた。1976年12月米国北東岸で発生したアルゴ・マーチャント号の座礁事故による重油2万8千トンの流出・汚染事故は連日マスコミに報道された。アメリカは、事故原因のひどさもあって国内はもとよりIMCOにおいても規制強化に動いた（Carlisle［1981］, pp. 181-183、木畑［1978］、32頁）。そして1978年3月のアモコ・カディス号原油流出事故がとどめを刺す形で、1978年7月に条約は採択された（1984年発効）。

内容は条約の略称の通り、訓練（Training）、資格（Certificate）、当直維持（Watchkeeping）について最低基準（Standards）を定めるものである。当時の日本の水準からすると相当低いものであったが、グローバル・スタンダードが形成されたことは画期的であった。ただ、発展途上国にとっては荷が重く、種々の反対や修正がなされた。木畑公一は会議全体の特徴は南北問題であったという（［1978］、39頁以下）。

この条約の他の注目点は、PSCを導入したことおよび、非締約国の船舶も対象として「抜け駆け」を防止する「有利な取扱い非適用条項」（no more favorable treatment formula）が挿入されたことである。

(c) PSC（Port State Control）

「寄港国管轄権」、「入港国による監督」などと訳されるが、一般にはPSCまたはポート・ステート・コントロールとされることが多い。さて、ロッチデール報告が指摘するように、便宜置籍国は有効に自国船を管轄する能力も意思もないのであれば、OECDはその代替手段をみつけなければならなかった。それがPSCであったといえよう。マンニングや安全などに関する国際基準を条約として作成し、入港国の海事行政機関がそれを満たしているか否かをチェックする。拘留（detention）を含む監督権を行使すれば便宜置籍国の管轄不足を補うことができる[9]。

ただ、非締約国船舶にも適用する場合、国際法上条約の「合意は拘束する」側面（批准しなければ拘束されない）と入港国の領域主権（ここでは内水にある船舶に対する主権の行使）との間で極めて難しい問題に逢着することになる[10]。

OECD 諸国は、締約国以外の船舶にも PSC を実施し、実践を先行させたが、このことは極めて大きな意味をもっていた。1950 年代 OECD は、旗国と船舶の間に所有や乗組員などについて「真正な関係」（後述参照）が存在しない場合、その船舶の国籍を承認しなくてもよいという方法で便宜置籍船に対処しようとして失敗した苦い経験をもつ。第 4 章 3（4）参照。これに対し、PSC は、国際条約を後ろ盾として自国に固有の領域主権を行使して対応しようとするものである。

　少し横道にそれるが、前述した OECD の 1975 年「報告」は同年 6 月に海運委員会をパスするが、同年 11 月に行われた IMCO 総会では前にも触れたが「船舶規制手続」が決議される（A. 321（IX））[11]。OECD 海運委員会の勧告に沿うものといえよう。1977 年 7 月の OECD 理事会は ILO、IMCO の動きを受け、それらを全面的に実施に移すべきことを各国に勧告している[12]。

　さて、上述した実践は極めて巧妙に行われた。ILO147 号条約が成立したのを受けて、欧州 8 か国（ベルギー、デンマーク、仏国、西独、オランダ、ノルウェー、スウェーデン、英国）は、「ハーグ覚書」を作成し、北欧州から基準以下船の締め出しを図ることにした[13]。1 国だけの規制であれば、その国への商業航海を回避すればそれで済む。ところが北欧州のすべての港となれば、その海域の商権を失うに等しくその効果は極めて大きくなる。海事当局にとってみればブラックリストの作成や追跡調査も可能となる[14]。

　ハーグ覚書は 1978 年 3 月 2 日に署名されたが、2 週間後の 3 月 16 日に前に触れたアモコ・カディス号の原油流出海難が発生した。史上最悪の 22 万トンの流出油はフランス西岸を汚染し、ヨーロッパに衝撃を与えた。PSC の拡大が要請され、1980 年 12 月に、13 か国の閣僚、EC、IMO および ILO の代表がパリに会し、「パリ MOU」に合意した（署名は 1982 年 1 月、発効は 7 月）。新たに、ギリシャ・イタリア・スペイン・ポルトガル・アイルランド・フィンランドが参加したので、地中海を含むヨーロッパ全域が基準以下船排除の対象となった（Özçaylr［2004］, pp. 121-123）。

　IMCO は次々と新条約や改訂議定書を生み出していったが、忘れてならないのは 1960 年代前半にリベリアとパナマを海上安全委員会および理事会か

ら締め出していたことである。これは公海条約の「真正な関係」にかかる「不承認条項」の削除と関連するが、両国の不在は IMCO の活動に大きな影響を与えたであろう。第 4 章 2、4 章 6 参照。

3　南北問題としての便宜置籍船の浮上

(1) 南北問題と UNCTAD (国連貿易開発会議)

　「南北問題 (North-South Problem)」という用語は、1959 年オリヴァー・フランクス (ロイズ銀行会長) が講演で述べたことに由来する (室井 [1997]、4 頁)。彼は、「以前には、東西間の緊張という問題が支配的であった。現在、われわれは、同様に重要な『南北問題』に直面している」とし、発展途上国の資本不足は彼等の貯蓄では不十分であり、「自由社会において (傍点——筆者) 開発する機会を得」るために西側の援助とそのための会議機関の設置を強調した (中村 [1960]、85 頁以下)。背景は複雑であるが、AA (バンドン) 会議 (1955 年)、スエズ運河国有化 (1956 年)、キューバ革命 (1959 年)、OPEC 結成 (1960 年)、アフリカの年 (同年) などの大波が地球を一周したことに見出される。フランクスの発言以降もキューバ危機 (1962 年) にみられるように冷戦は継続し、東西両陣営は援助を梃子に第 3 世界の取り込みに躍起になっていた。このことも南北問題が国際的な政治問題となった要因の 1 つである。

　一方、第 3 世界は、植民地からの独立が自立を意味しないことをすぐに知らされる。モノカルチャー経済 (構造) が経済的自立を妨げていたが、それは植民地体制の遺産であった。非同盟諸国は、1962 年のカイロ宣言において南北問題に関する国連主催の国際会議を要求した。モノカルチャー経済と「比較優位の原理」という貿易理論は密接不可分であった。そのため、1964 年に開催された UNCTAD (United Nations Conference on Trade and Development) で南側は、GATT その他の諸機構も統合する国際貿易機関の設立を求めた。しかし、IMF・GATT 体制の厚い壁に阻まれ、同会議を国連総会の南北問題を扱う直属機関とし、4 年に一度の総会、理事会 (Trade and Development

Board）と常設の事務局および独立の予算を有することで妥協が図られた。

　理事会メンバーは、会議の性格上経済的な地域割りで選出された。Ａグループ（アジア・アフリカ）、Ｂグループ（先進国）、Ｃグループ（ラテンアメリカ）、Ｄグループ（ソ連・東欧）である（後年加盟の中国は独立）。委員会や総会などでの交渉や議論は、このグループごとに行われた（実態は海事新聞、1981年10月10日の2面に詳しい）。発展途上国は、ＡグループとＣグループが一体となり77か国として統一行動をとることになる（以下G77と略称する）。その後発展途上国は100か国を超える大所帯となるがそのままG77と呼ばれ続けた。また、理事会の補助機関として当初、1次産品委員会、製品委員会、貿易外取引・融資委員会の3つが設けられた。たとえば総会前に会合をもち意見の統一を図りアルジェ憲章などとして世界に情報発信した。

(2) 海運委員会の創設と初期の活動

　海運問題は、上記の第3委員会で扱われることになっていたが、最初の総会で問題となり、専門委員会の創設が勧告された。1965年の理事会は、「貿易における海運の重要性および発展途上国の国際収支に留意し」海運委員会（略称：C.4）の設立を決定した（海事産業研究所［1973］、120頁）。Ｂグループはこの委員会などに対応するためOECDの海運委員会やCSG（Consultative Shipping Group, 先進国海運担当官会議、日本と欧州13国）が準備に当たった（同上、86頁）。

　このように海運委員会の設立は遅れたが、第1回総会に出席した山縣勝見によれば、「常にその基調をなしたのは、……商船隊の創設と国旗差別の問題であった」（［1965］、13頁）。発展途上国は、自国海運は幼稚産業であり貨物留保等の保護は国旗差別に該当しないと主張した。

　第2回総会を前にした1967年10月 G77は「アルジェ憲章」（Charter of Algiers）を宣言するが、そこでは「発展途上国は輸出入貨物の公正なシェアを留保する権利を有する」、このことをすべての国が認識すべきであると迫っていた（UNCTAD［1967］, p. 19）。しかし、総会では、他の案件もあり、この提案に「海運委員会が注意することを勧告する」（寺島［1968］、18頁）

に止まり先送りされた[15]。

アルジェ憲章では、海運同盟への「先進国船主と対等（equal footing）に参加する権利」（Ibid., p. 18）も謳われたが、これも総会では、各国政府は自国が関連する海運同盟にその趣旨を勧告するに留められた。ただ、この定期船同盟問題はその後急展開を重ね、第3回サンチャゴ総会ではコード条約を作成することが強行採決された。そして1974年の国連総会で「定期船同盟行動憲章条約（Convention on a Code of Conduct for Liner Conferences）」として採択された。国際航空のバミューダ協定が強く意識された。主な内容は、①実効支配の下にあるナショナルライン、②シェアルールは50：50（第3国船社がある場合40：40：20）、③このシェアは船社が1国に2社あっても1国単位などがある。結論を先取りしていえば、UNCTADの歴史において発展途上国が勝ち取った最大の成果となった。詳しくは武城［2002］、31頁以下参照。

(3) 便宜置籍船の規制に端緒を開いたB（先進国）グループ

UNCTADで最初に便宜置籍船問題が取り上げられたのは、第6回海運委員会（1974年）である。同年4月の国連特別総会ではNIEO（新国際経済秩序）と定期船コード条約が採択され、UNCTADは新たな段階を迎えていた。それに備えるため事務局は前年の10月に本委員会向けの報告書「海運における経済協力」を作成していた（UNCTAD［1973］）。報告は国際協力が可能である分野として6項目を提案していた。その1つが「国際海運関係における公私法的側面」である。過去の国際条約等の改訂と新たな分野の検討を挙げていたが、後者では「真正な関係」が例示されていた。

第6回海運委員会において6項目提案の優先順位を決めることになった。G77は船舶融資と技術・財政援助問題を優先項目とした（UNCTAD［1974］, p. 9）。先進国はなかなかコンセンサスを得られなかったが、結局、外国船の入港（access）と入港中の取扱い、技術・財政援助、「真正な関係」の順とした（船協年報［1974］、43頁）。最終決定はコンタクト・グループに委ねられた結果、第1順位として、(a) 入港中の外国船の取扱い、(b) 海運と港湾における技術・経済援助、第2順位として、海運政策を調和させる観点から

「真正関係の存否が国際海運に与える経済的影響」[16]、第3順位として「海運の振興 Promotion of shipping」を検討課題とすることが異議なく決議された[17]。

話は少し先にとぶが、強行採決がされた1981年の海運委員会第3回特別会合において、G77の代表は、便宜置籍船の問題は一般にG77とUNCTAD事務局が提起したように受け取られているが、Bグループからの提案だと指摘した（UNCTAD［1981b］, p. 3）。確かに、上述した先進国の提案というのは驚きではある。ただ、前章で述べたように、OECDの活動、とりわけ各方面への働きかけを思えば自然の成行きといえよう[18]。

(4) 便宜置籍船に関する事務局の包括的報告

上述した経緯をへて第8回海運委員会（1977年3月）に提出された『真正関係存否の経済的影響』と題する報告書（UNCTAD［1977］）は、便宜置籍船に関する包括的かつ歴史的な文書であるので、その内容をみておきたい。第1章：背景、第2章：真正な関係の法的側面、第3章：便宜置籍船の発展（統計分析）、第4章：経済的考察[19]、第5章：真正関係の存否が国際海運に与える影響、第6章：結論と勧告である。

ここでは第5章に限定して注目点を記しておく。第1に、便宜置籍船は船籍国（host country）の国民経済の埒外にあり同国の経済発展に寄与していないとする。第1章でみたごとく、登録料、年間課徴金（annual fee）などの収入は便宜船籍国の国家の歳入とされているが、巨額な運賃収入や便宜置籍船への外国資本の投下は国際収支として取扱われていない（Ibid., par. 207-211, 196, 223）[20]。便宜船籍国は発展途上国であるのに、便宜置籍船がその発展に直接寄与していないことは繰り返し想起されるべきであろう。多国籍企業論の視点からも考えさせられる。便宜船籍国にある船舶所有法人は現地で何等経済活動をしていないことになるからである。報告書も若干の指摘はしている（Ibid., par.95）。

第2に、真正関係が存在する国と異なり、便宜船籍国は、自国籍乗組船員の教育訓練を行ってないに等しいとする。社会保障についても同様で、それ

等に関する費用は、結局、真正関係が存在する国・国民の負担となる（Ibid., par.213-214）。

　第3に、発展途上国海運の開発を阻害しているとする。先進国の船員コストは上昇しているので、低コスト船員を提供できる発展途上国海運は発展してもよさそうであるのに、便宜置籍船は低い労働コストに加え低い資本コスト、非課税などで競争力が付加されている。便宜船籍国以外の発展途上国船隊のシェアは7％であるのに、便宜船籍国のそれは31％であるところによく示されているとする（Ibid., par.201, 205, 229）。

　第4に、便宜船籍制度は先進国から発展途上国への海運投資を制限しているとする。発展途上国へ海運投資をするよりも便宜置籍船へ投資した方が有利なので、発展途上国との合弁企業が育たない（Ibid., par.203）。

　第5に、便宜置籍船が増加したとはいえ、日本を除いて伝統的海運国の貿易においては依然として自国籍船が支配的な役割を果たしているともする（Ibid., par.153, 159-166, 180, 202）。

　第6に、種々の税制が便宜置籍船の拡大を促進させているとする。たとえば便宜置籍船から生じた利益が本国送金時にのみ課税される場合や、タックスヘイブン税制が存在しても海運に再び投資すれば課税対象とならない場合（1976年米国）などである。便宜置籍船に新造船が多い理由の1つといえる（Ibid., par.172, 181, 188-194）。

　第7に、伝統的海運国は種々の便宜置籍船対応策を（自国船に対する優遇策と流出規制）を採用してきたが、それも財政上あるいは他の産業との関係で限界を迎えつつあるとする。一部の国は資本流出、租税収入の喪失に悩まされ、北欧諸国、日本、フランスの船主は規制緩和を要求している（Ibid., par.181-185, 230）。

　第8に、公海条約が明らかにしなかった「真正な関係」について、「有効な管轄権の行使と規制の前提（pre-requirement）」として5つの要素を提示する（Ibid., par.218）。

　①船舶又は所有会社の相当部分は自国民あるいは旗国自身によって所有されるべきである（多国籍企業は別途考慮）。

②受益船主の営業と管理の主たる場所（principal place）は旗国内に限るべきである。
③受益船主の主たる役員は旗国民であるべきである。
④受益船主の財務上の監督（financial control）と利益に対する課税は旗国政府によってなされるべきである。
⑤旗国（政府）は、乗組員の資格や雇用条件だけでなく、船舶に関する基準（standards）も全面的に受け入れ、かつ、それを実施（carry out）しなくてはならない。

これらは後年「経済的な真正な関係 economic genuine link」として論議されることになるが、そのベースがここにあるといえる。

最後に、便宜置籍船は発展途上国（便宜船籍国以外の）およびかなりの（certain）先進国双方にとって有害（harmful）であると結論する（Ibid., par.229-230）。

以上やや詳しく検討したが、このレポートのもつ意義は学問的にみても大きいといえる。たとえばしばしば引用されるロッチデール基準（features common to flags of convenience）よりははるかに包括的である。その最大の貢献は、南北問題にふさわしく発展途上国の国民経済と便宜置籍船の関係を論じたところにあろう。真正関係の存否は海運が国民経済とつながり（economic ties）を有しているか否かを示すものにほかならない（Ibid., par.223）。

(5) 1つのピークとしての政府間特別作業部会

「真正な関係」にかかる事務局の報告書は第8回海運委員会（1977年4月）に提出されたが、11日間の会期の第2週目に提出されたため（また、次期総会も迫っていることもあり）時間が足りず、改めて政府間特別作業部会（Ad hoc Intergovernmental Working Group）を設け、そこで討議することになった（船協月報1977年6月号、8頁以下）。政府間特別作業部会は1978年2月に開催された。事前に各グループ、各国からの回答があった。注目されるのはOECDからの報告である。同報告は本章2で述べた経緯を明らかにしたうえ、便宜置籍船について、①不公正競争の危険性、②不適切な安全基準と実効性

を欠く執行による海事社会に対する脅威を再び指摘した[21]。

会議はスムーズに5日間で終了し、満場一致（Unanimously）で次の決議を採択した（UNCTAD［1978b］, Annex）。(a) 便宜置籍船の拡大は、発展途上国だけでなく置籍国を除くすべての国（which do not open-registry facilities）の商船隊の開発と競争力に有害であった（has adversely affected）。(b) 真正な関係の存在を立証しようとする場合、次の要素は通常密接に関連している（normally relevant）。①商船隊が自国の国民経済に貢献していること。②船舶の売買はもとより、海運収支も国際収支勘定で処理されていること。③自国籍船に自国民が雇用されていること。④船舶の受益権（が船籍国に帰属していること）。以下省略。

この決議にみられるように、発展途上国と先進国は便宜置籍船についてほぼ共通の認識を有することになった。後年の対立からは考えられない事態である。

(6) アルーシャ宣言とマニラ第5回総会

「第2次国連開発の10年」における計画では、70年代末における発展途上国の商船隊を世界の10％と設定したが、表5-1にみるごとく、1970年代に入り減少傾向にあった。そこで第8回海運委員会は、バルク・リキッド部門における発展途上国船隊の競争力を増大させるための指針を作成するよう事務局に要請した。第18回貿易開発理事会（1978年9月）はこれを第5回マニラ総会の仮議題を決定するとともに、事務総長に総会向けの報告書を送付するよう要請した。こうして作成されたものが12月18日付けの『商船隊開発 Merchant Fleet Development』（UNCTAD［1978c］）である。

アルーシャ宣言に直結しているのでやや詳しく述べることにする。報告書は、発展途上国の商船隊を拡充するために大きく2つの側面から論じている。1つは、バルク輸送の3分の1以上、石油にあっては90％が発展途上国発であるのに、輸送船隊は6％しかないとし次のように述べる（Ibid., par.1, 47-62、以下 Ibid. 省略）。1974年に採択されたNIEO（新国際経済秩序）によればこれ等は「資源」と考えられるので、発展途上国はより多くの参加を要求しう

る正当な根拠（valid grounds）を有している（par. 6）。しかも、上記輸送の多くは資源国と特定輸入国を往復するレギュラー輸送であり（par. 39, 63-65）、定期船のように膨大な集荷活動を必要とせず、専門的知識も少なくてすむので、発展途上国にも十分運航能力がある（par. 35, 42）。

　2つは、伝統的海運よりも発展途上国海運の方がより経済的に運航できるとする（par.6）。ほとんどの伝統的海運国は、安全と防衛および船上のコミュニティ維持のため、自国船への外国人船員の乗組みを制限・禁止している（par.17）。そのため先進国海運は船員費の上昇に苦しめられ、便宜置籍船に活路を求めざるを得なくなっている（par. 4, 15-16）。したがって、本来であれば、発展途上国海運の参加はもっと多いであろうし、先進国海運資本は多くの合弁船社を発展途上国に設立したであろう（par. 18-20, 42-44）。

　「海運分野における発展途上国の衡平な参加を促進する（increasing and equitable participation）ためにあらゆる努力が必要」と述べている新国際経済秩序樹立に関する行動計画を実施するため、報告書は以下の「政策提言」を表明する（par. 76）。

①自国発のバルク・カーゴの輸送に発展途上国が衡平に参加する権利を承認すること。

②真正関係の経済的要素（the economic element of the genuine link）に関する原則について合意すること。

③新たな便宜船籍国の発生を防ぐとともに便宜置籍船の運航を段階的に廃止する措置を採ること。以下省略。

　UNCTAD事務局は発展途上国のための事務局だと揶揄されていたが、G77はこの報告を総会向けの「アルーシャ宣言」（1979年2月）に盛り込んだ[22]。バルク・カーゴ輸送の衡平なシェア（equitable share）については、さらに具体化され、恒常的輸送（regular bulk cargo movement）は関係2国間のナショナルラインによるものとし、2国間協定あるいは商務協定をもって実施するとされた。便宜置籍船について同宣言は、段階的に廃止すべしとする国（大臣）が多いとし、事務局に対し、その場合の発展途上国経済および世界海運への影響、段階的廃止と発展途上国海運の同時的発展の方途、それに向けた

第 5 章　南北問題に転移した便宜船籍制度とその混迷

現実的な法的メカニズムなどの調査研究を要望した（par. 5）。

　さて、UNCTAD 第 5 回総会は、1979 年 5 〜 6 月にマニラで開かれた。海運関係は第 5 協議グループで扱われた。議長はブルガリアの D・ポポブ、G77 のコーディネーターは後に注目の人となる L・ファディカ（Fadika、象牙海岸）であった。議題は「定期船コード条約の批准促進」と「発展途上国の世界海運への参加と商船隊開発」の 2 つであった。焦点の後者は、①バルク輸送のトレードシェア、②便宜置籍船、③援助・技術協力の 3 つに分かれて討議された。

　バルク輸送をめぐるトレードシェアが最大の問題で、激しい議論が南北間で展開された。後に詳述するように、伝統的海運国を中心とする先進国グループにとってそう簡単に譲れる問題ではなかった。一方、発展途上国にしてみれば、前述したように衡平なシェアは NIEO を実践するための当然の権利と意識されていた。結局、発展途上国は数を頼みに強行採決に打って出た。賛成 81（G77 と中国）、反対 23、棄権 9（D グループ）をもって決議 120（V）は成立した。決議は上記①と②が一本化されたため、先進国は反対に回ったが、便宜置籍船については一定のコンセンサスが得られていた。FOC に関する決議の要点は次の通り。UNCTAD 事務局は他の関係機関と協議し、①便宜置籍船の運航を排除した場合の発展途上国経済、世界海運への影響および発展途上国の商船隊整備に対する有効性、②段階的排除（phase out）のための法的メカニズムの可能性の調査を行う（その結果を待って政府間会議）。このように流れとしては「廃止決議」であるが、厳密には「調査」であり 1981 年の海運特別委員会まで先送りされたことになる[23]。他の決議はアルーシャ宣言とはほとんど同じなので省略する。

　結局、定期船のトレードシェアの次は、バルク輸送のそれとなった。伝統的海運国が譲れないと考えてきた一線を越えることになるわけで、戦略的にみて最良の選択であったかどうかは疑問が残るところである。とまれ、国際海運は大時化に突入してゆくことになる。

4 便宜置籍船に乗組む船員のアジア・シフト

(1) 群を抜く台湾、フィリピン、韓国船員

　たとえば、日本船にどの国の船員が乗船しているかは行政当局による雇入・雇止めの公認を通して知ることはできる。逆に、日本人がどの国の船舶に乗船しているかを調査することは、特殊な場合を除いて不可能である。UNCTAD もある報告で、不思議な現象だと述べているが、これが現実であった。このような環境の中で、**表5-2**は極めて貴重な資料といえる[24]。同表はリベリア船の乗組員を国別にみたものである。リベリアは、1978年2,523隻、8,000万総トンを擁し、世界シェアは約20％で世界第1位であったが、すでにこの時点でアジア船員が56％を占めていたというのは驚きというほかはない。1950年代においては便宜置籍船船員のほとんどはギリシャ・イタリアを中心とした欧州船員であり（第4章2（1）参照）、約20年間でアジアシフトが顕著になったといえる。なかでも台湾・比国・韓国は群を抜いておりこの3か国だけで実に46.1％を占める。さらに台湾はリベリア船の乗組員の4分の1を占め最大の供給国になっている。

　ただ、アジア船員が欧州船員の職場を次々と奪っていったとするのは早計である（それは1980年代半ばからと思われる）。アジア船員の増加は明らかであるが、要因は**表5-3**にみるごとく、日本をはじめアジアの受益船主が増大したことにあるとみるべきであろう。もちろん欧州の伝統的海運国にとって脅威に感ぜられたことは明らかである。なお、データ上の問題については後に検討する。

　職員・部員別でみると、さすがに先進国の相対的優位は崩れていないことが分かる。EIU（Economist Intelligence Unit Ltd.）は、便宜置籍船の船員は低開発国出身者に限らない、すなわち船主は低コスト船員を求めているわけではないと指摘する（EIU［1979］, p. 22）が、歴史的にみれば低コスト船員への流れは明らかといえる。6年後にはフィリピン船員が第1位を占めるとともに、先進国船員の割合は38％から34％に4ポイント低下する。低コスト船

表 5-2　リベリア船に乗組む船員の国籍とその員数

国・地域	1978年 職員	部員	計	%	1984年 職部計	%
アジア（除く日本）						
台湾	6,695	14,911	21,606	25.6%	17,000	17.8%
フィリピン	2,280	8,256	10,536	12.5%	17,160	17.9%
韓国	1,932	4,841	6,773	8.0%	14,557	15.2%
インド	675	3,197	3,872	4.6%	5,843	6.1%
インドネシア	189	1,494	1,683	2.0%	1,112	1.2%
パキスタン	200	650	850	1.0%	593	0.6%
ビルマ	98	477	575	0.7%	795	0.8%
その他	395	1,823	2,218	2.6%	1,942	2.0%
小計	12,464	35,649	48,113	57.0%	59,002	61.7%
欧州・カナダ・日本						
ギリシャ	3,380	5,472	8,852	10.5%	3,423	3.6%
イタリア	2,217	5,316	7,533	8.9%	7,536	7.9%
スペイン	1,400	4,325	5,725	6.8%	3,638	3.8%
イギリス	1,485	1,968	3,453	4.1%	3,385	3.5%
日本	669	1,242	1,911	2.3%	7,159	7.5%
ポルトガル	9	1,058	1,067	1.3%	1,280	1.3%
ノルウェー	708	332	1,040	1.2%	1,457	1.5%
西ドイツ	576	315	891	1.1%	1,287	1.3%
オランダ	374	281	655	0.8%	1,519	1.6%
デンマーク	248	197	445	0.5%	560	0.6%
スウェーデン	132	27	159	0.2%	439	0.5%
その他	186	392	578	0.7%	919	1.0%
小計	11,384	20,925	32,309	38.3%	32,602	34.1%
中南米	154	1,875	2,029	2.4%	1,539	1.6%
アフリカ	21	432	453	0.5%	352	0.4%
東欧	705	827	1,532	1.8%	1,726	1.8%
その他[1]	232	1,068	1,300	1.5%	397	0.4%
合計	24,960	59,708	84,436	100.0%	95,618	100.0%

出所：EIU［1979］, pp.22-23, Tolofari［1989］, p.40.
注1）EIUの表に記されていないが、本文と照合し導いた。

表5-3 便宜置籍船の受益船主国とその商船隊（1980年）

(単位：100万 D/W)

国・地域	便宜置籍船 隻	(D/W)	%	自国籍船[1] (D/W)	商船隊 (D/W)	%[2]
アメリカ[3]	888	64.5	29.7	22.2	86.7	74.4
香港	999	42.9	19.7	2.7	45.6	94.1
ギリシャ	851	28.6	13.1	67.0	95.6	29.9
日本	925	23.3	10.7	67.3	90.6	25.7
西独	423	7.2	3.3	13.3	20.5	35.1
ノルウェー	172	6.2	2.9	38.9	45.1	13.7
台湾[4]	287	5.2	2.4	3.3	8.5	61.2
シンガポール	409	4.0	1.9	12.5	16.5	24.2
スイス	115	3.8	1.8	0.5	4.3	88.4
英国	138	3.5	1.6	43.8	47.3	7.4
オランダ	131	2.8	1.3	9.0	11.8	23.7
イタリア	109	2.6	1.2	18.0	20.6	12.6
カナダ	68	2.6	1.2	1.0	3.6	72.2
イスラエル	53	2.5	1.1	0.6	3.1	80.6
中国	101	1.6	0.8	10.2	11.8	13.6
モナコ	38	1.6	0.7	0.05	1.65	97.0
フランス	48	1.4	0.7	20.9	22.3	6.3
インドネシア	75	1.2	0.5	1.9	3.1	38.7
0.5％以下	903	10.3	4.7			
不明	258	1.5	0.7			
計	6,991	217.5	100.0			

出所：*RMT* [1980], p.10.
注1）100総トン以上の鋼船で、内航船、漁船、客船等を含むので注意する必要がある。
　2）自国商船隊に占める便宜置籍船の割合を示す。
　3）予備船隊、5大湖船は含まない。
　4）Unspecifiedと処理されているが台湾を指す。*MT* [1978], p.85.

表5-4 ドライカーゴ船にみる各国船員の月額賃金総額（1987年3月）

(単位：USドル)

	フィリピン	台湾	韓国	香港	中国	インド
賃金総額	14,895	19,624	19,075	19,930	17,226	22,617
船員数	25名	23名	22名	25名	24名	25名

出所：海運振興会 [1987]、7頁。
注1）船員数は相対的に少なくてすむドライカーゴ船にそれぞれの国の船員がフル配乗した場合である。
　2）諸手当は国によって異なるが「相互比較のデータとして十分使用に耐えうるものである」としている。

員といえば、中南米船員の少なさが目を引く[25]。

表5-4は、10年後の1987年頃の賃金データであるが、参考に供しておきたい。フィリピン船員のコスト競争力は際立っている。

(2) 船員供給国としてのフィリピン

BIMCO/ISFが依頼した英国ウォリック大学の調査によれば、1990年フィリピン人船員は19万人で、国内需要の多い第2位中国10.6万人を大きく引き離していた（BIMCO/ISF［1990］, p.18）。その後圧倒的存在となるわけであるが、それほど長い歴史をフィリピン人船員が有していたわけではない。マルコス政権時代に築かれた「マンパワー輸出政策」によるところ大である。

米国がいつフィリピンを植民地としたかは比米戦争もあり簡単ではないが、米西戦争が終結した1898年としておく。日本軍による占領を捨象すると、1946年の独立まで約半世紀の間フィリピンは米国の支配下で過ごしたことになる。「スペインはカトリックをアメリカは学校制度と英語教育を残した」といわれるが、海外雇用と大きく関係する。

戦後フィリピンは、米国の援助や日本の賠償等で工業化を進め年5%以上の成長を続けてきた。そのため東南アジアのトップランナーと呼ばれたりもした。しかし、その成果は国民1人1人にまで行き渡ったわけではない。人口増加圧力がすさまじく（1950年：2,000万人、1970年：3700万人）、1人当たりGDPでは2%程度の成長に止まった。

1965年にマルコスは政権につく。「輸入代替工業化から輸出指向工業化への転化」は成功から遠く、失業者を吸収することはできなかった。累積債務とインフレに悩まされる中、外貨獲得を大きな目的として労働力輸出政策に転ずることになる（戒厳令：1972年）[26]。

1974年マルコスは大統領令第442号（Labor Code）を発し、海外雇用開発委員会（OEDB）、雇用サービス局（BES、民間業者の監督）、NSB（国立船員雇用局、National Seamen Board）の3機関を設立し、本格的に海外雇用に乗り出していった[27]。当初、民間業者を徐々に排除し政府自ら斡旋業務を行う予定であったが、期限の1978年には逆に民間業者を育成する方針に転換す

表 5-5 フィリピンにおける海外労働契約者数の推移

	船員	陸上労働者	計
1975	23,534	12,501	36,035
76	28,614	19,221	47,835
77	33,699	36,676	70,375
78	37,280	50,961	88,241
79	44,818	92,519	137,337
1980	57,196	157,394	214,590
81	55,307	210,936	266,243
82	64,169	250,115	314,284
83	53,944	380,263	434,207
84	54,016	371,065	425,081
1985	51,446	337,754	389,200

出所: *Philippine Statistical Yearbook 1988*.

ることになる[28]。その後上記3機関は1982年に設立されたPOEA(フィリピン海外雇用庁、Philippine Overseas Employment Administration)に統合された。

さて、外国船乗組み船員数の推移は**表5-5**のごとくである。国民経済の停滞に伴うドルベースでの安い賃金、英会話能力、キリスト教(非イスラム教)や国民性は、国際船員市場で大いに受け、5年で倍増するほどであった[29]。同表の船籍別乗組員数(1982年)をみると、パナマ:21,901名(34%)、リベリア:11,018名(17%)、シンガポール:5,018名(8%)、ギリシャ:4,075名(6%)、サウジアラビア:3,491名(5%)、フィリピン:2,162名(3%)、日本:1,925名(3%)、キプロス:1,617名(3%)、その他:12,962名(20%)、合計64,169名であった(Mier [1989], p. 195)。自国船(比国船)が計上されているが、外航船が規制対象になっているためである。したがって本書の立場からはその数を減じなければならないが、触れないことにする。他の統計についても同様なことがいえる。

数を減ずる必要性では乗船期間も関係する。日本海運振興会の1985年調査によると乗船期間は原則12か月である(同[1987]、4頁)が、1992年頃になると部員(セイラー)は10〜12か月、船舶職員は3〜6か月間へと相当短縮されていたと、POEAマーケティング課の職員は報告している(Sienes & Banawis [1993], p. 99)。乗船期間が短ければ年2回ほど契約を結ぶわけで、

第 5 章　南北問題に転移した便宜船籍制度とその混迷

ある時点における乗組み船員は相当減ぜられなくてはならないことになる。

マンパワー輸出は外貨獲得と直結している。そのため海外労働者は本国への送金を法律で強制されていた。職種により異なるが、船員は基本給の70％送金しなくてはならなかった[30]。1983年の海外雇用者全体からの送金額は9.4億ドルで、電子部品他の10.5億ドルに次ぎ第2位であった（寺田[1991]、87頁）。上記のうち船員送金分は2.8億ドル（30％）を占めていた（海運振興会［1987］、38頁）。以上はいわゆる正規送金額であり、実際にはその2～3倍に当たる外貨流入があるといわれている。

(3) 台湾と韓国の外国船乗組船員

(a) 台湾船員

台湾船主が実質的に所有する便宜置籍船は**表5-6**にみるごとくである。表5-3によれば、アジアでは香港・日本に次ぐ。その背景には台湾の政治経済があるが、国連からの追放が大きな要因となっている。台湾でも計画造船が行われたが、特異なのは自国造船業の育成が思うにまかせず日本で造られたことである。日本への発注は日本輸出入銀行の延払い融資を受けるためであるが、国連からの追放で対象国から外されてしまった。さらに外省人、

表5-6　台湾の便宜置籍船と外国船乗組員数の推移

年	便宜置籍船 隻	便宜置籍船 千D/W	外国船配乗隻数	外国船乗組員数 職員	外国船乗組員数 部員	外国船乗組員数 計	自国船乗組員数
1975			594	6,890	11,226	18,116	5,151
78	203	3,330					
1980	287	5,239	841	6,932	11,837	18,769	5,270
81	283	5,927	819	7,035	10,931	17,966	4,842
82	284	6,486	819	6,723	10,346	17,069	5,070
83	267	6,652	773	6,139	8,550	14,689	4,468
84	233	5,675	642	5,250	6,946	12,196	4,711
1985	1)		427	4,227	5,385	9,612	
1987	133	2,503					
1990	162	3,800					

出所：UNCTAD資料、日本海運振興会［1987］、45頁（原典は交通部・外傭会）。
注1）1985年と86年は本文で述べる南北対立でデータが欠けている。

本省人間の資金調達方法その他の「差別」問題などがあり、便宜置籍船に向かう船主が出現することになる。その代表がエバーグリーン社である。なお、1982年をピークに減少に向かうのは、便宜置船から台湾籍への転籍政策による[31]。

台湾船員の養成は古くから行われてきた。それはやがて労働力輸出政策に転化してゆくことになるが、船員監督と保護は外傭会（マンニング業界などを含む海運界、船長公会、海員総工会の共同組織）を通して行われた。外国船乗組員数は表5-6に示される。日本海運振興会の調査によれば、外国船は主に便宜置籍船でパナマ船：40～50％、リベリア船：35～40％を占めるという。たとえば、両船籍で80％とすれば、1980年1.5万人が乗組んでいたことになる[32]。

台湾船員の特徴は、フィリピン船員に比べ船舶職員の割合が高いこと、1980年代に入り減少に転ずることである。韓国、フィリピン船員の台頭と台湾経済の発展がドルベース賃金を大幅に上昇させ、競争力を失いつつあったことが窺える。技術に依存する船舶職員はそれでも比較的長く乗船できた。

さて、話をリベリア船（表5-2）に戻そう。以上の考察からすると、リベリア船に2万人の台湾船員が乗船していたというのは説明がつかないことになる。あるいは、ある年に1月から12月までずっと乗船しない限り、2人あるいは3人と数えているのかも知れない[33]。

(b) 韓国船員

韓国海運の発展は船員に負うところ大である。日本の植民地時代の船舶職員と日本船での乗組経験はベテラン船員を擁することになったし、戦争直後から船舶職員の養成を開始している。しかも、日本と異なり彼等が船社を設立していった[34]。さらに、韓国特有の船舶調達方法であるBBC/PO[35]やウェーバー制度（自国貨自国船主義）の利用により、1980年には、530隻、500万総トンを有するまでに成長した。なお、財閥系船社の参入は重化学工業化宣言（1973年）以降である。

韓国では多数の船員が養成されてきたが、1960年代半ばまでは、就職難であった。BBC/POがそれを解消し、外国船への就労が魅力的なものとなっ

表 5-7　韓国の海外就業船員数と送金額の推移

(単位：100万ドル)

年	船員数	送金額
1970	3,437	7
1975	10,128	48
1980	20,885	167
81	24,850	255
82	30,416	298
83	31,194	338
84	34,417	373
1985	37,196	406
1990	33,230	535
1995	11,776	399
1997	7,322	354

出所：KMI［1989］,［1998］より作成。
注1）ピークは、1987年で42,671人、469百万ドルであった。

ていった。**表 5-7** 参照。ただし、外国船といっても日本船社が支配する日本船（マルシップ）と便宜置籍船であったといっても過言でない[36]。すなわち、便宜置籍船乗組員のアジアシフトといっても、台湾と同様に欧米船主のそれに乗船していった船員は限られていたといえよう。

最後に香港について触れておこう。ロイズ統計や UNCTAD（*RMT*［1980］, pp. 9-10）によれば、1980年の香港籍船187隻、受益便宜置籍船999隻、管理便宜置籍船1,215隻であった。香港船員に対する需要はさぞかし大きかったと思われるが、実際は18,167名が乗船していたにすぎない。前述した「減数」も考慮するなら香港籍船、管理便宜置籍船の乗組員の半数に満たない船員が乗船していたにすぎないと思われる。なお、NICS の一員としての成長に伴って1970年代半ば以降年々1,000名前後が外国人船員に代替され、減少していったことを指摘しておきたい[37]。

以上を要約するなら、第1に、1970年代に便宜置籍船乗組員のアジア・シフトが生起したこと、第2に、欧州船員からアジア船員への単純なシフトではなく、日本やアジア NICS による便宜置籍船化が背景にあることを指摘

できるであろう。

5　船舶登録要件条約（1986）と G77 の挫折

(1)　バルク輸送のトレード・シェアをめぐる対立

　すでに触れたように、発展途上国発の輸送とりわけバルク輸送への衡平な参加を各国に要請するマニラ総会決議は、先進国にとっては受け入れ難いものであった[38]。貿易当事国間で基本的にその輸送を分け合うことは、自国船優先・貨物留保・国旗差別にほかならない。OECD は、OEEC の時代から「海運自由の原則」を海運政策の根幹に据えてきたが、これに衝突することになる。OEEC は 1957 年に海運自由の原則を貿易外の経常取引の自由化コード（Code of Liberalization of Current invisible operation）に明文化するが、OECD に引き継がれた[39]。OECD がこの原則を後生大事に護ろうとするのは、もとより海運市場を可能な限り広範囲なものにするとともに、そこで支配的な地位を確保しようとするためである。発展途上国の要求は市場の細分化であり、先進国海運はそこから締め出されることも考えられた。

　さて、第 1 次石油危機に伴って生じた米国主導の経済体制のゆらぎに対処すべく、先進国は 1975 年にサミットを設け OPEC と鋭く対立し始めた。これと同じように、B グループはトレード・シェア問題を譲れない一線として対処しようとした。発展途上国は虎の尾を踏んでしまったのかもしれない。

　マニラ総会の決議は翌年 9 月の第 9 回海運委員会で扱われた。そこで発展途上国は、議論の流れから外れた形ではあるが、「当事国に 50％のシェアが与えられるべき」との決議案を出したが、取り下げざるを得なかった。同委員会の結論は、参入障壁の有無を中心にこの問題を専門家会合に委ねるというものであった。その意義は UNCTAD 事務局を排除するところにあったが、情報の非対象性などから結論は初めから明らかであった[40]。

　専門家会合における第 10 回海運委員会（1982 年）宛ての勧告は、表向きの文言はともかく、全会一致で参入障壁はないとした。ドライバルクの次にはウェット・バルク（石油）輸送について専門家会合がもたれた[41]。G77 が

比較的穏やかに引き下がった理由の 1 つとして定期船のように条約化されなくても、必要とあらば一国単位の自国船優先政策で、あるいは 2 国間協定を締結して一定の目的を達成することができたことを指摘できるであろう。現に盛んに行われ、OECD は繰り返し非難していた[42]。

付言するなら、まず、議論の立て方として参入障壁の存否を問うたのは疑問が残る。たとえば、1979 年日本船社が所有あるいは運航する船舶によるバルクを中心とする輸入貨物の積取り比率は 73％であった（運輸省海運局［1980］、13 頁）。すなわち、日本関係航路に他国が自由に参入することは事実上困難であることが示されているといえよう[43]。しかし、この数値をもって参入障壁があると断ずるのは難しい。UNCTAD は結果・実態を重視する。たとえば、国連開発の 10 年等が示した 1970 年代末 10％、1980 年代末 20％（世界船腹に占める発展途上国船隊の割合）の目標設定もこのことの反映である。別の指標を設定していれば議論は異なったのではなかろうか。

(2) B（先進国）グループの便宜置籍船擁護への転換

やや前後するがマニラ総会の決議を受けて、第 2 回政府間作業部会が 1980 年 1 月に開かれた。バルク輸送のシェアリング問題では強硬な態度を取った B グループではあったが、引き続き議論には参加した。会議は、事務局提案[44]を参考に法制度の創設を決定すべきとする G77 と、検討すべき事項が多々あるとする B グループとの対立が解けず、両論併記の決議案を次回の海運委員会に提出することになった[45]。このような曖昧な結論は B グループ内の足並の乱れから生じていた。荒井（［1980］、23 頁）は「B グループ内の論議において明らかになったのは、便宜置籍船の排除反対について強い立場をとる国はわが国のほか米、英、ギリシャなど非常に少数であったことである。」とする（船協月報 1981 年 7 月号 33 頁も参照）。

両案を受けた第 9 回海運委員会（1980 年 9 月）はバルク輸送のシェアリング問題に時間が割かれたため、改めて本問題に絞った特別会合がもたれることになった。その会合は第 3 回海運特別委員会として 1981 年 5 月に開催された。繰り返し触れてきたように、本問題に関する討議は 1978 年以来何

回も重ねられてきたのであり、「特別会合」となれば何等かの結論を出さないわけにはゆかなかった。Bグループも従来のように「有害だが、解明すべき問題が残っている」というような曖昧な態度を取り続けることはできなくなっていた。Bグループも決議案を提出したが、G77とDグループの決議案が先ず採決（roll-call）に掛けられた。賛成 49、反対 18（先進国とリベリア）、棄権 3（仏、ベルギー、トルコ）で採択された[46]。決議の主な内容は次の通り。①登録要件を強化し、徐々に便宜置籍船を通常船籍に転換する、②1982 年前半に政府間準備会合をもち、しかる後に国際取り極めのための全権会議を招集する、③準備会合では次の基本的原則を検討する。船員の配乗、船社および船舶の管理に関する旗国の責任、衡平な資本参加、オーナー、オペレーターの識別（identification）と説明責任であった（UNCTAD [1981b], p. 19）。

かくして UNCTAD は一つの決断を下した。ただ、Bグループを便宜置籍船の「排除反対」でまとまらせるという重大な効果を伴った。この採決はBグループをして、「便宜置籍船のうちの基準以下船から規制開始を」というスタンスから、「便宜置籍船は悪くない。基準以下船が問題なのだ」へと 180 度転換させることになった。

排除反対の表向きの理由は、PSC の方が効果的だとするほか、第 3 次海洋法条約の非公式草案（1980 年 8 月）が 1958 年の公海条約とほぼ同じで、「真正な関係」の具体的な内容については規定せず、経済的真正関係に触れていないからとするものであった[47]。ただ、先進国のこの方針転換は疑問が多い。第 1 に、第 3 次海洋法会議は 1973 年に開始されるが、船舶の国籍については公海条約を引継ぎ、非公式草案に目新しい点はないからである。第 2 に、伝統的海運国の過去の態度と矛盾することである。すでに詳しく検討したように（第 4 章 3 参照）、欧州海運諸国は第 1 次国連海洋法条約会議において便宜置籍船に反対する立場から、「真正な関係」を欠く場合にはその国籍を承認しないことができるとしていた。この基本的態度を欧州海運諸国は一変させたことになる。第 3 に、UNCTAD が海洋法条約に定める真正な関係の内容を明確にすることは問題がなかったことである。事実、紆余曲折を経て成立した船舶登録要件条約は「真正な関係」について詳しく規定する。

最後に、Bグループが便宜置籍船擁護に転じた実質的な要因について検討しておこう。1つは欧州内部に、1つはアジアにあったと思われる。1970年の便宜置籍船は4,111万総トンであったが、OECDによると欧州船主は、イタリアが198万総トン（4.8％）所有していたが、他はデンマーク10隻、10万重量トン、スイス9隻、20万重量トンが目につく程度であった（*MT* [1971], pp. 88-93）。ところが1980年には表5-3にみるごとく、欧州船主はギリシャと香港を除いても2,910万重量トン（13.4％）保有し、排除するには大きくなりすぎていた（海運資本をなだめるのは難しくなっていた）。もう1つはアジアである。欧州諸国政府からみてアジアの台頭の方が脅威であったろう。アジアの受益船主は、香港、イスラエルを除いても3,530万重量トン（16.2％）と欧州を凌駕する船腹を有していた。とりわけ10年前に「記録はないけれども多くない」（Ibid., p.93）とされていた日本は2,330万トンを擁するほどになっていた。欧州海運にしてみれば、このままでは国際海運において支配的地位を維持することは難しい、決断の秋だと考えたとしても不思議ではない。

　日本について補足しておこう。日本船員は高度成長の果実を必ずしも享受できないでいたが、その不満が3か月に及ぶストライキ（1972年）で爆発する。労働条件は向上し、船員コストは上昇した。さらに変動相場制移行に伴う円高がそれに輪を掛けていた。そしてオイルショックによる海運不況が追討ちをかけた。日本船主協会会長（菊地庄次郎）は、いわゆる「仕組船認知論」を1975年6月に発表し、便宜置籍船導入を要請した。1か月後に刊行された海運白書（『日本海運の現況』）は、政策主体としても認知することを内外に明らかにした。詳しくは武城［1987］、80頁以下参照。

(3) 注目された3つの文献

(a) ドガニスとメタクサスの『便宜置籍船のインパクト』

　ドガニスとメタクサスは、便宜置籍船制度は免責体制（formation of a 'regime of immunity'）を導くとともに、長い目でみると世界にとって資源活用上のコストは高くなるという仮説を立て、それを検証しようとした。とこ

ろが、皮肉なことに、もう1つの目的である便宜置籍船の運航コストに関する実証的研究の方がインパクトが大きかった。便宜置籍船の運航コストは、船型が大きくなるにつれて差は縮まるけれども、63隻の検証結果によると通常の船舶よりも14～27%低いことが導かれた（Doganis & Metaxas［1976］, p. 50, pp. 57-69, p. 136）。冷静に受止めることができるOECD諸国政府にとってはともかくとして、先進国の個々の船主にとっては従来この種の研究が少なかっただけに、正に衝撃的であったと思われる。

　本来の仮説の検証については次のように述べる。便宜置籍船による新造船投資の増加（メカニズムについて前に触れた）や運航コストの低下で運賃は低くなるけれども、全損・分損、安全基準や経済的規制の低下による資源コストの増加、高い海難率による乗組員の死傷や海洋汚染費用の増大、労使紛争や安全不足による出港遅れなどマイナス面は広範囲に及ぶとする[48]。

　ところで「FOC 便宜置籍船」というとき、包括的な1つの制度を意識している場合が多いが、彼等は"the institution of the flags of convenience"（Ibid., p. 105）としてそれを強調する。

(b) EIU『自由登録海運』(1979年)

　EIU（Economist Intelligence Unit Ltd., 英誌エコノミストのビジネス情報部門）の *Open Registry Shipping* は OECD その他に大きな影響を与えた[49]。本書は、マニラ総会後の9月にUNCTADから出された「便宜置籍船の段階的廃止の影響」（UNCTAD［1979a］）に対する反論ともいうべきものである。結論としては、便宜置籍船が船籍国から徐々に排除されたとしても、それらが発展途上国に移動することはほとんど考えられないとするところにある。

　まず、便宜置籍船を次のように擁護する。第1に、便宜置籍船は柔軟で低コストのサービスを提供しているので、関係するすべての国の経済に利益をもたらしている（EIU［1979］, p. 37）。第2に、便宜置籍船が廃止されれば運賃は上昇することになるが、運賃負担力の小さいバルクカーゴを輸出・輸入している発展途上国に不利になる（Ibid., p. 61）。第3に、自国海運よりも他国海運を利用した方がよいとする資源国カナダの海運政策は参考になる（Ibid., p.56, p.62）。発展途上にある小国の優先課題は原料輸出、高付加価値化

輸出、輸入代替工業化からいかに大きなリターンを得るかであり、海運振興が第1というわけではない（Ibid., p.41, p.62）。

段階的廃止によっても、便宜置籍船が発展途上国へ向かわないであろうとする根拠として下記の諸点を挙げる。①便宜置籍船を購入するだけの資金があるか。②資金があるとしても船員を調達できるか。育成には時間がかかる（Ibid., p.40, p.42, p.46, p.53）。③ノウハウも含め運航管理できるマネージャーが得られるか（Ibid., p.40, p.44）。④合弁企業設立にカントリーリスクが壁になる（Ibid., p.61）。外資を導入したとしても海事関連産業が十分存在しなければネットの外貨収入は知れている（Ibid., p.62）。そのうえで、発展途上国を1人当たりGDPなどで便宜船籍国・船員供給国・海運開発国（希望国）・荷主国（海運サービスを利用している国）に階層分けをして種々の問題や経済的ニーズを分析し、対応策を検討している（Ibid., pp.47-60）。その結果、ほとんどの便宜置籍船はOECD諸国のうちのコストの安い準（quasi）便宜船籍国、たとえば英国、ギリシャ、将来はスペインに移籍され、ごくわずかな船舶だけが種々の要件（投資の安全性など）を満たすOPEC、ASEAN、インド、ブラジル、アルゼンチンに向かうことになろうとする（Ibid., p.61）。

EIUの研究は多面的で興味深いが、時代的制約から2つの点を見逃しているように思われる。1つは、合弁企業すなわち外資導入についての評価である。たとえばすでに台湾では投資条例により外資導入が図られていたが、中国の経済特区の前身は1979年である。EIUは合弁にも懐疑的であったが、便宜置籍船が段階的に排除されれば先進国海運資本の発展途上国進出が図られたのではなかろうか。

もう1つは、乗組員のアジア・シフトである。EIUは船員とりわけ船舶職員不足を取り上げ、お傭い外国船員の問題を指摘するが、日本の明治期がそうであったようにどの国も避けて通れない課題である。職員はともかく部員は自国船員を雇用できるし、排除が段階的であれば（UNCTADの予測は年間世界船腹の3.3％程度）円滑に移行してゆくことになろう。1980年代後半ヨーロッパ諸国は第2船籍制度を導入せざるを得なくなるが、乗組員のアジア・シフトの1つの結末にほかならない。

最後に、EIU が基本的な視点（fundamental point）とするところに触れておきたい。確かに便宜置籍船は発展途上国に在る（"located"）が第三世界経済の一部をなしているわけではなく、母国経済（metropolitan economies）の延長と位置付けられるべきであるとする。母国は合法的に経済的利益を追求しようとしているだけであり、発展途上国経済を害したり、弱めたりしようとしているわけではないという（Ibid., p.36, p.55）。発展途上国に在りながら国民経済の構成員にならないことが便宜船籍制度の1つの問題なのであり、植民地主義に一脈通じるところがあるのではなかろうか。

(c) スターミー『自由登録船籍論争と開発問題』

スターミーは、前述したように UNCTAD 事務局に入り海運部長の要職にも就いた。定期船コード条約成立後 1975 年にそこを去るが、その後コートジボアールにおもむく国連のプロジェクトであるマリタイム・アカデミー建設のチーフ・テクニカル・アドバイザーとして勤務するかたわら、海運大臣ファディカの顧問も務めていた（東海林 [1981]、40 頁）。このようにスターミーは南北問題と深く関わってきたが、便宜置籍船に対する考え方はUNCTAD 事務局や G77 と対立する。誤解を恐れずに要約すると次のようになる。

かつてこのように主張した。利便性（convenience）はまったく相対的かつ多様であり、先進国の税の減免、特別償却などもその一部に該当する。だから便宜置籍船といわれている船籍はまったく問題ない、と（Sturmey [1962], p. 232）。このように、便宜置籍船を質ではなく量の問題として捉えることは『自由登録船籍論争と開発問題』においても一貫している（Sturmey [1983], pp. 6-11）。税だけでなく外資の導入、外国人船員の雇用その他にまで及ぶ。

便宜置籍船が増大したのは船主（資本）の利益追求の結果であり、自然であるし輸送コストを低下させた（Ibid., p. 18, p. 58）。便宜置籍船を排除したとしてもそれが発展途上国に向かうとは限らない（Ibid., pp.40-42）。むしろ発展途上国船員の失業を生む（Ibid., p. 55）。国際基準を作り、それを旗国が批准しても、実行に移す気がなければそれまでである。現在、不履行に対するサンクションは存在しない（Ibid., p. 59）。世の中には必ずよい船主と悪い船主

がいるのでどうにかしなくてはならないが、違反行為の阻止と処罰を分けて考えることにするならば、PSCは有効である（Ibid., p. 18, p. 60）。安全とか労働とか分野ごとに国際条約を作成し、旗国が遵守しているかどうかを入港国がチェックすればよい。第三世界にとっては過大な負担となるが、OECD諸国が集団でPSCを実施すればそのコストも低くて済む（Ibid., pp. 60-61）。

いくつか指摘しておこう。1つは、国家は船舶の登録要件を自由に定められるとしながら、旗国の管轄義務を分離する（PSCに依存する）ことは、国際法上許されないのではなかろうか。次に、便宜置籍船制度の根源をなしているオフショア性、すなわち国民経済の内部で活動していないことの問題点については言及がないのはなぜだろうか。なお、乗組員とりわけ船舶職員の育成費をどう負担させるべきかについては解決できないでいる（Ibid., pp. 37-38）。

(4) 船舶登録要件条約の採択（1986年2月）

さて、前述した政府間準備会合は1982年4月に開催されたが、コンセンサスにほど遠く、同年11月に第2回会合がもたれた。G77とBグループの対立は解けなかったが、各グループが主張する案を盛り込んだ2回目の合成テキストが作成された。**表5-8**に発展途上国案を示しておいたが、①自国民の資本参加、②自国民の乗組み、③船社の旗国内設立などいわゆる経済3要素が主張されていた。

全権会議は1983年に開催されることになっていたが、82年暮の国連総会において、全権会議の1年延期と準備会合の追加がバングラデシュの発議で決定された（船主協会［1983］、65頁）。G77の焦りを感じることができよう。

第3回政府間準備会合は1983年11月に開かれ、合成テキストに手が加えられたが平行線を辿ったままだった。なお、今回は第1回、第2回会議をボイコットしたアメリカ、リベリア、パナマも参加した。

コンセンサスが得られる見込みがないまま国連全権会議を迎えた。全権会議は難渋を極め4回も開催された。第1回：1984年7月、第2回：1985年1月、第3回：同年7月、第4回：1986年1月20日～2月7日（条約採択）

表5-8　合成テキスト（1982年11月）にみる途上国の主張と成立した条約

合成テキストにみる発展途上国（G77）案	船舶登録要件に関する国連条約（1986年2月）
普通株主権による資本参加（equity participation in capital） ①船舶所有会社の旗国内設立 ②自国民の株主としての十分な参加（adequate national participation）の確保	**船舶の所有（第8条）** （配乗要件との選択的適用）　①旗国は自国民（国家）の所有とその割合（level of such participation）について定めなくてはならない。②それは旗国の管轄権及び監督権行使に十分なものであるべき（should）である。
経営（management of ship-owning companies and Vessels） ①経営（management）事務所の旗国内設置。②所有会社の取締役又は真の経営者（true manager）は自国民でかつ居住。③経営者・運航者の金銭的対応義務。④運航者が旗国外である場合、当該国政府の保証も可。	**所有会社および船舶の管理（第10条）** ①所有会社・子会社・主たる営業所（principal place of business）の旗国内設置義務。②旗国内に無い場合は旗国民（又は居住権者）・法人を代理人・管理担当者として確保。③金銭的責任対応能力が確保されるべき（should）。
船舶の乗組員（manning vessels） 主要職員及び部員の相当割合（significant percentage）は自国民でなくてはならない。	**船員配乗（第9条）** （船舶の所有との選択的適用）　①旗国は、「乗組定員の満足すべき部分が自国民、自国居住者、居住権者により構成されなければならないという原則」を尊重しなければならない。②（満足すべき部分の目標追求に当たり）有資格者の調達可能性、種々の他国との協定、船舶の経済的運航の可能性を考慮。③船員の能力基準、雇用条件は国際的基準に合致していなくてはならない、④労使間の民事的紛争の法的手続きの存在、⑤法的手続きにおける内国人・外国人船員の平等なアクセス権。
合弁事業（joint ventures） ①自国民の資本参加の一つの手段としての合弁企業の推進。②国際機関による合弁設立支援。	**合弁事業（第13条）** ①合弁事業の促進、そのための合弁事業者保護のため（他国との）取決め（should）。②国際的機関による合弁事業支援（should）。
海事行政組織（maritime administration） 旗国は、船舶登録、船舶所有者・運航者の同一性確保と説明責任に関する原則を遵守していることを確保するため能力を有し、かつ、充分な海事行政組織を保有する。	**海事行政組織（第5条）** 旗国は、その管轄権及び監督権を行使するため、能力を有する、かつ、十分な海事行政機関を有しなければならない。

出所：UNCTAD［1983］, Annex II, UNCTAD［1986］.

第 5 章　南北問題に転移した便宜船籍制度とその混迷

である。

　全権会議は 4 回も催されたと記したが、第 1 回会議後の流れは大きく変化した。同会議はファディカ議長に、各国を訪問して政府・団体と協議を重ね、その結果を報告するとともに、それを討論の基礎とするよう勧告していた。議長は、予想に反してさほど多くの国を訪れたわけではなく、メキシコ、米国、西独、英国、仏国、日本、中国、ソ連にとどまった。榎本喜三郎によると、パリの ICC（国際商業会議所）を訪れた際（1984 年 10 月）、彼は次のような発言をしたという。①国際文書作成の目的は便宜置籍船の段階的廃止にあるとは考えない。②旗国民の資本参加は退けられる。③管理（management）に対する要求は B グループ提案に近いものでよい。④船員は、船長、機長、通信士が、旗国の国民か、又はそれと同等（equivalent）の者とする[50]。

　この議長の発言は発展途上国の従来の主張を真っ向から否定するに等しいが、なぜ、G77 はここまで追い詰められたのであろうか。その検討に入る前に、放棄にも等しい譲歩を強いられた結末を確認しておこう[51]。表 5-8 参照。採択された条約をみると、まず、①資本参加については自国民所有の割合を定めるとするだけで、ミニマムに対する拘束力はない（should）。しかもマンニングとの選択的適用である。②船社の旗国内存在については旗国民たる代理人または管理担当者でよいことになり旗国の管轄能力は著しく低下した。③乗組員については「満足できる割合」を自国民でという原則を尊重しなければならない（shall observe the principle）としながら、「その目標（goal）追求に当たり……」（第 2 項）として例外規定を設けており、自国民主義は放棄されたに等しい。G77 は、文字通り名目を保持するのが精一杯で、実質的には B グループが念願していた「便宜船籍制度を規制しない」条約となった。第 3 回特別海運委員会（1981 年 5 月）の段階的廃止決議とは似て非なるものとなったといえよう。そのため、UNCTAD が便宜船籍制度を「認知」したとの評価すら生まれた。

　もちろん、本条約が無意味であったわけではない[52]。ただ、条約採択後四半世紀が経過するのに、14 か国（リベリアを含む）が批准しているにす

ぎない現実が本条約の意義を雄弁に物語っているのではなかろうか[53]。

　次に、発展途上国が挫折した原因を考えてみたい。平たくいえば、ファディカ議長は、なぜ、G77の長年の主張を覆す行動に出たかである[54]。この点に注目する文献はほとんどないがいくつか指摘しておきたい。1つは発展途上国を取り巻く状況の変化である。周知のごとく、第2次オイルショックを契機に世界は同時不況に見舞われるが、先進国ではサッチャリズム、レーガノミックスに象徴される新自由主義が台頭した。新自由主義において、植民地主義は歴史の彼方の話しとなるし、南北格差はある意味当然のことであって解消しなければならない問題とは映らない。世界同時不況は一次産品の下落を伴い発展途上国は累積債務問題に苦しめられることになる（82年8月、メキシコ対外債務危機）。当然のことながら先進国に物申す力は低下していた。また、NIESやOPECなどの「中進国」とその他の発展途上国の開きは大きく（表5-3参照）海運問題で一丸となれる状況にはなかった。

　とはいえ、発展途上国の数は圧倒的であり、定期船コード条約のように強行採決（1972年サンチャゴ総会）をもって南の主張を通すことも可能であったとも思われるのである。ただ、次の点を考慮するなら、先進国の主張に身を寄せていった発展途上国の動きを理解できないわけではない。それは発効要件である。海事関係条約のほとんどは実効性を確保するため一定の発効要件が、締結国数と船腹で定められている。たとえば、定期船コード条約は24か国以上、総トン数で25％以上の船腹であった。本条約は40か国以上、世界の総トン数の25％以上である。発展途上国がその意に沿う条約を強行採決したとしても、締結国数はともかくとして、船腹要件をG77とDグループで満たすことは至難の業であったと思われる[55]。すでに発展途上国は、この発効要件を満たすことの困難さ（換言すれば先進国の無言の抵抗）を定期船コード条約でも十分みせつけられていた。同条約は1974年の国連総会で採択されたが批准が進まず、マニラ総会では条約の早期発効（developments pertaining to the Convention）を第1議題にしなければならなかった（1983年発効）。

　前述したように、1970年代と1980年代では南と北の関係や経済的な環境

　　　　　　　　　　　　　　　　　　　第 5 章　南北問題に転移した便宜船籍制度とその混迷

はすっかり変化してしまった。数の力で強行採決しても発効しなければ絵に描いた餅にすぎない。歴史に「もし」は許されないとしても、本章 3（6）その他で触れたように、バルク輸送のシェアリング問題をマニラ総会に提起せず、便宜船籍制度に絞っていたならば結果は異なっていたのではないだろうか。少なくとも G77 の戦略上の失敗は指摘できると思われる。

注―――――――――

（1）　*MT*［1971］, Chap. 5 'Flags of convenience', pp. 85-109. 第 1 次海洋法会議で便宜置籍船問題がピークを迎えていた 1958 年の報告につぐものである。第 4 章 2（4）参照。

（2）　*MT*［1971］, pp.103-105. ILO［1975］, p. 13 によれば、1971 年 9 月から 1 年間にリベリア政府が付与した免状 14,999 名分のうち、政府が自ら試験をして付与した免状はたった 207 名（1.4％）にすぎなかった。試験官その他の行政費用の節約にも大いに貢献していたわけである。

（3）　大型海難が多発したこともあって便宜置籍船の社会的費用の算出にオランダが挑戦したが、結論は得られなかったとしている。OECD［1975］, p.7.

（4）　11 条約とは、①最低年齢関連条約（7 号、58 号、138 号）、②負傷・疾病条約（55 号、56 号、130 号）、③健康検査条約（73 号）、④災害防止条約（134 号）、⑤船員設備条約（92 号）、⑥食糧・賄条約（68 号）、⑦海技免状条約（53 号）、⑧雇入契約条約（22 号）、⑨送還条約（23 号）、⑩結社の自由・団結権条約（87 号）、⑪団結権・団体交渉権条約（98 号）で、後年ほかの条約が追加された。

（5）　JMC［1972］, pp. 1-6. なお、2 勧告については、第 4 章 4（3）参照。

（6）　ILO［1975］, p. 9, JMC［1972］, Annex.

（7）　総会でも条約の名称に「便宜置籍船」を残せという主張は続いたが、結局 sub-standard vessels も消えて、最低基準という抽象的なものになった。便宜置籍船を用いることは定義 1 つをとっても困難なことが多い。国際文書としては仕方のないところであろうか。

（8）　ILO［1976b］, pp. 47-55, 運輸省他［1977］、139 頁以下参照。

（9）　以下の条約に PSC が定められている。国際満載喫水線条約（1966 年、第 12 条）、海上人命安全条約（1974 年、第 19 規則）、商船最低基準条約（1976 年、第 4 条）、STCW 条約（1978 年、第 10 条）、海洋汚染条約の 1978

年議定書（第5条）。非締約国船舶への拡大が明定されていない条約もある。

(10)　国際海事法の歴史においては、その必要性が低かったこともあって領域主権は極めて抑制的に扱われてきた。Özçaylr［2004］, p. 74、逸見［2009］、131頁以下参照。

(11)　決議は"Procedures for Control of Ships"であるが、次の文書が付いている。"Substandard Ships：Guidlines on Control Procedures". *MT*［1979］, p. 96. その後何回か改訂されている。

(12)　「サブスタンダード船に関する理事会勧告」。*MT*［1977］, p.83, p.96.

(13)　Kasoulides［1993］, pp. 142-149、木畑［1979］、60頁以下、海事新聞、1978年4月27日参照。

(14)　1973年以降リベリア政府も法改正をして規制を強化するが、1975年には日本海事検定協会に適法性のチェックを委託した（海事新聞、1975年3月25日）。また、同協会は1977年パナマ政府からも受託した（海事新聞、1977年3月27日）。IMCOの特別委員会は、1978年①便宜船籍国の法整備、②便宜置籍船の入港規制について検討することになった（海事新聞、1978年10月30日）。

(15)　総会に先立つ1967年11月事務局は『発展途上国商船隊の創設とその拡大』を報告している。そこではアルジェ憲章と異なり、自国海運に対する国の援助は貨物留保よりは財政的な助成措置の方が望ましいとしていた（UNCTAD［1968］, p. 52, para. 261）。東海林［1981］、40頁によれば、スターミーは1967年にChief, Shipping Branch for Invisibleに就任しているが、この報告と関連していよう。事実、報告はSturmy［1962］, p. 198を引用している（後述参照）。

(16)　その後繰り返し記述される長々としたタイトルは"the economic consequences for international shipping of the existence or lack of a genuine link between vessel and flag of registry"である。以下「真正関係存否の経済的影響」と略すこともある。

(17)　UNCTAD［1974］, p.12. 先進国側は、定期船の次は不定期船のカーゴシェアが要求されるのではないかと懸念していたので、この結果に安堵していた。会期中Bグループからは、発展途上国船隊の割合が低下しているのは便宜置籍船が一因であるとか、便宜置籍船は先進国にとっては利益とはいえない、個々の船主を利しているだけだとの見解が出されたりした。Ibid., par. 26-27. そして少なくとも2か国から「真正な関係」を第3議題と

第 5 章　南北問題に転移した便宜船籍制度とその混迷

すべきことが提案されていた。Ibid., par. 75-76. 発展途上国側はこの問題に賛否両論で関心はあまり高くなかったことがうかがえる。Ibid., par. 66, 68.

(18)　榎本喜三郎は先進国が提案したことに疑義を呈する（[1993], 205 頁）。その理由は、G77 代表が参照せよとする第 7 回海運委員会のレポートに先進国提案を明らかにする文言がないとするところにある。たしかに、明文はないが、上述の優先順位の決定は第 6 回委員会であり、なくても不思議ではない。むしろ、先進国側は前後のパラグラフで、事務局が決められた順位と異なり「真正な関係」よりも「海運の振興」を優先させたことに抗議していた。議長はその抗議を受け入れ第 8 回海運委員会では決められた通りにすると釈明している（UNCTAD [1975], par. 111-114, 119）。

(19)　この章では、主に伝統的海運と便宜置籍船の経済的特徴について、建造コスト、運航コスト、財務面（助成、ローンなど）、国家の規制、為替と送金、金融フローなどを扱っている。

(20)　リベリア政府に入る便宜置籍船関連の収入は 1,900 万米ドルであるのに対しリベリア船の運賃収入は 88 億ドルと推定している（1975 年）。ノルウェー海運は 1971 年ネット 11.7 億ドルの外貨を稼ぎ、同国経済に大きく貢献したと指摘する。船舶の輸出入額に関する齟齬については第 1 章 1 (4) (b) 参照。

(21)　UNCTAD [1978a], p.7. ただ、いくつかの留保はした。①税金はさほど大きな問題でない（par. 20）、②便宜置籍船が存続しなくなった（ceased to exist）場合、発展途上国にシフトするとは限らない、むしろ受益国に回帰するであろう（par. 30）、③真正な関係を議論する場は UNCTAD が適切か（par. 39）などである。フランスは、OECD の報告に賛同することなく独自の回答を寄せた（TD/B/C. 4/AC. 1/2/Add. 2）。さらに作業部会の場において、事務局を全面的に支持し、この場で結論を出し、第 5 回総会に送付すべきとした（UNCTAD [1978b], par. 26-28）。

(22)　アルーシャ宣言（Arusha Programme）は UNCTAD [1981c], pp. 161-163 に収録されている。

(23)　経緯や決議については、UNCTAD [1981c], pp. 24-28, 78-81、船協月報 1979 年 7 月号 19 頁以下、海運 1979 年 7 月号 27 頁以下参照。海事新聞（1979 年 6 月 12 日）によると、実際には緊迫していて「完全な廃止決議」が提案されたが、ファディカ議長（後述）のとりなしで「廃止を検討」になったという。

(24) 1978年のデータは、IMA（International Maritime Associates Inc.）が、マニラ総会に備えてリベリア海事局のために作成した報告に含まれているものである（EIU［1979］, p. 3）。従って、データ源は当局と思われる。なお、1990年からBIMCO/ISF［1990］による世界的な船員需給調査が5年ごとに行われるようになったが、これとて正確さからはほど遠い。

(25) 1984年のデータもリベリア海事局のものと思われるが、船員数は不自然である。この年のリベリア船は1,934隻であり、平均乗組員数は49.2名となるからである。1978年は33.5名であるが、当時として高めの数値といえる。後述参照。

(26) Alegado［1992］, pp. 308-310、森澤［1993］、13頁、菊地［1992］、178頁以下参照。アレガドは、貧困・失業・過剰人口は大規模な海外雇用の前提条件であっても十分条件ではないとしつつ、マルコス政権の政策とマンニング業界（private recruiting agencies）の重要性を指摘する。

(27) ブルックは、1974年に海運を育成するための海事産業庁（MARINA：Maritime Industry Authority）が設けられるまでフィリピン政府は海運にほとんど関心がなかったとしている（Brooks［1985］, p. 17）。このように1974年は二重の意味で画期的であった。関心がなかったといっても、中国産品をアメリカ大陸に運んだガレオン貿易は有名であるし、最初の海事教育機関（Escuela Nautica de Manila）は、スペインによって1820年に設立されている。Mier［1989］, p. 183.

(28) 山形［1991］、146頁以下参照。クロニー経済の一端をうかがわせる。

(29) 1966年ギリシャ船がマニラでドックに入った際、シップチャンドラー（船具商）のEl Greco Shipping Enterprisesは依頼され交代要員の斡旋を行った。こうして比国船員が初めてギリシャ船に乗組むことになった。評価は高く、「使える」との噂はたちまちギリシャ船主が在住するピレウス、ロンドン、ニューヨーク、その他を駆けめぐったという。なお、この会社の経営者は元ギリシャ領事でフィリピン女性と結婚していた。Alegado［1989］, p. 76. フィリピン船員の特質については大野［2000］、［2002］に詳しい。

(30) 1984年から80％に引き上げられた。Brooks［1985］, p. 24.

(31) 台湾海運・造船の近代化およびそれに関連する政治経済については、武城［2002］、77頁以下参照。転籍政策は香港返還を睨んだ華僑資本の導入策と合わせて行われた。

(32) 海運振興会［1987］、44頁以下参照。実質船主は、華僑、日本、香港で

あるとする。乗船期間は 12 か月が原則であったという（同 49 頁）。なお、日本船（マルシップ、後述）への乗船も無視できない。何年かは不明であるが、外国船乗組み船員の約 3 分の 1 が乗船していたという（同 45 頁）。

(33) 表 5-6 には配乗隻数が示されている。また、原票には予備員数も示されていること、さらに平均乗組員数からして、ある時点の乗組員数とみることができる。逆に、リベリア船の場合は 1 年間の契約数とみることができよう。

(34) T・リーは、起業していった彼等こそ韓国海運のエートスを代表するとする。Lee［1996］, pp. 89-92.

(35) 国籍取得条件付裸用船（Bare Boat Chartered with Purchase Option）。主に日本船社の中古日本船を購入する方法であるが、パナマ等に便宜置籍船化して裸用船をチャーターバックする。さらに、購入代金のためにローンを組むという複雑なシステムの上に成り立っている。詳しくは武城［2002］、171 頁以下参照。

(36) 従来、日本船には「○○丸」が付いていて日本人が乗組んでいたが、外国人船員が乗船している日本船が現れるようになったので「マルシップ」と呼ばれるようになった。便宜置籍船は 2 つに分かれる。1 つは BBC/PO、もう 1 つは日本船社の通常の便宜置籍船である。表 5-3 参照。UNCTAD の調査によれば、1979 年受益船主ではないが true managers の国として韓国（130 万 D/W トン）を指摘している。BBC/PO はこれに該当しよう。なお、この項に関する詳しい事情は武城［2002］、161 頁以下、特に 180 頁以下参照。

(37) 海運振興会［1987］、89 頁以下参照。職員、部員別の乗組員数等を知ることができる。

(38) マニラ総会で B グループは、シェアルールが導入されれば、輸送コストが上昇しすべての国の貿易に甚大な影響を及ぼすと主張する一方で、この分野に参入障壁があるなら協議する用意があるとしていた。UNCTAD［1981c］, p.80, par.201.

(39) 詳しくは武城［1992］、OECD［1990］, p. 32 参照。当初、この原則の障害は自国籍優先政策を採るアメリカにあったが、1960 年代に入り発展途上国の国旗差別が問題となる。先進国は入港禁止を含む対抗立法を整えるが、日本も 1977 年に定めた。運輸省海運局［1977］、15 頁以下。

(40) UNCTAD［1980b］, p. 44、船協月報 1980 年 9 月号 57 頁以下、11 月号

15頁以下。

(41) 宇多［1982］、10頁以下、ドライバルクの専門家会合については田中［1982］、28頁以下、ウェットについては高橋［1984］、15頁以下参照。高橋は大不況が長引き発展途上国に進出意欲がなく、カーゴシェアリングの主張はまったく出なかったとするが、驚きである。

(42) 定期船同盟に関する条約が成立したのは、後述する理由もあるが、海運同盟が閉鎖型すなわち参入を認めない独占的形態であったことが大きい。この点につき武城［2002］、12頁以下参照。

(43) 事実、同委員会の準備会合等でノルウェー、ギリシャの船主等から日本は障壁を設けているのではないか疑われたという。船協月報1980年11月号17～18頁。

(44) 事務局は前年「段階的排除の影響（repercussion）」（UNCTAD［1979a］）と「段階的排除期間中の便宜置籍船の運航に関する法制」（UNCTAD［1979b］）を部会宛に提出した。前述した文書（UNCTAD［1978b］）において4つの要素（①国民経済内存在、②国際収支勘定への繰入れ、③旗国民所有、④旗国民乗組み）の全部又は一部が「真正な関係」に必要としてきたが、前者［1979a］では、③と④が満たされれば①と②は自然に充足されるとして③④に注目する（p. 4）。ただ、このように捨象してしまってよいかは疑問であろう。後者［1979b］では、登録要件の細部にわたる統一が必要となる条約よりも、UNCTADで決められた基準を各国（船籍国、受益国、労働供給国その他）が国内法化する方法（embodying undertakings）が望ましいとしていた（p.9）。榎本［1993］、153頁参照。

(45) UNCTAD［1980a］, Annex I. Bグループは、便宜置籍船の拡大は便宜置籍船を提供していない国々（発展途上国を含む）の商船隊の競争力と発展に悪い影響を与えているとして、第1回政府間作業部会の基本的姿勢を維持していた。Ibid., Annex Ⅲ, p. 1、榎本［1993］、161頁はややミスリードしている。

(46) UNCTAD［1981b］, p.13. Bグループの決議案は、さらなる検討とPSCによる基準以下船の排除であった。Ibid., p.20.

(47) Ibid., par. 22, 74. MT［1979］, p. 77に若干気になる記述がある。それは後に取り上げるEIUの研究を引用しつつ、便宜置籍船の排除はほとんどの発展途上国に不利（detriment）に働くとしていることである。便宜置籍船は南北問題に関係ないとする意図なのか、あるいは免罪符を得ようとしたので

あろうか。
(48) Ibid., p. 2, pp. 105-121, p. 133. 第1章2（8）参照。なお、Metaxas [1974] からすると本著の大部分はメタクサスによるものと思われる。
(49) EIU [1979] は、ICC アメリカ評議会 (United States Council of the International Chamber of Commerce) の要請にもとづいて研究し、1979年後半に刊行されたものである。この問題に荷主が梃入れしていたことが興味深い。海事新聞 1980年1月31日参照。OECD に影響を与えたことは前述したが、Sturmy [1983] の論旨の一部分も本書に近い。
(50) 榎本 [1988]、406〜407頁。原資料は、バヌアツ海事副弁務官経由のリベリア船主団体（LSC）からのもの。訪日は 1984年11月であったが、会談した塩田澄夫国際運輸・観光局次長は、①議長は先進国グループの主張をよく理解してくれている、②また議長は国際合意が先進国の商船隊整備に資するものでなくてはならないことを強調した、と述べている。海事新聞、1984年11月22日。
(51) 採択に至る経緯は省略する。UNCTAD [1984a]、UNCTAD [1984b]、榎本 [1988]、361頁以下、南部 [1985]、同 [1986]、船協月報 1986年3月号 18頁以下、同4月号 13頁以下参照。船舶登録要件条約（Convention on Conditions for Registration of Ships）は 1986年2月7日ジュネーヴで採択された。
(52) 落合 [1987]、37頁、逸見 [2006]、197頁以下参照。確かに概念的には真正な関係に経済3要素が含まれることが明らかになったが、程度問題となるとゼロにも等しく、なんとも奇妙な感覚にとらわれるのである。
(53) 2011年7月現在の本条約の批准国と総トン数（千トン）は、アルバニア：57、ブルガリア：422、コートジボワール：8、エジプト：1,114、ジョージア：711、ガーナ：107、ハイチ：1、ハンガリー：0、イラク：19、リベリア：106,708、リビア：865、メキシコ：1,459、オマーン：29、シリア：178。計 14か国、111,678千総トン（世界比 11.6％）。RMT [2011], p.134, pp.189-193.
(54) ロイズリストは第2回全権会議の始まる3週間も前に、ファディカ議長の変身ぶりを伝え、G77 の怒りを買うだろうと報じていた。LL, Jan. 10, 1985, p. 1.
(55) 数の力でいえば、発効要件を低く設定して強行採決に持ち込むことも考えられる。発展途上国の多くは海運に関心が高いわけではないし、中進

国も多くなっていたわけで、40か国、25％も力関係の反映といえるであろう。

第6章　第2船籍、トン数税制と国際海運の構造変化
―― ヨーロッパ海運を中心に ――

1　本章の概要

　第2次石油危機の影響を受け、1980年代に入ると国際海運は「海運大不況」あるいは「海運危機」といわれる事態に見舞われる。折しも1970年代からUNCTAD（国連貿易開発会議）で続けられてきた便宜置籍船をめぐる南北の議論は終盤を迎え、南の側は便宜置籍船のフェイズアウトを事実上諦めるところまで追い詰められていた。この2つの要因が絡み合って、欧州の伝統的な海運産業は①便宜置籍船化、②係船・スクラップ、③単純売船、④海運業からの撤退の大波に洗われることになる。逆に、便宜置籍船は世界におけるシェアを急速に拡大した。**表6-1**参照。

　本章においては、国際海運を常に主導し支配的地位を保持してきた欧州海運が、海運危機にいかに対応したか、また、それによって便宜置籍船を含む世界海運の構造はどのように変化したのかを明らかにしたい。

　第2節から第7節までを概観しておこう。第2節は「海運大不況と苦悩するイギリス海運」である。20世紀初頭、世界の約半分の船舶を保有していた英国海運の凋落に焦点を当てる。通常理解されているのとは異なり、イギリス海運には外国資本（例：ギリシャ）が相当入っていたが、北海油田によるポンド高と大不況で逃げ出していった。ついで、イギリス船主の海運産業離れや英国籍離れ（flag-out）が続き、ピーク時の3,300万総トン（1975年）は1985年には1,400万総トンにまで急減した。正に凋落である。その打開策として編み出された政策は、サッチャー流の「安価な」海運支援策であった。規制を緩和し、外国人船員の導入を可能とした。

表 6-1 経済地域別貨物船の船腹量の推移[1]

(単位：100万総トン、世界比％)

年	世界計 総トン	OECD 総トン	%	EEC[2] 総トン	%	便宜置籍船[3] 総トン	%	コメコン 総トン	%	その他 総トン	%	NICs[4] 総トン	%
1970	211.9	141.4	66.7	68.5	32.3	40.2	19.0	13.0	6.1	17.3	8.2	-	-
75	325.6	193.8	59.5	100.4	30.8	84.2	25.9	17.7	5.5	29.9	9.2	7.0	2.1
1980	398.8	210.5	52.8	117.2	29.4	108.0	27.1	23.2	5.8	57.1	14.3	15.2	3.8
81	399.7	209.4	52.4	116.1	29.0	104.8	26.2	25.5	6.4	60.0	15.0	15.9	4.0
82	403.0	205.3	50.9	110.6	27.4	106.3	26.4	23.9	5.9	67.5	16.7	17.8	4.4
83	400.0	193.0	48.3	101.4	25.4	108.1	27.0	24.7	6.2	74.2	18.6	20.0	5.0
84	396.0	180.4	45.6	92.7	23.4	111.3	28.1	24.9	6.3	79.4	20.0	22.3	5.6
1985	392.9	169.5	43.1	84.5	21.5	114.2	29.1	25.4	6.5	83.8	21.3	24.1	6.1
86	381.4	150.5	39.5	74.0	19.4	116.5	30.5	25.8	6.7	88.6	23.2	25.1	6.6
87	379.6	133.7	35.2	63.2	16.6	126.9	33.4	26.2	6.9	92.8	24.5	26.1	6.9
1988	378.9	128.1	33.8	58.5	15.4	132.5	35.0	26.3	6.9	92.0	24.3	25.8	6.8

出所：CEC [1989a], Annex 6, Table 1.
注1） 対象船は商船のうちの貨物船で漁船、タグボート、サプライ船などを除く。
 2） 1988年当時の12か国を基準にして、未加盟時代も遡って算入している。
 3） 便宜置籍船は、アンティグア、バハマ、バヌアツ、セントビンセント、バミューダ、ケイマン島、キプロス、ジブラルタル、レバノン、リベリア、マルタ、パナマの12国・地域。
 4） NICsは台湾、香港、シンガポール、韓国。

208

第3節では、ヨーロッパを席巻した「第2船籍制度」を扱う。同制度は、外国人船員とりわけアジア船員を雇用することができるように、国籍要件の厳しい従来の（第1）船籍制度に加えて創設されたものである（マン島籍のように海外領土の活用も含む）。この制度を概観し、世界海運に与えたインパクトについて分析する。①制度は擬似便宜船籍であること、②各国が次々と導入し国家間競争の様相を呈したこと、③船舶管理業者（ship management firm）が地歩を固め新しい分業形態が出現したこと、④船員労働力市場は、海運用役市場同様、世界単一市場となったこと、これ等が結論である。

　第4節では、ECの第1次・第2次共通海運政策について触れる。1985年と1989年に提案されるが、主題との関連でいえば成功したとはいえなかった。EC委員会はEUROSというEC旗を掲げるEC船籍の創設を目指すが、配乗要件が厳しすぎて受け入れられなかった。EC委員会は競争政策の観点から、加盟各国の助成（state aid）を審査する権限を有するが、1989年それに関するガイドライン（形式は内部文書）を発表する。各国の第2船籍船により多くのEC船員が雇用されるよう、指針は、社会保障費や船員所得税の大幅な減免その他の助成を許容した。EUROSにしろ、海運助成にしろヨーロッパ共同体の影響力が強くなったことを物語る。

　第5節では、1980年代に世界シェアを半減させたヨーロッパ海運の反転攻勢について詳しく述べる。第2船籍制度によって確かにコスト削減には成功したが、海上安全の確保と最低限のEC船員の配乗が要件とされ、便宜置籍船と対等に競争することはなお困難であった。しかし、これ以上EC船を減少させることは無理であった。船員の技術とスキルは水際（on shore）の諸産業にとって不可欠であり、海事クラスターを保持するためには新しい政策が必要とされた。オランダは欧州大陸のゲートウェイとしての地位を守るため、1995年に統合海運政策を樹立し、法人税の大幅減税という大胆な海運助成策を打ち出した。欧州委員会はそれを「新海運戦略」の名をもってEU全体のものとした。

　第6節では、欧州委員会の「海運助成にかかる1997年のガイドライン」と、その改訂版である2004年のガイドラインについて分析する。実際の利

益ではなく、トン数を基準とするみなし利益に課税する tonnage tax という軽減税制が採用された。この税制は瞬く間に欧州全域に広がった。当時 OECD では、「有害なる税競争」が議論されていたときであり、驚きというほかない。最後に、第2章と関連し英国のトン数税制と英国海運のその後に触れる。

第7節「結論」では、第2船籍制度や EU の新海運戦略が世界海運の構造をどう変化させたかについて整理する。国際海運を主導しつつ支配的な地位を保持しようとするヨーロッパ海運の伝統・執念を垣間みることができる。

2　海運大不況と苦悩するイギリス海運

(1) 1980年代の海運大不況

いわゆる「3部門同時不況」[1]といわれた海運不況は、伝統的海運のみならず便宜置籍船にも深刻な影響を与えた。本稿全体に大きく係わるのでやや詳しく言及しておきたい。イラン革命に端を発した第2次石油危機は、まず、1978年12月イラン原油の全面輸出停止によって、石油貿易の14％が翌年3月までに市場から消え、需給関係を逼迫させた。これを背景に OPEC は次々と値上げし、14ドル原油といわれた石油は18ドル（79年6月）、32ドル（80年6月）と2倍以上になった。世界中がインフレ状態となったため金融引締め政策が実施され、世界経済は不況に突入していった。原油価格の高騰は消費を冷え込ませ、その後価格は下落に転ずるものの、一度冷え込んだ需要は1次産品全体にも波及した。貿易量の減少と価格低下である。発展途上国は債務危機に見舞われた。

海上貿易量（トン・マイル）は、貿易・海運特有のタイムラグを伴って、1980年からマイナスに転じ、タンカー運賃（WS World Scale Rate）は3〜6万重量トン型で、200から80程度に落ち込みその後横這い状態となった。貨物船（不定期船）の定期用船料指数（71年100）は、1980年半ばの420から170（82年）まで低下し、長期低迷状態に入っていった。その原因の1つに生船売船がある。陸上の工場と異なり、船社が倒産しても生産手段である船舶は低価格で転売され、市場に供給され続ける。もちろん、係船や減速航海

も大量に実施されたが、これらの船舶は少し市況が良くなると市場に出て不況を長期化させる特徴をもつ。1983年には、タンカー 7,500万重量トン（5月）、貨物船 2,700万重量トン（2月）が係船され、3,200万重量トンが減速航海を実施したが、LSE（Lloyd's Shipping Economist）誌の推測によると当時34％もの船腹が過剰状態にあったとする（BMCF［1986］,p. 48）。世界の商船のうちの貨物船の船腹量は建造期間というさらなるタイムラグによって、1982年4.03億総トンがピークとなったが、その後88年まで縮小が続いた（3.79億総トン）。表6-1参照。スレトモは1981〜86年の間に世界海運は激変し、第4の波が現れたとする[2]。

　海運大不況の影響をもう少し詳しくみておこう。1980年と87年を比較した場合、表6-1によるとOECD諸国は約7,700万総トン（36.5％）も減少させた。EEC（欧州経済共同体）の船隊縮小はさらに激しく、5,400万総トン（46.1％）の減少であった。これに反して便宜置籍船は、約1,900万総トン（17.5％）増加した。アジアNICsの増大は量的には約1,100万総トンであるが、伸び率は実に71.7％であった。こうして海運市況の好転は1987年を待たなければならなかった。当時世界の海上輸送量の4分の1以上を占めていた日本の景気回復（バブル景気入り）の影響が大きい。

　このような構造変化の背景として3点を指摘しておきたい。第1に、運航コスト面で欧州海運と便宜置籍船との差は歴然としていたことである。欧州委員会の調査によれば、コンテナ船の場合、西独船とキプロス船との差は22％（最低のポルトガルで3.5％）、バルカーの場合イタリア船とキプロス船との差は44％（ポルトガル船で15％）であった[3]。

　第2は、乗組員のアジアシフトが進んでいたことである。これはリベリア船での話であるが、1978年すでに乗組員の57.0％をアジア船員が占めていた（84年：61.7％、表5-2参照）。ヨーロッパ船と便宜置籍船とのコスト差は開く一方であった。

　第3に、EEC船の減少と便宜置籍船の増加はパラレルでないことである。前者は5,400万総トンの減少に対して、後者は1,900万総トンの増加にすぎない。イギリスにみられたように海運業からの撤退も相当進んだことが推察

される。

(2) イギリス海運の凋落とその原因

すでに触れたように、英国籍船のピークは 1975 年の 3,320 万総トンであった。それが約 10 年後には 3 分の 1 の 1,160 万総トンにまで激減した。とりわけ 1982 年からの 4 年間で半減した。ホープの研究によって、原因は 2 つに分かれることが明らかにされた。

(a) 外国船主所有船舶の急増

図 6-1 をみると戦後のイギリス海運の厚化粧振りがよく分かる。外国船

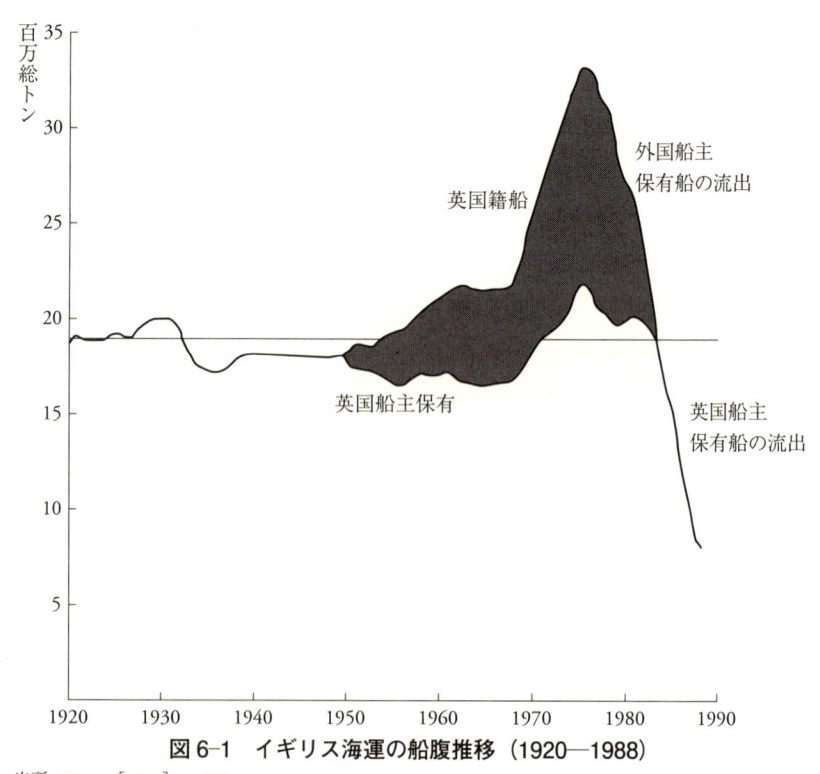

図 6-1 イギリス海運の船腹推移 (1920—1988)

出所：Hope [1990], p. 454.
注 1) 横線は 1,900 万総トン。1920〜84 年までの英国船主保有平均トン数を示す。

主所有船が増加した原因は、船籍登録要件と海運助成政策およびポンド安にある。イギリスの船籍法（1894年商船法）は、イギリスに現地法人を設立し、主な営業所を同国に設ければ、外国資本（船主）も所有船を英国船として登録できると定めていた。

海運助成策は、本来、国内船主向けであったが、外国船主も利用することができた。1954年に開始された投資控除制度（Investment Allowance）が大きな役割を果たした。120％（57年から140％）の超過償却が許され、インフレ下にあってもほとんど税金を払うことなく再投資することが可能となった。1964年には自由償却制度が導入されるとともに、1966年には投資控除制度の廃止の代わりに、新造船価の20％分の現金支給による投資助成金制度（Investment Grant）が開始された。その結果、便宜置籍船の優位性はほとんど消え失せていた[4]。

外国船主にとってみれば、イギリス病を背景とするポンド安も大きな要因であった。為替相場は、1972年1ドル0.400ポンドであったがその後も下がり続け、1977年には0.573ポンドと43.3％も安くなった（その後反転）。英国籍船のピークが1975年となるのもうなずける。

(b) 英国籍船の急減

1970年に政権に就いた保守党は投資助成制度を廃止する。ただ、契約時が基準であるため1973年まで助成は続いた。自由償却制度は海運業には特別に残されたが、助成金の廃止は船主にとって痛手であった。もっとも投資助成を受けると5年間は転籍できなかった。

一方、北海油田が思わぬ形で海運業に影響を与えることになる。北海油田は1975年から生産を開始するが、英国は石油輸入国から輸出国に転じ、ポンドは1978年から上昇してゆく。それは当然のことながら英国船の競争力を低下させることになった。この2つが重なって、まず、外国船主の船舶が雪崩を打って流出してゆくことになる（BMCF［1986］, p.4）。

英国船主所有の英国船の流出が激しさを増すのは、1983年からとみてよいが、1つはフォークランド紛争が影響している。54隻の商船が徴用されたが、それまでの戦争＝市況高騰（戦時好況）の通念は覆され、波は穏やかで

あった。また、「海軍」のためでもあるとして海運振興を掲げる British Maritime League が設立されたが実を結ばなかった（Hope [1990],p.462）。

　もう1つは、サッチャリズムである。小川晃一は、サッチャー主義の核心は「自己規律の重視である」とし、経済面でいえば「市場重視」、「自由・選択・競争」といえるとする（小川［2005］、12～13頁）。1983年の総選挙に圧勝したサッチャーは、次々と「自己の信念」にもとづく政策を実施に移してゆく。海運産業とて例外ではなく、1984年に、1978年から導入されていた船員の所得税免除を廃止するとともに、自由償却制も法人税の減税（52％→35％）と引き替えに廃止された（実施1986年）。そのため新造船の発注はほとんどなくなったという(5)。

　以上、イギリスの国内事情をみてきたが、これと表裏一体をなす国外要因としての便宜置籍船を無視するわけにはゆかない。英国海事慈善財団の調査によれば、1982年のハンディ・バルカーの年間コストは、米国1,744万ドル、日本916万ドル、西独792万ドルであった。これに対し英国は、744万ドルで先進国では優位に立っていたが、便宜置籍船はさらに低く704万ドルであったため対抗するのが難しかった（BMCF [1986], pp.75-80）。前述した長期にわたる不況下において、最もコストの低い便宜置籍船だけが低運賃に耐えて生き延びることができた。これを物語るように、不況が明けてみると世界の35％を占めるまでに便宜置籍船は成長していた（表6-1参照）。

　ところで、イギリス船は1975年からの10年間で約1,300隻、2,000万総トン弱が流出した。厳密には新造船を加味し、スクラップされた船腹を除かなくてはならないが、これらの船舶はどの国に転籍されたのであろうか。まず、便宜置籍船化が考えられる。ただ、UNCTADによれば、英国を受益船主とする便宜置籍船は増加しているものの、1984年に221隻、556万重量トンしか確認されていない（TD/B/C. 4/290 (23 May 1985), p.3）。ホープによると、海運業からの撤退（単純海外売船）は無視できないが、主に香港とギリシャにフラッギング・アウトされたという（Hope [1990], p.457）。ギリシャ船はこの間急増しておりロンドン・グリークによる転籍と理解することができる。一方、香港籍船の増加は500万総トン強であり、華僑による所有を考えると

すっきりしない。これに対して、香港を受益船主とする便宜置籍船は 3,700 万重量トンに上ることおよびホープの本文からすると、英国船主は香港の子会社をバイパスして便宜置籍船化したものと思われる。

(3) マン島船籍制度の「創設」

サッチャー政権は自国船の流出を放任する政策を採ったが、流出規模はあまりに大きすぎた。1983 年央から 85 年央までの 2 年間に英国船は 478 万総トン（30.1％）、808 万重量トン（27.1％）も減少した。2 年間で 3 分の 1 弱もの船舶を失ったわけで、放任政策を続けることは困難であった。ただ、対応策は政権の名にふさわしく「安価」であった。

マン島船籍の実質的な「創設」がなされた。マン島はイギリス本土とアイルランドのほぼ中央にある英領で、オートバイの TT レースで知られている。バイキングの時代から 1000 年の歴史をもつティオルドという独自の立法府を有する自治領である。船籍制度も有していたが、島内向けであり、国際船籍を設けるには海事機構の整備が不可欠であった。1984 年に商船法の改正が行われ、主要な海事条約の受け入れと海事行政機構が整えられた。海事諸条約の発効が 1986 年 7 月 1 日までに行われたので、一般にこの日を出発点としている。

(a) マン島船籍制度の概要

以下に述べる項目を主な登録要件ないし特徴としている[6]。

①英国商船法の登録要件を満たすこと（国旗（red ensign）掲揚権取得）。
②英国市民、英国法人（外国船主の子会社も可）所有。
③マン島に「主たる営業地（principal）」又は船舶管理会社のジェヌイン・プレゼンスが必要（実効的管轄権確保のため）。
④主な船舶職員（船長、機関長、一等航海士、通信士）は英国人、アイルランド人、英連邦人でなくてはならない。
⑤当直職員は英連邦資格が必要。
⑥英国労働法の適用はなく期間雇用。
⑦外国人の母国賃金での雇用可。

⑧マン島法人船社の場合、法人税は20％（英本土35％）。
⑨同上、自由償却可。
⑩登録税：215ポンド、船舶税（annual fee）なし。
⑪ITF（国際運輸労連）は便宜船籍に該当しないと決定。

英国本土籍船をマン島に移籍する場合と新規に船籍登録する場合では評価は異なるが、前者についてみれば、船主には、①労働協約のリセット、②期間雇用化、③外国人船員の雇用、④低い法人税、自由償却制の活用など数々のメリットがある。

参考としてシェルタンカーUKの例をみておきたい。同社は、自社船を香港、ブルネイなどに転籍させていたが、マン島にも20隻を移籍した。まず、マン島に船舶管理会社（Shell Ship Management Ltd.）を設立し、孫会社としてManx Manning Service社を設立した。この孫会社が船員を期間雇用するので、本国の労使関係から離脱することになる。部員については、フィリピン人船員を雇用した。このようなシステムを採用し、所有者は英本国に残ったため税法上のメリットは活用できなかった（子・孫会社は別）が、一般管理費を年間2,500万ポンド、船員費を最高50％節減できたという（海運振興会［1990］、48、59頁、注6のWG報告）。

英国政府にとってみれば、助成措置を必要としない安価な「英国籍」船の創設であり、雇用面では、激変緩和措置的政策といえた。船員組合にすれば、雇用の減少と労働条件の低下をもたらすマン島籍には反対せざるを得ない。かといって、前述した大量のイギリス船の流出を阻止ないし、減少させるだけの力をすでに失っていることも自覚せざるを得なかった。結局、イギリスからの流出よりも、労働組合の交渉権や一定程度の雇用を確保できるマン島籍を支持する役割を果たすことになった。ITFの公正慣行委員会は、1986年6月マン島籍を便宜船籍と決定したが、同年8月の世界大会では却下された。英国労組の意見が左右したようである[7]。

このようにして、マン島船籍は本格的な第2船籍として活用されることになった[8]。その船腹はロイズ統計によれば、1987年（各6月末）：98隻、191万総トン、88年：114隻、214万総トン、89年：118隻、211万総トン、であ

った。

3 第2船籍制度と国際海運の構造変化

(1) 第2船籍制度導入競争と若干の用語について

UNCTADで作られた「国連船舶登録要件条約」(1986年) は、発展途上国の海運関係者の気持ちを逆撫でするかのように「便宜置籍船を世界的に認知した条約」といわれたりする。便宜置籍船の段階的廃止が実現しなかったためであるが、皮肉にも先進国が条約作成過程で優勢に転ずる頃から、海運大不況も手伝って、先進諸国は次々と自国籍船をフラッギング・アウトせざるを得なくなった。

日本海運の取引相手はそのほとんどが日本の荷主であったことはよく知られているが、狭い欧州海域においてはそうはいかない。国を越えた厳しい競争が展開されることになる。イギリスがマン島籍を「創設」して優位に立とうとするならば、他国はそれを傍観するわけにはいかない。こうして欧州委員会にいわせれば、「その呼称が何であれ、外航に従事する船舶に対し競争上の不利を緩和するために、第1船籍 (first register) に比べ財務コストや労働コストを軽減することができる特別の船籍 (specific registers) が創設される」ことになる (CEU [1996], Annex B, p.8)。**表6-2**にみるように、それは瞬く間に西ヨーロッパ全体に広がっていった。本章では、まず、主要国の第2船籍を概観し、その後第2船籍制度の歴史的な意義について考察することにする。

本論に入る前に若干用語について触れておきたい。まず、「フラッギング・アウト」である。サリバンによれば、"flag out or flagging out" とは、自国籍を脱して便宜置籍船化することである (Sullivan [1996], p.171) が、もう少し広げてコストの低い他国籍に転籍する場合 (例、後述) も含めることができるであろう。実際には、外国船主への単純な売船も含めて使用される。本稿では以上を包含する「流出」を使用することも多い。

次に、「オフショア船籍」であるが、マン島がこれに当たる。欧州諸国は

表 6-2　欧州における第 2 船籍制度導入の推移

年	国名	制度名
1986	英国	マン島船籍（英自治領）
1987	ノルウェー	国際船舶登録制度（NIS）
	フランス	ケルゲレン諸島船籍
1988	デンマーク	国際船舶登録制度（DIS）
1989	ドイツ	ISR（GIS）
1990	ポルトガル	マディラ国際船籍
	スペイン	カナリア船籍
1992	フィンランド	国際船舶登録制度（FIS）

出所：運輸省；外航海運・船員問題懇談会資料（1995）
注 1）オランダ船主は蘭領アンチルを使用する傾向にあるが、オランダ政府は関知せず、第 2 船籍否定。
CEU［1996］, Annex B, p.8.

現在でもいわゆる海外領土を多数保持しているが、そこのある港（本国からみて off-shore）に船籍港を指定して特例措置を適用するのは 1 つの方法であろう。これに対して、ノルウェー（ベルゲンが船籍港）のような場合には、off-shore とはいえず、「第 2 船籍」がふさわしくなる。さらに「国際船舶」（日本はこの名称）という規定の仕方がある。外航海運に従事する船舶のうち一定の要件を満たす船舶には、たとえば外国人船員の母国水準での雇用を許可するなどである。さらに、たとえばノルウェーのように外資導入を狙いとするため「国際船籍」と名付けている場合もある。

以上を包括的に表現する用語としては、「第 2 船籍制度」がふさわしいと思われるので、本書ではこの用語に統一しておくことにする。

(2) 主な第 2 船籍制度

イギリスのマン島船籍については前節で扱ったので省略する。

(a) NIS（ノルウェー国際船舶登録制度、Norwegian International Ship Register）

1984 年／85 年の海事白書で言及されたが、当時はそれ以上検討しないこととされた。しかし、その後もノルウェー船の流出が続き（1984 年初から 3 年弱で実に 200 隻、2,000 万重量トン）、ついに 1986 年末には海外籍船が自

国籍船を凌駕する事態となった（船協月報、87 年 2 月号、43 頁）。このような状況を受けて、1986 年 4 月に保守党政権の下で第 2 船籍制度が提案され、労働党政権も引き継いだので成立に向かうことになる。NIS 法は翌年 6 月 3 日に議会を通過し、7 月 1 日から施行された。船長組合を除き船員組合は反対したが、上部団体の支持を得られず押し切られることになった。

　NIS の目的は、マン島籍とほぼ同じである。①船員の国籍要件は船長のみ（その例外も）、②労働協約のリセット、③外国人船員の母国水準での雇用、④配乗要件の個別化（船舶ごと）による緩和（海事庁が最低安全定員を決定）が実施された（海運振興会［1988］、5 頁以下）。異なるところは、NIS という名称にあるように外国船主も誘致しようとしたところにある。そのため登録要件としては、ノルウェー法人が所有する必要はないが、船主は、ノルウェーを本拠とする船舶管理会社に運航管理のほとんどを委ね（entrust a significant part of the onshore management function）、権限を有する代表者をノルウェー内で指名しなくてはならないとされた（ISF［1987］, Update）。

　ノルウェーとしては単純に、自国籍船を増大させるということではなく、船舶管理企業とその要員を確保・育成しようとしたところに重点があったというべきであろう。要員は当然船員としての実務経験が必要であり、間接的にノルウェー船員の雇用を維持しようとしたことがうかがえる。

　ただ、ノルウェー船主の NIS 登録はともかく、外国船主の登録となると ITF としては看過できない。ITF の公正慣行委員会は、1987 年 6 月に外国船主登録の NIS 船を便宜置籍船と認定した[9]。このこともあって、外国船主の登録は伸びていないようである。

(b) DIS（デンマーク国際船舶登録制度、Danish International Register of Shipping）

　NIS を参考にして、約 1 年後の 1988 年 7 月に実施に移されたが、NIS とは似て非なるものといえよう。国際船籍を冠しているが、登録が許される外国法人（body corporate）はデンマーク人が支配する法人である。また、外国人船員の雇用が母国賃金で許されるといっても、主眼は自国船員の免税にある。当時、税負担は最高 70％といわれ、その免除と定員減によって 52％の船員

費が節減できたという。その結果1年後には自国船員が増加するとともに、船員のうち85％がデンマーク人によって占められていた。船舶もリフラッギングがあり34隻130万重量トンの増加があった。このようにみてくると、DIS は「第2船籍」ではないというべきかも知れない[10]。

(c) ISR（GIS）—西ドイツ

西ドイツでは1989年5月に第2船籍がスタートした。ISR（Internationales Seeshiffahrtsregister）あるいはGIS（German International Shipregister）といわれるが、法律の正式名称は「国際運輸業に従事するドイツ籍海洋船の補足登録実施法」にみられるように、外航西ドイツ船の特例法であり「国際」に力点があるわけではない（蒲［1989］、81頁）。法体系上の位置付けはともかく、主に、船員費の削減を目的とした外国人労働力導入を許容する点で、他国の制度と大きく異なるわけではない[11]。若干の特徴をいえば、上級船舶職員については免状をドイツ免状に限定することにより、事実上ドイツ船員を確保しようとしたところに見出される（普通船員については英会話力に緩和、海運振興会［1990b］、21頁）。

(d) ケルゲレン島（Kergelen Is.）船籍制度—フランス

ケルゲレン島は、インド洋の南の南極に近いフランス領である。同島は以前から船籍を設けていたために利用されたのであるが、1987年3月にスタートする背景は他国と異ならない。第1船籍では乗組員は全員フランス人でなければならないが、このオフショア・レジストリーで、乗組員の75％までは外国人船員を雇用することができるようになった（船長および3人の船舶職員はフランス人でなくてはならないが）。外国人船員に対する保護措置（仏法適用）はなく、母国賃金での雇用等が可能である[12]。1993年までは、定期船、原油タンカーは登録できず、上限30隻までという制限があった（LSM［1995］, p. 34）。なお、本船籍は1995年参事院（Conseil d'Etat）により憲法上の理由で非合法とされた（CEU［1996］, Annex B, p.8）。その後2005年にRIF（French International Register）法が成立し、2007年にケルゲレン籍から移行した（船主協会［2010b］、21頁）。

さて、ヨーロッパにおける第2船籍制度の成果はどのようなものであった

のであろうか。残念ながら衰退傾向を救うことはできなかった。1985年世界の23％（重量トン）を占めていたEC船隊は、1994年には14％にまで落ち込んでしまった。船員については、当初から予想されていたが、1985年から94年にかけてEC船員は約23万人から14万人に激減した（39％減）。主な原因として、フラッギング・アウト（51％）、船隊縮小（27％）、配乗定員減（22％）が指摘されている（CEC［1996］, Annex A, pp. 6-9）。

(3) 第2船籍制度の歴史的意義

第2船籍制度を創設した欧州諸国の動機は自国籍船の減少・流出に歯止めを掛け、可能であるならば増加させたいというところにあったが、世界海運の歴史的観点からすると大きく3つの変化を指摘することができるであろう[13]。

第1は、擬似便宜置籍船化である。便宜船籍制度を経済的に極めて単純化するなら、先進国資本と途上国労働力が自由、かつ、直接的に結びつく現象と規定することができるであろう。別言すれば、最も低いコストの資本と最も低いコストの労働力の結合といえる。海外直接投資においてもほぼ同様の現象を呈するが、便宜船籍制度は、投資先国の国民経済の下で結びつけられるわけではなく、また、発展途上国の労働力との結合といっても投資先国の労働力に限定されないところに特徴がある。第1章1（4）参照。第2船籍制度においても、外国人船員を世界の船員市場から相当自由に選択できる点において便宜船籍制度に似通った制度といえる。ただ、自国船員とりわけ船舶職員の雇用を確保するという目的が措定されているため擬似的制度であるといえる。

第2は、海上労働力市場の世界化・単一化である。伝統的海運にあっては自国資本に自国船員が結び付く形態が一般的であった。一般的たり得た背景は、一方に、資本が豊富で利子率が低くコストの安い資本とそれに高賃金・高コストの船員が結び付いた先進国の船舶があり、他方に、「後進国」ないし発展途上国の資本不足で高コストな資本に低賃金の船員が結び付いた船舶が存在し、ある種の均衡を保っていたからである（さらに国家助成が調整役

に)。明治以降、後進国日本の海運は低賃金を武器に欧米海運にキャッチアップしていったことはよく知られている。

労働力市場の観点からいえば、市場は国内に限定されていたわけである。(旧)植民地船員を雇用する場合もあったが、労働組合との関係で自由であったわけではない。これに対し、便宜船籍制度においては、国内市場の壁を越え、世界中から最も安く能力のある船員を雇用することができるようになった。そして便宜置籍船が一定程度の規模に達した段階で、部分的ではあるが世界的な市場が出現することになった。第2船籍制度は、この部分的な世界市場を一気に拡大し、それをマイナーな存在からメジャーな市場に変化させた[14]。表6-1の船腹割合参照。

第3に、船舶管理業が新たな分業形態の1つとして不動の地位を獲得したことである。船舶管理会社(ship management firm/company)は、マンニングを中核として航行・運航管理、安全管理(検査・修繕を含む)、保険などかつてオーナーが行ってきた機能を、サービスとして船主(ここでは船舶所有者を想え)に提供することを業とする企業である。物流でいうサード・パーティー・ロジスティクス(3PL)に似ているところがある。どの範囲までのサービスを請負うかは区区であるが、マンニングは不可欠である[15]。

現代的な船舶管理業を一言でいうならば、裸用船を定期用船に変え、単なる船舶の所有者であった船主を海運業者(オーナー)に昇華させる役割を担うものである。船舶だけを所有し、それを裸のままチャーターアウトするケースも存在したが、巨額の財産を白紙のまま傭船者に委ねるのに等しく、高度のリスクを伴うのであまり発達しなかった。そのため第1章注1で触れたように海運界においてownerといえば、船舶を所有するだけでなく、船員を乗せいわゆるメンテナンスを自ら手掛け、そのうえでoperatorにチャーターアウトする業者を指すのが普通である。

船舶管理業は便宜置籍船化を契機として出現する。ヨーロッパの船主にとって便宜置籍船化の初期の段階ではともかく、アジア船員を雇用するようになれば「代理人」が不可欠な存在となる。船籍を移すことは簡単であっても、船員の手配も含め日々の管理を行うことは容易なことではない[16]。前述し

たように、スレトモは船舶管理業を世界史における第4の波として高く評価するが、その根拠として、① OECD 諸国のオーナーから船舶管理業者への経営（management）の移転は海運におけるまったく新しい組織形態であること（genuinely new form of organization of shipping）、②グローバルな海運市場に効率的に対応しようとするイノベーションであること、③西側の技術と資本をもとに発展途上国の低コスト労働力を活用する専門的知識を身につけていることなどを指摘する[17]。

さて、第2船籍制度との関連では次のことを指摘しておきたい。まず、外国人船員の雇用が認められるようになったが、それは船舶管理会社への需要増大を意味したことである。次に、海運大不況の影響が大きかったことである。銀行や大手商社は、あまりに不況が深刻であったため倒産した船社から債権の代わりに受け取った船舶をすぐには売却することができず、船舶管理業者を活用して「時間を稼ぐ」ことにした。

海洋法条約第94条は旗国の実効的な管轄義務を定めている。イギリスやノルウェーは、マン島籍や NIS にみられるように船舶管理会社を監督すれば国際法上の義務を十分果すことができると判断していたわけであるが、このオーソライズによって船舶管理業の地位は不動のものになったといえよう。

4　ECの第1次・第2次共通海運政策（1985年、1989年）

(1) 第1次共通海運政策（1985年）
(a) EC 委員会の危機感

ローマ条約といわれたりもする EC 条約（欧州共同体を設立する条約 1958 年発効）は、第3条 (f) で「運輸分野の共通政策の樹立」を掲げ、第4編運輸（74 〜 84 条）を設けたが道路・鉄道・可航水路に止まり、海運と航空は適用外の分野とされ、理事会の決定に委ねられた。理事会決定に向けた EC 委員会[18]の最初の包括的提案が、1985 年 3 月に提出された『共通運輸政策（海事）の発展のために（Progress towards a Common Transport Policy（Maritime Transport)』という報告（communication）である[19]。

「共通運輸政策（海事）」となっているのは、1983年に内陸輸送、84年に民間航空について報告書が作成されているためである（Introduction, iv）。本報告・提案は1986年にその一部が理事会で採択されるが、一般に第1次共通海運政策といわれる（第2次は1989年、松本［1999］、67頁）。報告書は、第1章：はじめに、第2章：国際海運の状況、第3章：海運全体に関わる諸問題、第4章：定航海運の主要な課題、第5章：バルク海運の主要な課題、第6章：海上安全と海洋汚染防止、第7章：港湾、第8章：その他からなる。

　そのうち第2章「国際海運の状況」は、第1節：1975年以来の世界海運の変化とEC海運（EC加盟国海運、以下同様）、第2節：EC船隊低落傾向の諸原因（Causes of relative decline of the Community fleet）で構成される。第1節で、EC委員会は1975年と1983年の船腹を比較する。加盟10か国の船腹の減少量は120万総トンでさほど大きくないが、世界海運におけるシェアは29.0％から23.3％へと大きく後退したと、憂慮する（CEC［1985］, par.1）。なお、委員会としては指摘できる性質の事柄ではないが、伝統的な欧州海運とは異なる行動や政策を採ってきた1981年加盟のギリシャを除くと、トン数の減少も無視できない。ギリシャはこの間1,500万総トン増加させているので、旧加盟国の船隊は1,620万総トン、22.5％も減少したことになる（中心は英国）。

　シェアを落した原因として、第1に、部分的に存在したEC海運の優位性が侵食されていることをあげる。優位性は①技術革新、②LNG船など高度の専用船化、③高品質の海運サービスの提供で保持されてきたが、それを維持することがコスト的にも不可能になったとする。

　第2に、資本力・財務力も優位性を形成するものであったが、長期不況で体力が衰え、二束三文で売船せざるを得なくなった船主もいるとする。第三国船主がそれを購入すれば強い競争力をもつことになる、と。

　第3に、参入障壁の低下や安全軽視の船舶（flag）も優位性を侵食する一因となっているとする。たとえば、参入障壁の低下についていえば造船不況で低船価になるとともに船舶融資も緩和されたとする。

　第4に、定期船については国家所有船が不公正な運賃で盟外参入しているとする（いわゆる東欧海運問題）。

その他、北海、アラスカ、メキシコ、極東原油の登場やスエズ運河拡張による輸送距離の短縮（船腹需要の減少）、エネルギー源の多様化によるトレードパターンの変化（日本の台頭）など、EC海運に不利な状況について触れる[20]。

便宜置籍船が2,000万総トン増加したこともEC海運の地位低下の一大要因であろうが、便宜置籍船についてはOECDを通してUNCTADで態度を表明していたためか触れていない（第5章5（2）参照）。ただ、バルク海運の章で便宜置籍船について次のように評価する。便宜置籍船の受益船主の23％はECにあり（そのうちギリシャが3分の2を占める）、加盟国海運の補完的船隊として無視できない存在になっている。フラッギング・アウトは、ECの船主にとって、競争力の確保、船舶運航に対する支配力の保持および自国籍船プラス便宜置籍船による低コスト実現などの手段となっている。また、EC経済にとっても、便宜置籍船は輸送コストを最小化するので利益であるとして肯定的に評価している（Ibid., par.80-81）。

(b) 打ち出せなかった競争力強化に関する共通海運政策

EC海運に対する強い危機感のわりには、委員会の政策提案は拍子抜けするものであった。大略次のように述べる。前述したEC海運の優位性の喪失がEC船隊の深刻な地位低下や実質的な消失を含意するのであれば、ECは、タックス・ペイヤーや荷主産業の負担において船隊を保持する政策を採るか、それとも成り行きにまかせコストの最も低い非ECキャリアをECの荷主産業が利用できる政策を採用するかの選択に直面するであろう。しかし、当委員会としては、現在のところECが厳しい選択を迫られているとは思わない。事実、加盟国船隊はEC貿易を十分担っているし、3国間輸送で優位性を保持している、とする[21]。

このようなことから、EC海運の競争力強化政策にはみるべきものはなかった。その代わりということではないが、①海運自由の原則の一層の発展、②定期船同盟に対する独禁法適用免除、③いわゆる東欧問題への対応、④国旗差別などの制限措置に対する共同抵抗などに関する規則（regulation, 法的拘束力あり）案、指令（Directive）案および決定（Decision）案を理事会に提

起している（CEC［1985］, Annexs：Commission Proposals）。規則案は理事会で翌年 12 月に採択された（CEC［1989a］, par. 2）。一般に EC Shipping Policy Package といわれる（松本［1999］、67 頁以下参照）。

　1985 年 3 月 14 日の EC 委員会の報告・提案と理事会（1986 年 12 月 22 日）との間に加盟国間に極めて大きな変化があった。それは英国のマン島籍の本格化や NIS などの第 2 船籍が、海運大不況を背景に打ち出されてきたことである。このような状況の変化に、閣僚理事会は、「効率的で競争力のある EC 海運産業を維持・発展させるとともに EC 貿易に利益をもたらす競争力のある海上輸送サービスの確保を狙いとするさらなる施策が必要である」との声明を出した（Ibid., par. 2）。こうして新たな政策が模索されることになる。

(2) 第 2 次共通海運政策「EC 海運産業の将来のために」
(a) 概要

　第 2 次共通海運政策（1989 年）が EC 委員会から発表されたのは閣僚理事会声明が出されてから 2 年半後であった。核心をなす独自船籍 EUROS[22] によって EC 海運は競争力をもちうるかという議論もさることながら、時間を要した最大の理由として単一欧州議定書の発効（1987 年 7 月）をあげることができるであろう。1992 年末までに域内市場（Single Market）を完成させることになったが、EC 固有の船籍には単一市場が最もふさわしい。

　第 2 次共通海運政策のタイトルは「EC 海運産業の将来のために：EC 海運の運航環境の改善に向けた政策」（CEC［1989a］）[23] で、第 1 章：はじめに、第 2 章：海運産業の現状、第 3 章：共同体としての措置の必要性とその範囲、第 4 章：EC 船隊の後退を食い止める方策としての共同体船籍、第 5 章：さらなる措置と付随的方策で構成される。

　理事会への提案は、① EUROS の設立および EC 旗掲揚規則案、②共同体（EC）船主の定義規則案、③ EC 域内におけるカボタージュ解禁規則案、④ EC における PSC（port State Control、入港国による監督）の実効性の改善に関する委員会勧告であった。国内各港間（例：東京港―大阪港）の輸送は自国船に留保することができるとするのがカボタージュであるが、その解禁は文

字通り単一市場を形成しようとするものである。他の項目はEUROSにからむのでそれを概観することから始めよう。

(b) EUROS規則案とその撤回
（ア）船籍・船主・船舶
（ⅰ）船籍（上記規則案第2条、以下同じ）　EC船籍は単独の船籍ではなく、加盟各国の船籍に加えて、下記の要件を満たす場合に付与される変則的な船籍である。国際法上は各国の船籍が海洋法条約第91条でいう「船舶の国籍」（CEC［1989a］, par. 57-59）となる。なお、EC委員会は違反船に対し登録の抹消もできる。

（ⅱ）登録資格（船主、第3条）　①加盟国国民が所有している場合。②加盟国法人の場合は、加盟国国民が過半数を所有しているか、役員（EC居住）の過半数が加盟国国民である場合。③EC外定住の加盟国国民か、海運会社の場合は加盟国で船籍登録が許されている場合（詳細省略）。

（ⅲ）登録資格のある船舶（第4条）　①500総トン以上、船齢20年以下の船舶。②裸用船した船舶も可（第5条、省略）。

（イ）マンニング、乗組員
（ⅰ）乗組員の国籍（第7条）　船舶職員全員と残りの乗組員の半数以上はEC国民（nationals of a Member State）でなくてはならない。

（ⅱ）非加盟国船員の労働条件（第8条、第9条）　いわゆる外国人船員については、母国労働組合との労働協約が必要。さらにILO第109号勧告（1958年）に従う義務がある。

（ⅲ）社会保障（第10条）　①基本的には居住国の責任。②ただし母国が別の定めをしていればその限りで、第一義的な船籍国が責任を負う。

さらに、EUROSの特典として、①食糧援助物資輸送、②6,000総トン未満船に対するカボタージュ解禁を提案している[24]。

EUROS案について「委員会は、提案した諸施策が単一市場の発展に伴ってEC船隊に新たな前途（new future）を提供するものと確信している」（Ibid., par.8）と述べているように市場統合を強く意識したものであった。船員資格の相互承認制の導入（第13条）によって「EC船員」が強く打ち出されてい

るし、船舶の高品質要件が加わることによって EC 旗を掲げる船舶は単一貿易主体（single trading entity）のシンボルになるだろうという（Ibid., par.61-64）。さらに、EUROS によって競争条件等が調和・収束し、第 2 船籍に終わりを告げることを意図しているとすら述べている（Ibid., par.66）。

このように EUROS は、極めて意欲的な構想を実現しようとしていた。ただ、一見して分かるように配乗要件はコスト的に厳しく、船主のみならず各国の反対が集中した。そのため EC 委員会は、1990 年 12 月に配乗要件の大幅な緩和（自国船員は職員 4 人に実質限定）やトン数税の選択的導入などのインセンティブを提案した。さらに、1992 年に若干の追加誘導策を導入するが、理事会の賛成は得られなかった[25]。

(3) 国家助成にかかる 1989 年のガイドライン

詳しくは後述するが、共同体設立条約（第 92 〜 94 条）は、特定の経済活動の振興に資するための国家助成を「共通の利益」を逸脱しない範囲で認め、その審査を EC 委員会に委ねている。EC 委員会は、海運大不況や第 2 船籍制度に関連して加盟国が許される範囲を越える助成をするのではないかと危惧し（CEC［1989a］, par. 1, 6）、「EC 船舶の運航に関する金融財務（会計）上の措置」という文書を発表した[26]。

この文書には「船社に対する国家助成の審査のためのガイドライン Guidelines for the Examination of State Aids to Community Shipping Companies」（CEC［1989c］）が付されている（Annex1）。両者の混同もみうけられるので独立したものとしておく。なお、後者は一般に「1989 年のガイドライン」といわれることが多い。

実際には、2 つの側面から検討されることになる。1 つは、「共通の利益」にとって国家助成がどういう意味をもつかである。共通の利益としては EC 船隊の維持と EC 船員の雇用の確保であり、たとえば、便宜置籍船とのコスト差（主にマンニング・コスト）を埋める助成が許されることになる。

2 つは、加盟国の相互間の公正競争の確保である。第三国船との競争とは別に、加盟国間の競争も前章でみたように熾烈であるが、競争を歪めないた

めに考慮しなくてはならないものは加盟国のコストのばらつきである。本章2 (1) でも触れたが、委員会の調査によると、便宜置籍船であるキプロス船との運航コストの差はコンテナ船の場合 3.5％〜22％（ポルトガル〜西独）、撒積船で 15〜44％（ポルトガル〜イタリア）であった。それぞれの加盟国が有するコスト差をそれぞれの国に認めたのでは不公正な競争を導くことになるので、3.5％と 15％でシーリングが形成された（CEC［1989b］,p. 6, CEC［1989c］, p. 4）。プリズマによれば、このシステムは非常に複雑で理解するのも難しく、実行に移すのは実際上困難であった。また、加盟国の船隊構成の変化を考慮し定期的に改定する必要があり、完全に実行されることはなかったという（運輸政策機構［2000］、11 頁、76 頁）。

次のような指針も設けている（CEC［1989c］, pp. 5-6）。①社会保障費船社負担分、②船員の所得税、③送還費用（最大 50％）、④訓練費用、⑤一定の海運活動についての特別課税方式などは、シーリングの範囲内で認められるとする。運航差額補助は原則として認められないとされた。

5　攻勢に転じたヨーロッパ（1996 年）

(1)「新しい海運戦略に向けて」（1996 年 3 月 13 日）
(a) 基本方針と EU 海運の意義

1985 年の第 1 次共通海運政策では主に市場政策が取り扱われ、海運再生策は先送りされた。1989 年の第 2 次共通海運政策においては EUROS（EC 船籍）と海運助成に関するガイドラインが作成されたが、実効性に乏しく受け入れられるものとはならなかった。すなわち EC は共通海運政策に手を付けたものの放置するに等しい状態にあったといえよう。この間、加盟各国が独自に採用した第 2 船籍政策は本章 3 で述べたように成果があがらなかった。

このような深刻な状況に対して、1996 年 3 月欧州委員会[27] は "Towards a New Maritime Strategy"（CEU［1996a］）なる政策提言を理事会、議会、経済社会評議会、地域評議会に送った。"maritime" となっているが、内容は「EC 海運の競争力に関する問題」に的を絞ったものになっている[28]。

文書は、要約、A部：EC海運とその政策（推移と現状）、B部：今後の政策、結論からなる。B部は、Ⅰ基本方針、Ⅱ海上安全と公正競争、Ⅲ自由市場の維持、Ⅳ競争力強化のための政策に分けられている。Ⅰ基本方針（The Approach）において、欧州委員会は次のように述べる。なによりもグローバリゼーションに対応しなくてはならない。EU海運や関連産業に対する投資規制はEUの全産業の競争力の維持に制約となるかも知れない。また、雇用を増進させるためだけの個別的政策はコストを増加させる割りには、それに対応する生産性の向上は期待することができないので失敗は不可避となり、さらなるEU船舶流出を導くことになるだろう。したがって、開放政策を堅持し、質の高い雇用と高い技術を促進する政策を維持するだけでなく、国家助成についてもさらなる一歩を踏み出すことを考慮する。政策の選択肢として上記Ⅱ、Ⅲ、Ⅳの戦略を検討するとする、と（Ibid., pp.11-12）。

　各章については後に詳しく述べるとして、まず、EUはEU海運の意義についてどう考えているのかについて触れておきたい（Ibid., Annex, pp. 3-4）。第1は、EUの経済的独立のための海運である。この点に関する疑問すなわちEU船に限定する必要はない、EU船社が支配する第三国船でも十分ではないのか、については、EUの競争相手が提供する海運に過度に依存すれば、時と場合によっては、開放的市場を維持することができず、荷主の選択権が奪われ、EU貿易にとって有害となるとする。

　第2は、軍事的必要性である。これを満たすためには、EU船、EU船員が必要になるが、差し当たりは共同体の産業・海事政策の範囲外の事柄であるとする。

　第3に、海事関連産業への貢献である。オランダの調査によると海運が生み出す付加価値のうち、海運自体は30％で、70％は陸上の関連産業において生み出されていると引用している（CEU［1996a］, p.33）。いわゆる海事クラスターであるが、特徴的なことは船員の役割である。船員の技術力は乗船経験によって培われるが、そこで形成された技術力は陸上関連産業にとっても不可欠であるとする。港湾行政、港湾運送、水先案内、マリン・エンジニアリング、海事検査・検定、コーストガード、舶用機器産業、船舶管理業、

海事教育、海上保険・海事法務、ブローカーなどの事業・業務を指摘する（Ibid., Annex, pp. 4-5）。海事クラスターという用語は、マイケル・ポーターに由来するが、上述したところは古くから指摘されてきた。ここに来て注目されるようになったのは、給源すなわち熟練船員の枯渇が深刻な問題として認識されるようになったためである。

上述のごとく、EU にとって必要な①経済的独立、②安全保障、③海事関連産業を満たすためには、従来の政策だけでは不十分であり、文字通り「新しい戦略・政策」を構築しなくてはならないと欧州委員会は考えたわけであるが、それはまことに大胆かつ画期的なものであった。

(b) 海上安全の確保・向上と不公正競争の排除

ヨーロッパは以前から、海上の安全と環境保護について取り組んできた（第5章2（2）参照）が、新戦略ではさらに一歩踏み出した感が強い。まず、安全は公正競争にとって不可欠な要件（integral part）であり、少なくともヨーロッパからかかる不公正競争を排除しなくてはならないとする[29]。この政策的含意は、安全基準を遵守しない船舶を PSC 等で排除できれば、EC 船の競争力が向上し、EC 船員の雇用を創出できるとするところにある（Ibid., p. 12）。

次に、船籍制度は安全と公正競争に不可欠であるとする。1つは、「世界レベルにおける旗国の義務とその執行」と題されたもので、通常指摘される項目が並べられているが、料金体系（fee structure）は旗国の義務（standards）を強制するに十分な収入をもたらすものでなくてはならない、船級など非政府組織に監督を委託する場合でもそれをモニターする独立審査システムをもたなくてはならないなどが注目される。便宜置籍船が意識されている（Ibid., pp. 14-18）。

加盟各国の船籍制度については、船主や船舶管理者の存在は明らかにされなければならず、複雑な組織を利用して責任を回避してはならないとするほか、乗組員の国籍要件について次のように述べる。加盟各国は雇用面、軍事面などから国籍要件を考慮している（view）が、国連船舶登録要件条約[30]はそれを選択的な義務付けとしていること、競争力を脅かす国籍要件を設け

れば船主は規制のない船籍に逃げてしまうかも知れないこと、さらに、EUROS の経験が示しているごとく最少配員要件を定めることは雇用を保障するための最適な解決策ともいえないことを指摘する。したがって、欧州委員会としては、教育・訓練・財務・社会保障上の負担の軽減政策によって EC 船員を守るべきと考え、EU レベルにおいては乗組員の国籍を要件化しないことにする、とする（Ibid., pp. 16-17）。

　もちろん、船主の登録資格も問題となる。欧州委員会は、この点について、①単一市場になった以上ローマ条約に従って自国以外の海運資本にも資格を与えないわけにはゆかない、②技術革新によってますます船舶は資本集約的になっているので EU 外からも資本を導入しなくてはならない、③公正競争の確保は不可欠ではあるが所有者や管理者を自国内で実効的に管轄できる規定を設ければよいとして、船主の国籍要件を求めないことにした。ただ、国家補助の受益者には当然限定が必要であるから、たとえば「EU 船主」という包括的コンセプトを創設することもできるとする（Ibid., pp.17-18）。

　以上に加えて、オフショア船籍への加盟国の関与の必要性、PSC 等による危険な船舶の排除、クオリティ・シッピング精神の助長など「安全と公正競争」を強く打ち出すとともに、グローバリゼーションに対応して外国資本の導入や国際競争力の向上に意を用いようとしている（Ibid., pp. 18-20）。

(c) 世界的な開放的市場の維持

　EU 海運がさらに発展するためには広大な市場が用意されなくてはならないとして、「（海運における）自由市場の保持（maintaining open markets）」を提案するが、「海運自由の原則」と同一であり、2 点を指摘するに止める。1 つは、EU 発着が主軸になるとはいえ欧州委員会は世界市場の開放を求めており、世界海運に対する支配欲はいささかも衰えていないことである。2 つは、後述する「海運助成」は本来オープン市場と対立する不公正なものといえるであろうが[31]、この点については国家補助の「透明性」を高めることが重要であることを指摘するだけで（Ibid., p.21）、いささかバランスを欠いていることである。

(d) 競争力を強化するための政策

①船員の訓練と雇用、②研究開発（ハード、ソフトの R&D）、③海運に対する国家助成を取り上げている。①のうち、訓練については国家の教育・訓練システムに位置付け、その費用は加盟国負担とすべきとする。さらに、昇進・陸上転職のための訓練に対する直接補助、キャデットを受け入れる船社に対する国家助成などを打ち出している（Ibid., p.25）。

さて、焦点の国家助成については、さらなる海運助成が必要であるとして、いくつかの議論を展開しているが、1989 年のガイドライン（前述）を改訂するとするだけで、具体的な政策を提示していないので、後章の「改訂指針」に譲ることにする。

(2) 国家助成と EC 条約

1992 年 2 月に調印されたマーストリヒト条約の正式名称は「ヨーロッパ連合条約（Treaty on European Union）」で、次の 3 つの柱からなる。①欧州共同体（EC：European Communities）、②共通外交安全保障政策（CFSP）、③警察刑事司法協力（PJCC）。①は連邦国家の様相すら呈するが、②③は文字通り連合体としての協力関係が強く出る。

この条約でいわゆる EC は EU へ移行したが、ローマ条約とも称されることもある欧州経済共同体条約（EEC 条約）は「ヨーロッパ共同体を設立する条約（EC 条約あるいは EC 法）」に改められたにすぎない。経済に限定されなくなったからであるが、用語法上は困難を極めることになった。本書では、加盟国の主権と関わる場合があるので「EC 条約」を用いることにする。

EC 条約は全 6 部 314 条からなるが、「国家の援助」は、第 3 部「共同体の政策」第 6 編「競争、税制および法制の接近の共通規定」の第 1 章「競争に関する規則」第 3 節「国の援助（State Aid）」（第 92 〜 94 条）に定められている[32]。

第 92 条第 1 項は、企業あるいは生産に対する国家援助は原則として禁止される（共同市場と両立しない）と定める。援助は直接的なものから隠れた補助金（税の減免など）まで広く捉えられている。また、国からというのも

たとえば私的団体からであっても財源が国からであれば該当するとされる[33]。ただし、例外が2つ認められている。1つは、災害援助など共同市場と両立する場合である（第2項）。もう1つは両立しないが「両立するものとみなすことができる」場合である（第3項）。5つの類型を示すが、本書に関係する援助は、「ある種の活動の発展又はある経済地域の発展を容易にするための援助。ただし、その援助は、共通の利益に反する程度まで貿易の条件を改変しないことを条件とする」と定められている（第3項（c））。

EUではなく国家の援助であるから、加盟国は「共同体の文脈ではなく国内基準に照らして」特定の産業部門への援助を、但書きの範囲内で決定できる（庄司［2003a］、82頁）。他方、欧州委員会は委員会として加盟国の措置について（当該国とともに）常時審査することができる。その結果、(c) に反していれば援助の廃止・修正を要求することになる。この決定に加盟国が従わないときには、司法裁判所に訴えることができる（第93条）。

要するに、共同市場が第1であり、欧州委員会が絶対的権限を有していることが表向きは知られる。しかし、1989年の指針によれば若干（several）の援助スキームを承認したとしているだけであり（CEC［1989c］, p.1）、1989年指針そのものが機能しなかったとの指摘もある（運輸政策研究機構［2000］、11頁）。なお前後するが、「指針」の性格についてCEC［1989c］(p.1) は、共同市場と海運助成の両立性にかかる一般原則（general principles）をコミュニケーション（CEC［1989a］）にもとづいて表明したものであるとする（CEC［1989a］, par.7, 54参照）。ギリシャの無税との関係では疑問が残る。

(3) オランダの統合海運政策が欧州委員会に与えた影響
(a) オランダの新政策と欧州委員会

オランダは統合海運（海事）政策を、欧州委員会の承認を受けたうえで[34]、1996年1月1日に実施した[35]。前述したように、欧州委員会の新海運戦略が公表されたのは同年3月13日であるからそれよりも早い。政策の効果はすぐに現われ、最初の1年で50隻がリフラッギングするほどであった。さらに、改訂ガイドラインの発効は翌97年7月であったこと、欧州委

員会の審査は当該国と共同して行われることになっていることからすると、欧州委員会は、オランダの政策を検討しそれを共通海運政策にまで引き上げたといっても過言でないであろう[36]。

(b) 海事クラスターへの注目

オランダは1980年代に入り自国船が流出し、ピークの592万総トン（1976年）から89年には323万総トンまでに激減していたが、船齢も注目に値する。ロイズ統計によれば平均船齢は12年（1987年）であったが1994年には15年と3年も老朽化していた。新造船の需要不足などは海事関連産業に悪影響を与えたであろう。

そこで政府は、ベルギーのペータース（Peeters, C.）教授に海事国としての現状分析と再生方策の検討を依頼した。検討結果は1994年12月「オランダ海運の将来」として公表された。同報告の骨子は次の通りである。①従来の海運政策は自国船の維持を支援するものであったが、海事産業の生み出す付加価値のうち70％は非海運からである、②従来自国船を維持すれば自動的に造船、保険、金融などの産業は保証されるとされてきたが、このような理解よりも「海事産業（企業）がオランダ国内に立地すること」を重視すべきである（自国資本に限定しない）、③海事立国として競争力を維持するためには、ポーターという「国の競争優位」が重要であり、オランダの海事クラスターを維持拡大して、近隣国と競争する必要がある[37]、④とはいえ海運はクラスターの中核産業であり、そこからのスピルオーバーを無視すべきではない（海事産業研究所［2001］、29〜33頁）。

(c) 統合海運政策

統合海運政策は次の4つを基礎にしているという。①競争的地位の改善、②オランダ海運部門の質の向上、③海事クラスターの強化、④国際的影響力の向上。政府によれば、競争的地位の改善を第1とするのは、クォリティシッピングを実現するには、まず、利益をあげられなければならないからであるとする。具体的には、①トン数税制の導入、②船員税・社会保障拠出金の38％の船主留保の軽減策がとられた。さらに配乗要件が緩和され、船長以外の乗組員はオランダ国籍を必要としないこととされた。船長についても

2001年に不可能な場合にはEU/EEAの国民でもよいとされた。

(d) トン数税の概要

欧州委員会のガイドラインを次節で扱う関係で最小限の説明に止める。

(ア) 法人税の特例　所得は実際に得た利益ではなく「みなし利益」に課税する。この利益は、船舶の登簿純トン数 (net register tonnage) で計算される。もちろん、企業業績が赤字でも「利益ありとみなされる」。このこともあって、年ごとに都合のよい方（原則か、特例か）を選択することは許されず、トン数税を選択したら10年間は固定される。

(イ) 対象となる利益　中心は外航海運活動で得た利益であるといってよいであろう。いわゆるオフショア産業での輸送活動も含まれる。曳航・サルベージも。海事クラスターとの関係もあって、トン数税の対象となる船舶に関連する船舶仲介業、荷役業務からの利益も含まれる。

(ウ) 対象企業　法人税を問題にしているのであるから納税義務のある企業となるが、それだけでは十分でなく、オランダで海運活動を行う経営基盤のある企業に限定される。海事クラスターの維持・拡張に役立つ外国船社の現地法人、支社、パートナー企業も含まれる。

(エ) オランダ籍船　この税制の恩典を受けるためには、所有・共有・裸用船した船舶はオランダ籍でなくてはならない。

(オ) 3倍ルール　現在の日本のトン数税のように、自国籍船から生じた利益のみを「みなし利益」とするだけでは、隻数が限定され旨みがない。そこで、定期用船や航海用船した船舶から得られた利益もトン数税の対象にすることにした。また、自国船は少ないこともあって外国船でもよいことにした (flag blindといわれる)。ただし、用船を無制限に認めれば、EC条約が禁止する「競争条件の歪曲」が生じることになるので、所有・共有船および裸用船のトン数の3倍までに限定されることになった。この規定の持つ意義は絶大であり後述することにする[38]。

(e) 統合海運政策の成果

前にも触れたが、1996年1月から実施に移された政策は、その後の追加政策（特にマンニング）も含めて大いに効果を発揮した。1995年末431隻、

287万総トンであったオランダ籍貨物船は2001年末679隻、490万総トンにまで増加した（ロイズ統計）。とりわけオランダ人船員数は1996年7,659名から2000年には8,948名にまで増加した。1983年のそれは6,450名であったから驚異的とすらいえよう（船員福利雇用センター［2002］、9頁）。その後ヨーロッパ各国がトン数税を導入したので、停滞気味であるとの指摘もあったが、2009年末の貨物船は744隻、628万総トンとさらに規模を拡大した（ロイズ統計）。

6　海運助成にかかる1997年のガイドラインとその改訂（2004年）

(1) 1997年の海運助成にかかるガイドライン

この指針は、1989年のガイドラインに代わるものであるとともに、EU加盟国の海運助成を転換させるものとなった。オランダの統合海運政策の審査過程と深く関わっていたことはすでに述べた。まず、指針の概要をみてみよう。

(a) ガイドラインの概要

指針は以下のような構成となっている。第1章はじめに、1.1 海運部門の発展：自由市場原則、1.2 同：EC船の競争力の低下、1.3 1989年のガイドライン、1.4 ガイドラインの改正。第2章 改正指針の適用範囲と全般的目標、2.1 適用範囲、2.2 全般的目標。第3章 競争力を改善するための財政的・社会的施策、3.1 船社に対する財政的手当て、3.2 労働関連コスト。第4章 乗組員の交代（費）。第5章 投資助成。第6章 地域援助。第7章 訓練。第8章 民営化を含むリストラ支援。第9章 公的サービス提供義務と契約。第10章 助成限度。第11章 おわりに。Annex：「加盟国の船籍」の定義。

まず、全般的な論点にかかる注目点について指摘しておきたい。第1は、EU船とその他の船舶とりわけ便宜置籍船との間の競争力の差は財政的なコスト（fiscal cost）にあるとしていることである（CEU［1997］, p.7）。法人税と船員の賃金関連負担を指すが、日本的にいえば公的負担といった方が分かりやすいであろう。さて、その理由であるが、資本コストは基本的に世界共通

で、利用可能な技術も同一だからとする。ただ、前回の指針が加盟国の直面する課題は主にマンニングコストの違いにあるとしていた（CEC［1989c］, p.4）ことからすると、それに触れないのは解せないが整合的に解釈するなら、外国人船員の雇用については相当規制緩和された第2船籍制度がすでに存在することや、EUROSのような配乗規制は設けないとしたことが背景にあるのであろう。

第2に、国家援助の全般的目的は、①海上や水際（on board and on shore）を問わずEU加盟国の国民の雇用を保護すること、②共同体内にある海事ノウハウを保持し、海事スキルを開発すること、③安全性を向上させることにあるとする（CEU［1997］, p.8）。オランダの海運政策の影響を読みとることができるであろう。

第3に、国家援助は、EU船舶（Community fleets）の競争力を向上させるところにあるから、一般的にいえば加盟国内に船籍を置く船舶に限られるといえるだろうとする。狭義の第2船籍は問題ないが、狭義のオフショア船籍船（たとえばAnnex（3）のマン島籍やケルゲレン籍）については、当該船籍が第2に示した全般的目的に直接貢献することを関係加盟国が証明した場合に限り対象になるとする。さらに、EUにとっての利益が明確に示される例外的なケースについては、船籍を問わない（flag-neutral）助成措置が欧州委員会によって承認されることも考えられる（may）とする（Ibid.,p.8）。後述参照。

第4に、国からの助成を受けとることのできる船社について、従来と異なる定めを置いたことである。ガイドラインは、「関係するすべての船舶の戦略的、商業的管理（strategic and commercial management）を領土内で行うとともに、その活動がEU内の経済活動と雇用に相当貢献している」「加盟国内に設立された納税義務のある船社」としている（Ibid.,p.10）。ただし、この点については、「新海運戦略」（1996年3月）の説明の方が分かりやすい。

同文書では、従来助成は自国籍船（flag）にリンクされてきたが、前述したように、共同体設立条約上国の助成は共同体の経済活動に貢献する場合に限定される。ところが、船舶の登録要件は海洋法において国家（ここでは加

盟国）に留保されているので、加盟国が所有条項（要件）や配乗要件を緩和するならば、船籍国経済と関係をもたない便宜置籍船のようにEUの経済活動にリンクしていない船舶も対象となることが考えられる。逆に、第三国に船籍を置いていても、海運活動はEU内で実質的に行われている場合もありうる。そこで、欧州委員会は1つの選択肢として「EUとの真正なかかわり（genuine involvement）」を要求してはどうかという。総合的に判断されるべきことであるがとしたうえで、①（加盟国内での）相当な管理と運航機能の保持、②雇用については最低限のEC船員の雇用、③EU内への投資、④オンショアにおける雇用あるいはEU内での船社の設立などを例示している（CEU［1996］, p. 30）。英国については長谷部［2008］、60頁参照。このような指標ないし考え方には多くの論点が含まれているが、後述することにして先を急ごう。

(b) **船社に対する国の財政的施策（3・1）**

海運助成を実施するに当たり、欧州委員会は、多くの第三国船籍は国際的なサービスを提供し[39]、しかも船社の財務的・公的負担に関する条件はEUよりも緩やかである。そのためいわゆるフラッギング・アウトのみならず企業移転をも招いているとの認識を披露する。そのうえで「便宜置籍船とわたり合えるような状況を創り出すこと（creation of conditions which allow fair competi with flags of convenience）が最良の策と思われる」と結ぶ（CEU［1997］, p.9, Hancher et al.［2012］, p.535）。欧州委員会のこの認識をベースにすれば、複雑なガイドラインの内容を容易に理解できるであろう。

（ア）トン数税制の容認　従来から多くの加盟国は特別償却や圧縮記帳などの税制特例を採用してきたが、法人税であるトン数税も海運助成といえばその1つといえるとする。そしてこれらの施策は、海上だけでなく陸上の海事関連分野のたとえば船舶管理業や海上保険、ブローカー、海事金融などにおける高度な能力を要する雇用を維持するのに役立つ。さらに、EU経済における海運の重要性という視点や、前述した全般的目的を支援する点からして、上記の財政的諸施策は一般的にいって許容することができる。このようにしてトン数税制を容認した。その後「さらに」として、船員の訓練や安全

表6-3　トン数標準税制の導入国・年

年	導入国
1996	オランダ、ノルウェー
1999	ドイツ
2000	英国
01	デンマーク
02	フィンランド、アイルランド
03	仏国、スペイン、ベルギー
04	米国
2005	韓国、イタリア、インド
07	ポーランド、リトアニア
2008	日本

出所：海事レポート（平成22年版）、16頁、Selkou & Roe［2004］, pp.128-134.
注1）ギリシャについて海事レポート（17頁）は1939年に導入としているが確認できなかった。1968年に導入された税制では法人税は課されず、shipping taxで、船齢も加味される。他と同一に論ぜられるか疑問。第2章3、4参照。

性向上のインセンティブと相俟って、財政的支援は船員雇用の保護とEU海運の競争力を強化し、世界市場における共同体海運の発展を容易にするであろうと述べる[40]。

（イ）外国用船への適用　船社の収入が外国用船や定航アライアンス内の提携船から生じていることおよび、課税措置を従来通りにしておくと船舶の流出が続くだけでなく海外に子会社を設け低率税を享受し続けること、これらを欧州委員会は承知しているとする。その結果、外国用船等についても、当該船社が運航している全船舶を適用対象とする場合には[41]、例外的に承認される場合もあるとする。ただし、条件付である。もともとEU船舶の競争力向上が目的であるから税の軽減措置はEU船について語られるべきものであるので、上述の例外措置は、①領域内で戦略的・商業的マネジメントが行われていること、②EU経済とEUの雇用に貢献していること、③関係船の国内回帰を促進させるための助成である（the aid must be necessary to promote the repatriation）ことを自覚することとされた（Ibid., p.10）。

(ウ) 助成限度　法人税をゼロにまで軽減することができる（第10章）。

極めて魅力的な軽減税制（tax relief）は欧州委員会のお墨付きを得て、**表6-3** にみるように一気に欧州に広がっていった。

(c) 労働コストに対する施策（3・2）

1993年1月1日にECは市場を統合したので、ヒト・モノ・カネの自由な移動が実現した。これに関連し、欧州委員会は1997年1月3日に、加盟国が実施する労働コスト軽減施策は共同市場における競争を歪めると警告したが、海運部門はこの例外で、1989年のガイドラインですでに認めていたこともあり、これを継続させることにした。そして労働コストを縮減するため、①社会保障負担金、②船員の所得税に対し、最大ゼロまでの国の助成を欧州委員会は認めることにした。欧州委員会は、この助成は驚くに当たらない、便宜置籍船にみられるように世界標準（world norms）ともいえるのだとする。

しかし、これを越えて、手取り賃金となる補助金（subsidy on net wages）は、加盟国の競争条件に歪みをもたらすから許されないとする[42]。また、たとえば税金を減免する方法を取るか、源泉徴収し納入した船主に還付する方法を取るかはどちらでもよいとする。

(d) その他

(ア) 訓練（第7章）　船員の受ける訓練に対する国の支援は、職業訓練または学校教育に該当する性質を有するから、国の助成とは考えられない。従って、欧州委員会への通知や調査に従う必要はない。ただ、たとえば船上訓練が船社の船舶で行われ、それに対して国が助成するようなスキームであるなら通知を必要とするとする。もっとも、欧州委員会の一般的基準（例：EU船）を満たしていれば承認される。

(イ) 乗組員の交替（crew relief）費用（第4章）　加盟国船に乗船し、帰国する場合、費用の全額までの助成が許される。1989年指針でも認められていたが、50％までであった。

(ウ) 投資助成（第5章）　新造船投資、中古船購入投資、改造投資への助成は、船腹過剰を生み運賃低下を招きやすい。その結果フラッギング・アウトなどのコスト削減策を助長しやすいので、承認したくないとする。ただ、

表6-4 欧州諸国の自国籍船と支配外国船の推移

(単位:100万 D/W)

		オランダ		ノルウェー		ドイツ		イギリス		デンマーク		日本		世界	
		自国籍船		自国籍船		自国籍船		自国籍船		自国籍船		自国籍船		自国籍船	
		隻	D/W	隻	D/W	隻	D/W	隻	D/W	隻	D/W	隻	D/W	隻	D/W
1990		423	3.24	916	36.79	476	4.76	465	7.98	359	6.87	1,187	35.28	18,754	340.89
95		461	3.44	837	28.57	516	6.17	391	5.20	461	7.20	954	23.43	17,757	313.31
2000		548	3.39	905	28.73	498	7.50	405	7.17	418	7.19	809	17.40	16,359	281.46
05		519	4.36	768	14.34	349	9.03	426	10.87	300	8.38	717	12.61	15,251	293.14
2010		528	4.83	820	14.10	458	16.93	357	8.95	360	12.94	720	14.44	17,279	368.25
2011		522	4.36	818	14.85	442	17.15	366	8.93	383	14.00	724	18.94	-	-
		外国籍船[2]		外国籍船		外国籍船		外国籍船		外国籍船		外国籍船		外国籍船	
1990		164	2.27	482	18.29	423	7.99	453	17.67	198	4.66	1,661	45.02	7,877	254.83
95		215	2.72	543	19.78	926	11.10	485	16.77	198	4.65	1,862	63.34	11,084	357.88
2000		202	2.69	737	27.20	1,445	21.81	454	11.86	297	8.90	2,093	76.08	13,985	451.08
05		186	2.54	821	29.65	2,266	48.88	459	14.99	346	8.49	2,228	105.05	15,846	546.49
2010		272	3.99	1,148	26.42	3,169	86.97	437	17.26	580	20.26	3,031	168.88	21,133	797.47
2011		320	5.08	1,166	28.13	3,356	97.62	412	13.40	592	21.11	3,071	178.29	-	-
		計		計		計		計		計		計		計	
1990		587	5.51	1,398	55.08	899	12.75	918	25.65	557	11.53	2,848	80.30	26,631	595.72
95		676	6.17	1,380	48.36	1,442	17.27	876	21.96	659	11.86	2,816	86.77	28,841	671.18
2000		750	6.08	1,642	55.93	1,943	29.31	859	19.03	715	16.10	2,902	93.47	30,344	732.54
05		705	6.90	1,589	43.99	2,615	57.91	885	25.84	646	16.87	2,945	117.66	31,097	839.63
2010		800	8.82	1,968	40.52	3,627	103.90	794	26.21	940	33.20	3,751	183.32	38,412	1,165.72
2011		842	9.43	1,984	42.98	3,798	114.77	778	22.32	975	35.11	3,795	197.23	45,662	1,378.23

出所:*RMT* [eacch year], ISL [2011].
注1) 1,000総トン以上の船舶。ロイズ統計の100総トン以上より外航船の比較に適している。
2) その国の海運企業が受益船主である船舶。

EUの海上安全政策に沿う助成や安全・環境基準（規制）を超える投資に対する助成などは承認されるとする。その他の項目については省略する。

(2) 2004年のガイドラインの改訂

(a) 1997年指針の評価

　欧州委員会は前回の指針を次のように評価する（CEU［2004］, pp.3-4）。加盟各国のうち海運助成とりわけ軽減税制を採用した国においては船籍復帰（re-flagging）が実現している。平均すると全船舶の隻数で年0.4％、トン数で1.5％の増加が認められる。また、新規登録は2001年まで低下傾向にあったが、下げ止まりとなった。**表6-4**参照。ただ、EU船に乗組む船員の減少は続いている。1998年から8,000人減少し、2001年には18万人となった。EU船員はそのうちの12万人であるが、第三国船員は2.9万人から6万人に倍増した。EU経済との関係では、海運業の収益は1997年16億ユーロでGDPの2.0％に該当する。デンマークに至っては3.0％、ギリシャは2.3％であった。

　このようなことから、前回のガイドラインはEU船隊の構造的衰退傾向にストップをかけ一応成功したと評価できる、したがって今回の改訂版も前回と同様のスタンスに立つと言明する。

(b) 主な改正点

　（ア）全般的な目標　細かい点を除けば、前回の①雇用、②ノウハウ・スキル、③安全確保に加えて、④加盟国への登録およびリフラギングへの貢献、⑤海事クラスター強化への貢献が追加されたことが注目される（Ibid., p.5）。

　（イ）船舶管理会社も対象　船舶管理会社については本章3で扱ったが、マンニングだけでなく運航管理全般にかかるサービスを船舶所有者にしている場合には、取扱船からの利益をトン数税制の対象とすることができるとした（Ibid., p.7）。

　（ウ）1対3ルールの廃止とEU船60％ルール　1対3ルールの下においては自国籍船がベースであったが、EU船を基本とすることになった。1対3ルールは自然消滅し、原則として60％以上のEU船を確保すべきこととされ

た。もっとも現状の割合を下回らなければよいとする経過措置も認められた（Ibid.,pp.6-7）。

(3) イギリスのトン数税制と英国海運

英国海運が 1970 年代半ばから坂を転がり落ちるように衰退していったことは図 6-1 に示した。マン島籍の成果も芳しくなかった。オランダではトン数税で再興の兆しがみえてきたのに、イギリス政府は音無しであった。保守党から労働党への政権交代が 1997 年 5 月になったからである。副首相に任命された船員出身のプレスコットは、海運再建と船員雇用の拡大を打ち出し、海運関係者と政府機関からなる作業委員会を発足させた。翌年 3 月に同委員会の報告を受け、7 月に白書として発表されたものが、「新針路を取れ」とでもいうべき British Shipping : Chartering a New Course（DETR［1998］、12 月）であった。そこでは船員の訓練（Support for Maritime Training : SMarT）と雇用促進が掲げられた。ただ、財政的支援については議論すると述べるだけで先送りされた（Brownrigg, etc.［2001］, p. 215）。翌年 3 月に、ワンマン委員会の委員としてアレキサンダー卿が任命された。保守党の貴族院議員でもあり驚きをもって迎えられたという（赤塚［1999］（4 月）、23 頁）。

同卿の報告は、早くも 7 月に Independent Inquiry into A Tonnage Tax（一般にアレキサンダー・レポート）として提出され（Alexander［1999］)、2000 年 8 月 1 日に施行された。EU のガイドラインが存在するため英国独自の制度はさほど多くないが、最大の特徴は前述からもうかがえるように、船社の職員訓練義務にある。税の軽減を受ける代わりに船社は、乗船中の船舶職員 15 人に 1 人の割合で訓練生を受け入れなくてはならない。日本と若干異なり船社の雇用が先行し訓練に入ることになるが、雇用が保障されるわけではない（赤塚［1999］（10 月）、18 頁）。

ほぼ同時期に"Maritime London"が発足したことも注目すべきであろう。マリタイム・ロンドンという場合、1 つは、海事関連機能の集積、海事センターとしてのマリタイムロンドンと、1 つは、ロンドンを国際的な海事センターとしてプロモートしてゆく組織としてのそれをいう。後者の総会は

1999年11月に開かれている（海事産業研究所［2001］、18、41頁）。

　さて、その成果のほどはどうであったであろうか。2004年に国税庁と運輸省は「トン数税制実施後の評価」（IRDT［2004］）を行っている。船舶数は18％増加し、重量トン数では526万トン（2000年）から1,226万トン（2004年）に2.3倍増になったと評価する。表6-4も参照。また、訓練生は導入以前に比べ600人以上になり約30％の増加が認められると強調する。これに対して船員の雇用については、トン数税適用船の船員は約12,500人で、そのうち約39％が英国船員で、6％がEU/EEA船員であると述べるに止まる。トン数税を維持するための財務的コスト（減税額）は4年間で6,140万ポンド（140円/£：85億円）と推定している[43]。

　結論としては、英国商船隊の減少を逆転させ、英国船社を英国に引きとめ、英国経済を潤し、訓練を促進し、海事関連産業は年間10億ポンドの収益を海外から得ているなど成功であったとしている[44]。

7　結論

(1) 第2船籍制度の意義

　本章2で述べた海運大不況はヨーロッパ海運を直撃した。運賃市況は底にはりつき、便宜置籍船はその強さをまざまざとみせつけた。といっても、ヨーロッパ船社は長い歴史と伝統を背景に各国に帰属しているため便宜置籍船化するといっても限界があった。そこで編み出された政策が第2船籍制度である。第1船籍には船員の国籍要件があるのが普通であった（法律や労働協約等で）が、その規制を緩和する制度が第2船籍である。当時の便宜置籍船には上級の船舶職員として相当数のヨーロッパ船員が乗船していたので、船員の国籍要件を緩和し主にアジアの普通船員を雇用できるようにすれば、競争力の点でも、雇用を重視する自国政府との間でも折り合いがつくと考えたわけである。労働組合にしても、マン島籍のケースでみたように、船社が海運業から撤退したり、所有船をフラッギング・アウトさせるよりはよいと妥協せざるを得なかった。また、各国政府は自国船員の雇用を確保するため、

船員所得税や社会保障費などの労働関連コストに対する国家助成で支援した（EC は 1989 年指針で）。

世界海運の構造変化の視点からは、①擬似便宜置籍船の誕生、②世界単一の船員労働市場の形成、③新しい分業形態としての船舶管理業の勃興などの変化を指摘することができよう。

しかし、アジア船員のさらなる進出（下位の船舶職員に止まらず上位職へも）と低い安全コストは、便宜置籍船の優位性を再認識させることになった。随所で指摘したように「海上安全の軽視は不公正競争である」と断ずるヨーロッパにとって[45] さらなる国家助成は不可避であった。

(2) トン数税制を中心とする「新海運戦略」の意義

トン数税は、船社にとっては減税、国家にとっては助成（state aid）であるが、世界海運にとっての意義は次のようなものであろう。

第 1 に、運航コストの差額を直接補助する方策は高く付き、非効率なことである。アメリカの運航差額補助が有名であるが、1999 年に開始することが予定されたそれは毎年 1 億ドルを使いながら 47 隻が確保できるだけであった（運輸省海運局［1998］、86 頁）。

第 2 に、EU 海運を再生させるために便宜置籍船を規制することは最早できなくなっていたことである。欧州は、戦後一貫して便宜置籍船に批判的で、国際海運にとり有害であるとしてきた。そして 1970 年代半ばには規制に着手しようとした。ところが便宜置籍船問題が南北問題に転化したため、政策を変更することになる。その結果が、便宜置籍船を認知したといわれたりする「国連船舶登録要件条約」の成立であった[46]。

第 3 に、ヨーロッパ海運には国際海運を主導し、かつ、支配的地位を確保することが要請されていたことである。国際海運を主導するためには高品質海運（quality shipping）は欠かせないし、支配的地位を維持するためにはシェアも大切である。本文で詳述したガイドラインはこのことを十分意識していた。EU の支配船（自国籍船＋外国船）の世界シェアは 2002 年初 33.4％から 2009 年初 36.4％にまで増加した（ISL［2002］, p. 30,［2009］, p. 27）。

第4に、外航海運が海事クラスターという従来よりも広範囲の「場」で捉えられ、国民経済から再評価されることになったことである。

　第5に、海運助成の軸足が、所有から利益に、あるいは所有から運航に移ったことである。特別償却制度や圧縮記帳も税の減免ではあるが、自社所有（自国籍）を前提にする。これに対してトン数税は法人税という利益にかかる税の軽減措置である。この利益は、自国籍からのそれに限定されない。種々の制限があるにしろ、各社が運航（operation）する船舶から生じる利益に軽減税制が適用になる。

　第6に、上記は船舶単位の助成から船社単位の助成に移行したことも意味していることである。しかも、自国船社に必ずしも限定していない。海運助成の歴史からすると驚くべき変化である。

　第7に、軸足を移したことによって、便宜置籍船の矛盾は止揚されたかにみえることである。従来、便宜置籍船の肥大化は伝統的海運の衰退ないし自国籍船の侵蝕に直結していたわけであるが、外国用船（支配便宜置籍船）をトン数税の対象に加えることによって総体として「便宜置籍船と渡り合える環境」（本章6（1）b参照）が整備されることになるからである。好不況に左右されるが、一般論としては支配外国用船から生じた利益に対する減税分を自社船（自国籍船）のハンディキャップの埋め合わせに活用できるわけで、「内部補助」といえなくもない。欧州委員会が認めてきた1対3ルールはこのハンディを解消するための経験値かも知れない。

　第8に、EUの「南北問題」を視野に入れていることである。2004年のガイドラインは「EU籍船を原則60％に」と定めるが、ギリシャ、スペイン、ポルトガルなど「南の国々」の船舶を考慮すれば実現不可能な数値でもなさそうである。便宜置籍船への依存を少なくすることができるかも知れない。

　第9に、国家間競争の様相を呈していることである。表6-3はそのことを物語っている。日本船主協会は、日本のトン数税制は日本船に限定され1対3ルールの適用がないとして、その不当性をイコール・フッティング論で説明している。また、OECDは1998年に「有害な税の競争」に関する最終報告書を承認したが、「潜在的に有害な税制」に7か国の国際海運税制が含

まれていた（財務省主税局HP）。厳しい国家間競争の現状をみる思いがする。

第10に、それでも便宜置籍船の矛盾は解消されそうもないことである。海運企業活動の拡大や自国籍船の増加が確認されても、自国船員あるいはEU船員の下げ止まりはみられない（Tsamourgelis［2009］, pp.458-460）。BIMCO/ISF他の調査によれば、1995年に比べ2010年のOECD船員の割合は船舶職員で40.3％から8.6％に、船舶部員は27％から2.1％に急減している[47]。EU船員等の減少は海事クラスターの崩壊を招くかも知れないし、船舶管理業にとって致命的なこととなるかも知れない。

最後に、トン数税制が「グローバル・スタンダード」となることによって、国際海運産業は全体として便宜置籍船のように法人税を原則として負担しないか、トン数税の下で軽減された税しか負わないことになった。ミクロ的にはイコール・フッティングの追求であるかも知れないが、マクロ的にみるなら、国際海運産業は社会の1構成員として負うべき責任を果せなくなりつつあることを意味している。このような事態がかつてのように外貨獲得のためというのであればともかく、便宜置籍船の肥大化による構造変化に伴うものであってみれば、健全な産業として発展する努力が待ち望まれているといえよう。

注

（1）　主要な定期船部門、ドライバルク部門、タンカー部門の不況をいう。運輸省海運局［1983］、17頁。以下のデータは、同左［各年］、船主協会［各年］、BMCF［1986］による。

（2）　Sletmo［1989］, pp. 293-303. 古代から長く続いた海上輸送（に依存する）時代を第1の波とし、海上覇権の時代を第2の波とする。そして便宜置籍船化（欧州からみて"flagging out"）の時代を第3の波とし、新たな船舶管理業（modern ship management）の登場を第4の波とする。

（3）　CEC［1989b］, Annex Table 1. B. 1-2. ポルトガル船とキプロス船を比較した場合興味深いのは、手取り賃金はキプロス船の方が高いのに、社会保障費と所得税（キプロスは無し）で逆転することである。

（4）　Hope［1990］, p. 410, p. 427, p. 431, 海事産業研究所［1972］、59頁以下に詳しい。すなわち、バミューダ籍にする必要もなかったわけである。新造

船補助額は69/70会計年度7,500万ポンドと巨額であった。

（5）　Hope［1990］, p. 462. サッチャー政権と炭鉱労組との対決は有名であるが、流出放任策ともいえる本文の政策は、労組の力を弱めようとする英政府の一般政策から来ているとホープはいう。Ibid., p. 484. 船主協会［1986a］、260頁によると若干の建造差額補助、政府保証と利子補給（7.5％超に対し）は残った。

（6）　ISF［1987］, Sec. 3. 海運振興会［1988］、19頁以下参照。現在は、大きく変化している。Coles & Watt［2009］, pp. 168-175. なお、日本の海運造船審議会海運対策部会は、1987年11月にフラッギング・アウト問題ワーキング・グループを設置したが、第1回会合（12月）における報告は参考になる。

（7）　全日本海員組合［1988］、16頁、海運振興会［1988］、34頁。

（8）　CEU［1996］, Annex B, p.8 は、イギリスは第1船籍に代わる制度をもっていないとする。マン島がEU非加盟でEUと特殊な関係を有しているため、欧州委員会としては、上記のような表現になるのであろう。Coles & Watt［2009］, p.167.

（9）　全日本海員組合［1988］、17頁、LSM［1995］, p. 50.

（10）　Ready［1998］, pp. 31-32, 海運振興会［1990c］、3～15頁。その他の助成措置については、船主協会［1990c］、80頁以下に詳しい。海事センター［2010a］、23頁によると自国船員数は、1988年：1,392名から2009年：4,757名に増加し、船腹も約500万総トンから1,000万総トン超に拡大した。

（11）　船主協会［1990］、69頁、海運振興会［1990b］、17頁以下参照。

（12）　海運振興会［1988］、35頁以下、ISF［1987］, p.54, LSM［1995］, p.34などを参照。

（13）　比較的早い時期にこの3点について武城［1990］は言及した。修正すべき点もあるが、指摘するに止める。

（14）　日本では国籍による賃金等の差別が禁止されているため（労基法第3条、船員法第6条）、第2船籍の創設は難しく海外に裸で貸し渡したうえで、船員を乗せてチャーターバックする「マルシップ方式」が採用された。1989年末労使合意。しかし、問題を多く抱える。

（15）　サービスの内容から明らかなように、業務の中核的担い手は船長、機関長としての能力と経験を必要とする。海運集会所「船舶管理」入門委［2008］、参照。なお、船舶管理業の歴史、本質、実態については小川

［1989］の力作がある。

（16）　Lloyd's Ship Manager 誌の創刊は 1980 年である。日本では、多数の船舶を抱えるオーナー・オペレーターが中心的存在であったので、自社内の海務部あるいは子会社（インハウス）が便宜置籍船を対象とした管理を行ってきた。そのため注目されるのが遅れた。石原［1991］、9 頁以下参照。

（17）　Sletmo［1989］, pp. 298-299. 便宜置籍船においてはすべての経営機能は船主の手元にあるが、船舶管理業者を活用する場合経営機能の多くは彼等に移っているとする。しかし、船舶管理業はコミッション・ビジネスであって経営機能までが移転しているとはいえないのではなかろうか。ISM による変容については第 1 章 2（7）参照。

（18）　EC 委員会の英文名は the Commission of the European Communities であるが、引用に当たっては CEC と略記する。

（19）　最初の共通海運政策かといえば、いわゆるブラッセル・パッケージ（1979 年）などかなりのものが存在する。ただ、やや場当たり的で、EC 海運を包括的にかつ、多角的に分析したものは今回が初めてである。Pallis［2002］, pp. 63-70, 園田［1988 続］、51 頁参照。

（20）　CEC［1985］, par.11-13. 英国海運や船舶管理業のところでも触れたが、海運資本の海運離れ（銀行、レジャー、建設などへの進出）や、銀行その他の金融機関が（船舶管理業者を使って）船舶を所有していることにも触れている。Ibid., par.11.

（21）　Ibid., par.14-18. EC 海運の競争力回復について共同市場の動向をみながら必要な方策を委員会として提案すべきとか、海運自由の原則が国家助成に代わりうるものではないとか、国家助成の透明性が重要であるとか、総じて新しい国家助成のあり方に強い関心を示すが表明するに留まっていた。Ibid., par.39.

（22）　Sullivan［1996］, p. 154 は"European Register of Shipping"とするが、報告書の Annex Ⅰ（EC 船籍規則案）第 2 条第 1 項は、"a Community Ship Register (hereafter called 'EUROS')"というに止まる。なお、第 2 次共通海運政策については織田［1989］が参考になる。

（23）　*A Future for Community Shipping Industry : Measures to Improve the Operating Conditions of Community Shipping*, Com(89) 266 final, 3 August 1989, Brussels.

（24）　Ibid., par.5, par.105-108, par.115, annex. 4（art. 1）. この他、EC 籍船だけではなく EC 船隊全体の競争力向上のためであるが、9 項目の措置、付随施策

を提案している。Ibid., par.5, par.67-122.

(25) CEC［1991］、橋本［1994］、172頁以下。橋本によると、トン数税はタックス・シェルターに利用される可能性があるとして、CEC［1991］に盛り込まれなかったという。

(26) CEC［1989b］. 前述した「EC海運の将来」と同日付の内部文書である。CEC［1989a］, par. 7.

(27) 欧州連合条約（マーストリヒト条約、1993年11月1日発効）でECはEUになるが、EC委員会は単にコミッション（the Commission）とされた。ただ、これでは扱いにくいので一般にEuropean Commission（欧州委員会）と呼ぶ慣しとなっている。松本［1999］、278頁参照。

(28) この点について欧州委員会は、海上安全政策や対外的な海事政策については問題が残っているにしろ解決されている、また、港湾、造船については同時に発表された別の文書（CEU［1996b］）に委ねられているので、海運の競争力に的を絞ったとする（CEU［1996a］, p.1）。そのため「新海運戦略・政策」などと訳されることが多い。

(29) OECDの調査を引用して、安全状態を最高度に保つためには、基準以下船の3倍のコストがかかるとして、不公正さを指摘する。Ibid.,par.13, n. 10.

(30) ここで1986年2月の国連船舶登録要件条約に触れている。1986年EC委員会は本条約の批准を理事会に提案した（Com（86）523 final, 25 Sept. 1986）が、国際情勢の変化もあり、理事会はその後動きをみせていないという。Ibid., par.16, n. 14. 第5章5（4）参照。

(31) 世界船腹の半分を擁した20世紀前半のイギリスは海運自由を主張し、補助金を不公正競争の1つとしていた。Fayle［1933］, pp.304-307, 武城［1992］、45～46頁参照。

(32) 第1節は企業に適用になる規定で、第2節はダンピング規定である。なお、第3節のstate aidの訳語については、政府から多くの援助を受けてきた日本海運業界においては「海運助成（政策）」といわれるのが普通であるので、本書においても同様の用い方をする。なお、アムステルダム条約（1997年、発効：1999年）で第87～89条に条文数が変更された。

(33) 庄司［2003a］、81頁。後述するガイドラインも言及しているが、そこではより広く源泉が地域、県・州であれ公的機関からの援助は含まれるとする。CEU［1997］, p.8, CEU［2004］, p. 5.

(34) 海事新聞、1996年7月12日。ロイズリストは、新海運戦略の発表直後に、すでに欧州委員会はオランダの海運助成政策を支持したと報じていた。LL, Mar. 25, 1996, p. 1.

(35) 海事産業研究所［2003］、89頁以下。国土交通省総合政策局国際企画課［2002］（オランダ）、48頁以下によると、1995年5月国会提出、10月通過であった。

(36) Selkou & Roe［2004］, pp. 136-138 は、オランダの成功を欧州委員会は見逃すはずがなく、トン数税の受容とガイドラインの改訂内容は明白に結びついたという。

(37) 次の11部門で形成され、1997年12,000社、19万人の雇用、付加価値73億ドルを生みだしているとする。①海運、②港湾、③海事サービス、④造船、⑤舶用工業、⑥ヨット、⑦漁業、⑧浚渫、⑨オフショア・サプライ、⑩海軍、⑪内陸水運。海事産業研究所［2001］、164〜165頁、Langen［2002］, pp. 209-221.

(38) 以上主に、Selkou & Roe［2004］, pp. 125-140、海事産業研究所［2003］、11〜22頁、88〜100頁、運輸政策研究機構［2000］、17〜23頁を参照した。

(39) たとえばリベリア船籍についてみると、ニューヨークその他でアメリカ資本の会社によって行政サービスが行われている。Coles & Watt［2009］, p.188. 第3章4（4）（b）参照。

(40) CEU［1997］, p.9. 日本は、トン数税制について「外航海運の自由かつ公平な競争を歪める可能性がある」として、1998〜2001年の間反対していた。運輸省海運局［1998］、89頁。その後2005年5月に開かれたOECD海軍委員会でもEUに同税制の廃止を申し入れている。海事新聞、2005年6月1日。

(41) 上述との関係で、適当に外国に出し、都合のよい部分のみ本制度を利用することは許されないという趣旨であろう。また、3倍ルールは、EC条約上の「歪み」との関係で課されるものであろうが、明文の規定があるわけではない。デンマークは1対4。1：3をオーバーすれば通常の税率が課される。

(42) 訓練に関連し、金銭的支払い（financial contributions）がなされる場合、訓練生は定員外乗組員でなくてはならない。定員内乗組員に金銭を支払うことは、手取り賃金補助に該当してしまうからである（第7章）。

(43) IRDT［2004］,par.4-14. 改訂版では 1.2 億ポンドとしている。http：//www.hmrc.gov.UK/international/ tonnage.htm

(44) Ibid., par.39-40. Brownrigg［2001］, pp.220-223, Palmer［2012］, pp.135-138. 両者の評価は異なる。

(45) 若干の経緯については、第 5 章 2（2）参照。1993 年には EU の共通海上安全政策が作られる。Pallis［2002］, pp.105-111.

(46) 政策変更は、南の国々が定期船だけでなく、バルクトレードにおいてもトレードシェアを要求したことにある。第 5 章 5（2）参照。

(47) BIMCO/ISF/DMU/TER[2010], pp.19-21, p.50. データは 100 社（オーナー、船舶管理業者）からのもので、報告書も少なめであることは指摘している。

結　語

　本書を閉じるに当たり、若干の結論と筆者の思い、便宜置籍船の今後について触れておきたい。第 1 は、便宜船籍制度の起源についてである。「起源」の重要性は便宜船籍制度の本質をどう捉えるかということと不可分である。たとえば、その起源を何世紀も前に求めるならば、便宜置籍船は、自然に芽生え発展した制度で、国際海運界によく馴染んでいて問題点はほとんど存在しないこととなろう。

　これに対して、戦前期のパナマ船籍に源を求める場合はどうであろうか。パナマに生まれ、曲折があったにしろ、順調に成長してきたという提言である。この考え方に従うと、世界はまったく対等な主権国家から形成され、冷戦も、覇権国家の軍事戦略も、産業革命以降国際海運を総体として主導・「支配」してきたヨーロッパの反対も、便宜置籍船の今日の「隆盛」とは関係のない事象となるであろう。しかし、このような認識はあまりに歴史を無視したものとなろう。パナマ船がまだ幼稚な存在（世界比 0.4％）であった 1933 年に、すでにヨーロッパが主導する ILO で問題視されたし、戦争直後の 1947 年には JMC でパナマ船籍に対する決議が採択され、パナマ政府自ら調査団派遣を要請する事態となっていた（第 4 章 4 参照）。さらに、その後はもっぱらヨーロッパとアメリカ間で論議されたのであり、パナマが ILO や IMCO あるいは国連海洋法会議において自国の制度の正当性を主張し、それが受け入れられたというわけではない。

　要するに、小国パナマのパワーではパナマ船籍に対する国際的批判をかわすことは不可能であったのであり、パナマの思惑と異なるアメリカの軍事戦略（EUSC shipping）によって FOC（flags of convenience）は実質的に誕生した、あるいは形成されたというのが歴史の事実に沿うものではなかろうか。これ

はカーライルの貢献であるが、リベリアの船籍制度は文字通りアメリカの「創造」物である。このように、FOC（flags of convenience）は戦後の、米国の軍事戦略の産物であるため、当時の国際海運の市場秩序とは相容れない歪んだ本質を改めて認識させられることになる。たとえば、便宜船籍国には船員は存在しない方がよく、また、海運産業を発展させる意志も自国籍をコントロールする能力も、無い方がよいなどである。

　第2は、便宜船籍国の倫理性の欠如である。日本においては、「便宜置籍船」として置籍する側から論ぜられることが多いため便宜船籍国に注目する論者は少ないが、制度としての便宜置籍船にとって倫理性の欠如は依然としてその重要性を失っていない。主権国家はウェストファリア条約（1648年）によって成立したとされるが、その必然的帰結は領土・領海外すなわち公海における権力の不在（公海の自由）であった。歴史的には複雑な経緯をたどるが、権力の不在を国際社会が放置できるわけではない。船舶を統治する主体が求められることになるが、統治能力との関連で当該船舶と関係の深い主権国が選ばれることになるのは自然な姿であった。ここで見失ってはならないことは、当該主権国家は船舶を統治するために国際社会から承認されるのであって、その逆ではないことである。ややもすると、船舶に対する国籍付与権は主権の一部だなどと転倒した見解が主張されたりする。

　当初、パンリブホン（パンブリホンコ）といわれる3（4）国でスタートした便宜船籍国は、表1-1にみたように20数か国に増加したが、一見して分かるようにいずれの国も船舶を統治するために国籍を付与しているわけではない。国家収入を目的としていると考える以外にないような（オフショア金融市場との連携も考えられるが）小国ばかりである。実際、統治するために必要な監督についてみれば、建造・竣工時の検査からして大方他国の船級協会に委託しているし、その後の定期的な検査やISMコードにもとづく認証も同様である。海技免状についても他国の免状を承認するシステムであったり、民間委託である。そもそも国籍（船籍）登録業務ですら、その多くは外国の民間業者が取り扱っている。実際の船舶の運航管理にいたっては、自国以外の多くの国々のPSCとMOUに依存しているといっても過言でない。

結　語

　このようにみてくると、便宜船籍国の倫理性の欠如は際立っている。しばしば指摘されるように、アダム・スミスの「神の見えざる手」（自己利益の追求による社会利益の推進）の前提には同感（sympathy）が必要であるとされる。他者も自分と同じように考えるかどうかをチェックし、それが肯定される場合のみ自己の行動（ここでは自己利益の追求）がゆるされる、と。そのためには自らが中立的で公平な観察者（impartial spectator）でなくてはならない[1]。はたして、便宜船籍国はこの前提、すなわち市場に船舶を提供する資格を満たしているのであろうか。まことに疑わしいといわなくてはならない。あるいはこの倫理性の欠如が再び問題点として浮上する時代が来るかも知れない。便宜置籍船がこのまま肥大化して七つの海を覆いつくしてしまう、そのような事態を想像することは難しいからである。

　第 3 に、そもそも旗国は必要であるかという突飛な問題に思いを馳せてみたい。上述した PSC や MOU などからすると、旗国が権力を実際に行使する必要性はないようにもみえるからである。IMO や ILO で多くの国際基準が条約として作成されている。それはあまりにも多数にのぼり、その詳細を体系的に理解するに個人の力をもってしては不可能なほどである。LL 条約、SOLAS 条約、MARPOL 条約、ISM コード、1995 年 STCW 条約、2006 年 ILO 海上労働条約[2]などで定められた基準（規範）は、現実の世界では PSC、MOU 等がその実効性を支えているといってもよいほどである。

　しかも、国家主権との関わりで重要なことは、上記諸条約は、加盟国はその責任において、非締約国の船舶が締約国の船舶より有利な取り扱いを受けないようにする義務がある（Each Member shall implement its responsibility …… not receive more favourable treatment）と定めていることである（NFT 原則）。条約に関するウィーン条約を待つまでもなく、伝統的立場からすれば国家主権は絶対的であって「合意は拘束する」のみである。多国間条約であっても批准しなければその条約の拘束を受けないはずであるのに、上述したところはその制約を外し、加盟国には締約国も非締約国も同一に扱う責任があるとする。非締約国からすれば、主権が侵害されたに等しいと感じるかも知れないし、「不承認条項」（第 4 章 4 （4）参照）の部分的復活といえそうな気もする

（国際法的には領域主権の行使として処理されるのであるが）。

　これを別の視点から俯瞰するなら、国際海運においてはすでに「国際諸条約およびPSC、MOU等に依る立法と行政（監督）」が実行に移されている、換言すれば国際（international）を超越しコスモポリタン（cosmopolitan）な世界が形成されているとみることができなくもなさそうである。さらに一歩進めて、船舶の国籍をたとえば「IMO船籍」に発展的に解消してしまうのはどうであろうか（別の観点から船舶にはIMO番号が付与されている）。結論を先にいえば、海運の世界だけでこれを進めるのは難しそうである。第1に、先進国を中心に「真正な関係」を欲している国が多数存在することである。安全保障上自国商船を一定程度保持したい国にとっては、逆説めくが、「真正な関係」を定めている、すなわち船舶の国籍を前提としている海洋法条約を手放すわけにはいかない。また、海事クラスターその他自国の国民経済を維持発展させるうえで実体を有する船社を必要としている国も多数に上る。ここでも一定のナショナリティーを設定できなくてはならない（外国人による実質所有を否定するわけではない）。第2に、現在のところコスモポリタニズムの語源である世界（kosmos）と市民（politēs）は一体ではなく、人（船員）は国籍を持ち、ある国家に帰属し、国民経済と不可分であることによる。

　最後に、FOC（flags of convenience）の将来展望に関連して1つの提案を行っておきたい。制度としてのFOCの転機がいつ訪れるかを具体的に語ることは不可能であるが、世界的な船員不足、それをカバーするための船員育成体制の不完全性、FOCの肥大化によるコストの平準化および利益率の低下、先進国経済の停滞、モロ・イスラム解放戦線との和解によるフィリピンの高度成長とそれに伴う船員の逼迫など、資本とりわけ先進国資本にとって海運産業自体が魅力的な産業でなくなる時代は案外近いかも知れない。トン数税制はグローバル・スタンダードであるといわれるが、その歴史的意義は、企業の社会的責任のベースとなっている租税（とりわけ法人税）を他の産業ほどには負担できないという厳しい（真っ当でない）状態にまで追い詰められ

ているところにあろう。

　FOC 制度の転換に関連しさらに 3 点追加しておきたい。1 つは、船員に魅力的な職場を提供できるかである。先進国の船員は世界の船員市場から追い出されたようにみえるが、それは早計な判断である。彼等は世界市場における労働条件が自らが所属する国民経済のレベルに比べ低すぎるからリタイアーした、この側面にも注目すべきである。船員という職業はハングリー・ジョブなどといわれることもあるが、ハングリーなフィリピンの現状が大きく変化するのにそう長い年月を要しないのではなかろうか。2 つは、FOC の社会的費用である。現在のところ先進国の海運資本は圧倒的な勢力を有している（2010 年、載貨重量トン数で OECD 諸国は世界の 71％を支配）。しかし、上述した諸条件次第では先進国資本にとって海運業そのものが魅力的でなくなることが十分考えられる。その場合、便宜船籍制度を支えている PSC と MOU の負担は（財政の苦しい）OECD 諸国政府にとって荷が重いと感じられるようになるかも知れない。3 つ目は、隠れた補助金の限界である。先進国の財政赤字はトン数税制に代表される税の軽減を難しくすることも十分考えられる。その結果として各国政府は政策の変更に着手するかも知れない。

　前置きが長くなったが、一つの提案とは FOC を一般の多国籍企業と同一の形態にしてはどうかというものである。そのために、まず一般の多国籍企業の特質を抽出し、FOC（flags of convenience）と比較してみることにしよう。一般の多国籍企業においては（経済特区等は考慮しない）海外投資が行われた場合、為替管理の対象となるとともに、進出先国の資本収支に計上される。次に、現地子会社を設立し、現地通貨に換えられた資金で工場その他の拠点を建設・購入することになろう。労働力の調達は、現地の労使関係を通して行われるし、現地の労働法の適用を受けることになる。外国人労働者の雇用が許されるとしても同じである。また、製品を輸出すれば貿易収支に計上されるし、現地子会社が利益を生めば法人税を現地政府に納めなくてはならない。要するに、進出先国の国民経済に融け込み、その一員として企業活動を展開することになる。

　これに対して、FOC（flags of convenience）では、すでに詳しく述べたように

進出先国の国民経済と接点をもつことはほとんどない。わずかに登録税、船舶税などが国家収入としてカウントされるにすぎない。宮崎義一（[1982]、v頁）によれば多国籍企業は1960年代に入り突如として注目されだしたという。これに対しパナマ船籍は戦前から存在する。この時間差（先行性）が制度としてのFOCの不自然さに疑問を抱かせない一因になっているのかも知れない。さらにいえば、FOCの競争力は他を圧倒しているため、FOC以外に海外投資は考えられないという環境の下に国際海運は置かれている。

　では、一般の多国籍企業の形態は国際海運産業においては不適切な形態なのであろうか。フィリピンを例にみてみよう。たとえば、日本船社がマニラに子会社を設立し、フィリピン船社としてフィリピン籍船を建造・購入し、フィリピン船級を取得し、フィリピン人船員を雇い、マニラで船舶の運航をコントロールするとする。この結果運賃収入は貴重な外貨としてサービス収支に計上され、さらにフィリピンの法人税法に従って税金を納めることになる。フィリピン経済にとっては、船員労働という裸のサービス輸出から海運サービスへと高付加価値化が実現することになる。また、FOCの場合オフショアでストップされるため外資の導入とはならないが、本例ではドルあるいは円はペソに交換され国内資金として他産業にも波及してゆく。

　このような形態に移行できれば便宜船籍制度に付随する諸問題（第1章2参照）のほとんどすべてが解消されることになろう。フィリピン船員は自己の国民経済に戻ることになるので大きな矛盾は解消される。また、現地法人は実体のある船社となるから「真正な関係」に事欠くこともない。実体のある船社がフィリピン国内にあれば、海事当局は自国船舶を有効に管轄できるようになる。以上にみたような一般の多国籍企業形態と同様の例がないわけではない。外国船主が「所有」するイギリス船はロンドン・グリークやアメリカ船主等長い歴史があるが、それらを所有するイギリスの現地子会社はここでいう一般の多国籍企業としての船社として位置づけることができる。第2章でも述べたがシティーとの関係で魅力的であったわけである。また、日本船社のシンガポール進出とシンガポール籍船は新たな動きとして注目できるかも知れない[3]。

結　語

注
（1）スミス［1759 上］（道徳感情論）、59 頁は「あるいは、このようなやり方で、他の人びとの犠牲において、各人が他の人びとの幸福にたいしてよりも自分自身の幸福にたいしてもつ自然的な選好にふけることは、中立的な観察者のだれもついていくことができないのである。」などと指摘する。
（2）本年（2013 年）8 月に発効が確定している 2006 年海上労働条約（MLC Maritime Labour Convention, 2006）は、ILO 第 147 号条約を発展させた条約である。同条約がアンブレラ条約といわれたりしたのに対し、本条約は海事統合条約（Consolidated Maritime Convention）といわれる。既存の 37 の条約・議定書および 31 の勧告が本条約に統合され改正（廃棄）された（年金条約など残された条約もある）。SOLAS、MARPOL、STCW 条約に加え、「4 本柱」が揃ったことになる。総則・付則に該当する第 1～16 条（Article）の他に、5 つの章（Title）が設けられている。順に「船内で労働する船員の最小限の要件」、「雇用条件」、「居住・娯楽設備、食料・供食」、「健康保護、医療・福祉・社会保障による保護」、「遵守及び執行」である。

　統合条約が設けられた趣旨は、ILO 海事総会は 10 年に 1 回で、条約の作成や改正が難しいこと、発効していない条約も多いこと、発効していても批准国が少ない条約も多いことなどによる。注目点、問題点は以下の通りである。

　第 1 に、他の IMO 諸条約と同様に NFT（No more Favourable Treatment）原則を導入していることである。その意義は本文で述べた。

　第 2 に、IMO 諸条約と同様に簡易改正手続（Tacit Amendment Procedure）を導入したことである。逸見［2006］、343 頁以下は「暗黙の改正手続」とする。前述した各章は、目的・原則等を定める規則（Regulation）と基準・規範（Standard）よりなる。後者のうち強行規定部分に当たる A 部（B 部はガイドライン）については常設の特別 3 者委員会の 3 分の 2 賛成が得られ、さらに通報期間の 2 年間に 40％以上（加盟国、船腹量）の反対がなければ「受諾されたものとみなされる（shall be deemed）」。IMO 条約について逸見［2009b］参照。

　第 3 に、職業紹介と社会保障に関し、実質的に旗国ではなく船員供給国の責任としたことである。第 5・3 規則参照（Labour-supplying responsibilities）。条約上は、海洋法条約第 94 条とのからみもあって船員供給「国の責任」と

はしていないけれども、また、実態からすると供給国が保護せざるを得ないが、便宜船籍国の責任を軽減するものといえる。

　第4に、IMOの他の条約と同様であるが、本条約の実効性を確保するため旗国は「海事労働証書」を発給する義務を負うが、その発行は他国の船級協会等の承認団体に委ねてもよいことになったことである。先に4本柱が揃ったと述べたが、便宜船籍国は自国が負うべき義務の主要部分を船級協会等に丸投げすることが可能になったわけで、便宜船籍国の責任の形骸化は極点に達しつつあるといえるかも知れない。

　以上の諸点は、他のILO条約と異なり主要便宜船籍国の早期批准となって現われた。パナマ、リベリア、マーシャル諸島、バハマ、セントビンセント、アンティグア・バーブーダなどである。責任が軽減されたこと、加盟しないまま発効すれば海上労働証書を欠きPSCにおいて厳しい取扱いを受けることが予想されるからである。なお、2012年9月の国会承認に当たり、従来「海事労働条約」と直訳されてきた名称は「海上労働条約」に改称された。

（3）多くの日本船社がいわゆる本社機能の相当部分を同国に移転している。シンガポールの船籍、税制などについては合田浩之の一連の労作が注目される。ただ、歴史的にどの視点で分析しようとしているのか明らかでないのが残念である。

参考文献

[邦文献]

※著者名欄の法人・団体で「日本」を冠する文献については、引用に当たり「日本」を省略する。

赤地　茂他[1999]、「SHIPMAN98 新 BIMCO 制定標準船舶管理契約書の逐条試訳」『海事法研究会誌第 153 号、12 月

赤塚宏一[各号]、「London 便り」『せんきょう』（日本船主協会）

赤塚宏一[2000]、「エリカ号海難と欧州」『海運』、6 月

秋田正夫[1965]、「ギリシャ海運について」『海運』第 449 号、2 月

秋元英一・菅英輝[2003]、『アメリカ 20 世紀史』東京大学出版会

明壁末吉[1983]、「便宜置籍船の船舶保険」『海事産業研究所報』第 207 号、9 月

浅井俊一[2007]、「諸外国及び日本におけるトン数標準税制の動向に関する考察」『海事交通研究』

アダ、ジャック／清水耕一・坂口明義訳[2006]、『経済のグローバル化とは何か』ナカニシヤ出版

荒井正吾[1980]、「バルクのカーゴシェアと便宜置籍船問題のゆくえ」『海運』第 638 号、11 月

荒井正吾[1981a]、「便宜置籍船の排除問題」『海運』第 646 号、7 月

荒井正吾[1981b]、「UNCTAD と海運の南北問題」『トランスポート』31 巻 10 号、10 月

UNCTAD／竹本正幸訳[1979]、『便宜置籍船と多国籍企業』ミネルヴァ書房（TD/B/C. 4/168, Add1, TD/B/C. 4/177, TD/222, Sup. 1-6 所収）

井口俊明[2006]、「欧州連合（EU）の海上安全対策の動向──"ERIKA Ⅲ パッケージ"について──」『海運』、8 月

池内澄男[1950]、「戦後の米国海運政策」『海運』第 275 号、8 月

石井照久編著[1971]、『海上労働の国際統一法運動と海上労働法の推移── ILO と日本海運』海事産業研究所

石原邦彦[1991]、『船舶管理業務の知識』成山堂書店

石見　徹[1999]、『世界経済史──覇権国と経済体制』東洋経済新報社

石見　徹[2007]、『グローバル資本主義を考える』ミネルヴァ書房

植田和弘[1991]、「社会的費用論アプローチ」、植田・落合・北畠・寺西著『環境経済学』（有斐閣）所収

上田広美、岡田知子編著[2012]、『カンボジアを知るための 62 章〈第 2 版〉』明石書店

宇沢弘文[1974]、『自動車の社会的費用』岩波書店
宇多一二[1982]、「UNCTAD 第 10 回海運委員会について」『海運』第 659 号、8 月
宇多一二[1983]、「UNCTAD における便宜置籍船排除問題の検討について」『海事産業研究所報』第 199 号、1 月
ウッド、E.M./中山元訳 [2004]、『資本の帝国』紀伊國屋書店
馬木昇 [1993]、『パナマ便宜置籍船の法律事務』成山堂書店
運輸省[1968]、『発展途上国海運問題に関する調査研究報告書（Ⅰ）、（Ⅱ）』海事産業研究所
運輸省海運局［各年］、『日本海運の現況』
運輸省・日本船主協会・全日本海員組合[1977]、『ILO 第 62 回（海事）総会報告書』
運輸政策研究機構 国際問題研究所訳（The PRISMA Consulting Group SA）［2000］、『EU 海運政策と加盟国におけるトン数税制の導入』（A Study on Tonnage Tax Systems）同研究所（原文付）
運輸政策研究機構 国際問題研究所編集[2001]、『EU 海上安全政策（ポストエリカ）』同研究所
榎本喜三郎[1988]、『国際海事法における船舶登録要件の史的研究 3 訂増補』近藤記念海事財団
榎本喜三郎[1992]、「渺たる小国で船の登録――アメリカの老人はよく働く」『海運』第 775 号〜776 号、4 月〜5 月
榎本喜三郎[1993]、『「便宜置籍船」問題論叢』近藤記念海事財団
OECD／大和田悳朗訳[1980]、『新興工業国の挑戦：OECD レポート』東洋経済新報社
欧州委員会（日本海運振興会訳）［1996］、『欧州委員会コミュニケ（欧州議会、理事会、経済社会委員会および地域委員会へ）：新欧州海運戦略』（国際海運問題研究会資料）日本海運振興会
大蔵省関税局[1961]、「OEEC の歴史的役割と OECD 条約の成立」『税関調査月報』、7 月
大貫行雄、大森　彰、小松康宏、藤田　透[2002]、「船舶安全管理体制を検証する」『海運』、7 月
大野幹雄[2000]、『フィリピン船員と危機管理』成山堂書店
大野幹雄[2002]、『外国人船員の労務管理』成山堂書店
岡田光豊[1997]、「ＰＳＣの現状と課題――東京ＭＯＵの仕組みと活動」『海運』、5 月
岡田光豊[2003]、「ポート・ステート・コントロールの国際協力――その現状と問題点」『海事産業研究所報』第 441 号、3 月
岡田光豊[2009]、「最近の PSC の実施状況　船舶増加に伴う拘留率の上昇」『海運』、11 月
小川晃一[2005]、『サッチャー主義』木鐸社
小川　武[1989]、「船舶管理会社の発達と現状（上）（下）」『海事産業研究所報』第

277〜278号、7〜8月
小川　武［1997］、『不定期船と専用船』成山堂書店
小川芳彦［1966］、「国際法委員会の活動」、田畑茂二郎編『国際連合の研究　第3巻』（有斐閣）所収
織田政夫［1975］、『海運経済論』成山堂書店
織田政夫［1989］、「EC船籍（EUROS）の設立に関するパッケージ案の概要」『海事交通研究』第34集
織田政夫［1996］、「海運助成に関するEC共通政策の動向」『海事産業研究所報』第360号、6月
織田政夫［1997］、「海上安全とポートステート・コントロール」『海事交通研究』第46集
落合誠一［1987］、「船舶登録要件に関する国際連合条約について」『新海洋法制と国内法の対応』第2号
海事産業研究所［1972］、『諸外国における戦後海運助成史』同研究所
海事産業研究所［1973］、『発展途上国海運研究（総論）』同研究所
海事産業研究所［2001］、『欧州海事クラスター調査報告書──英国・ノルウェー・オランダ』同研究所
海事産業研究所［2003］、『海運先進国における海運産業・海運政策の実態調査報告書』同研究所
海事産業研究所・海事資料センター［1975］、『便宜置籍船に関する文献目録』同所
海上労働科学研究所［1980-82］、『混乗船における東南アジア船員の生活行動と労働に関する調査研究　Ⅰ〜Ⅳ』同研究所
飼手真吾・戸田義男［1960］、『I.L.O. 国際労働機関』日本労働協会
陰山壽・西巻敏雄［1956］、『ILO準備技術海事会議報告書』全日本海員組合
カースルズ、スティーブン／ミラー、マーク／関根政美、関根薫監訳［2011］、『国際移民の時代　第4版』名古屋大学出版会
勝　悦子［2011］、『新しい国際金融論──理論・歴史・現実』有斐閣
カップ、K. W.／篠原泰三訳［1959］、『私的企業と社会的費用──現代資本主義における公害の問題』岩波書店
嘉納　孔［1981］、『国際法上の船籍論』神戸大学経済経営研究所
蒲　章［1989］、「西ドイツのフラギング・アウト防止策──国際船舶登録──上・下」『海運』第739〜740号、4〜5月
川田　剛［2000］、『タックス・ヘイブン対策税制／過少資本税制（国際課税の理論と実務　第4巻）』税務経理協会
菊地京子［1992］、「外国人労働者送り出し国の社会的メカニズム──フィリピンの場合」、梶田孝道編『外国人労働者論』弘文堂（所収）
木畑公一［1978］、「IMCO・STW条約の成立」『海事産業研究所報』第149号、11月
木畑公一［1979］、「欧州諸国による"基準以下船"に関するメモランダム──強まる便宜置籍船への規制措置」『海員』第31巻2号、2月

木畑公一［1982］、『アジア船員と便宜置籍船』成山堂書店
ギャディス、ジョン・ルイス著／赤木完爾・齊藤祐介訳［2004］、『歴史としての冷戦』慶應義塾大学出版会
清宮正宏［1992］、「船舶保険引受けの現状と問題点――便宜置籍船の引受け――」『海運』、8月
工藤栄介［1994］、「変質する船舶安全規制について SOLAS 条約 94 年改正のインパクト」『海運』、9月
工藤博正［1982］、『船舶安全法と船舶検査の制度』成山堂書店
国本伊代・小林志郎・小澤卓也［2004］、『パナマを知るための 55 章』明石書店
クーパー、ロバート／北沢格訳［2008］、『国家の崩壊』日本経済新聞出版社
クロッグ、リチャード／高久暁訳［2004］、『ギリシャの歴史』創土社
合田浩之［2005］、「便宜置籍船――その法的・経済的意義の再検討――」寺田、遠藤編集『国際海運と国際物流の新地平――山岸寛教授退任記念論文集――』山縣記念財団
合田浩之［2011a］、「邦船社の海外置籍におけるシンガポール置籍の意義」『経済科学論究(埼玉大経済学会)』第 8 号
合田浩之［2011b］、「船籍港としてのシンガポール」『港湾経済研究』第 49 号
合田浩之［2011c］、「戦時日本と便宜置籍船」日本貿易学会年報第 48 号
合田浩之［2011d］、「仕組船の概念の歴史的変遷」『海事交通研究』第 60 集
国際運輸労連(ITF)、全日本海員組合［2011］、『商船の最低条件に関する ITF ポリシー　メキシコシティポリシー』全日本海員組合
国際海運委員会／林　司宣監訳［2002］、『国際海運委員会――船舶の安全に関する調査―― Ships Slaves and Competition』全日本海員組合
国際協力推進協会［1983］、『リベリアの経済社会の現状』同会
国土交通省海事局編［各年］、『海事レポート』海事広報協会／成山堂書店（2010 年～）
国土交通省海事局検査測度課監修［2008］、『ISM コードの解説と検査の実際――国際安全管理規則がよくわかる本(三訂版)』成山堂書店
国土交通省総合政策局［2002］、『国際海運事情』（インターネット版）
國領英雄［1995］、「米国海運・海運政策・費用」『海事産業研究所報』第 347 号、5月
國領英雄［1999］、「米国海運をめぐるある改革論」『海事産業研究所報』第 401 号、11月
小林志郎［2000］、『パナマ運河――百年の攻防と第二運河構想の検証』近代文芸社
小林英夫［2004］、『帝国日本と総力戦体制』有志舎(吉川弘文館)
兒山真也,岸本充生［2001］、「日本における自動車交通の外部費用の概算」『運輸政策研究』第 4 巻 2 号、夏
斉藤　優［1982］、『南北問題』有斐閣
坂本義和［2004］、『冷戦と戦争』岩波書店
櫻井公人［2004］、「グローバリゼーションとマネー」、関下稔、小林誠編『統合と

分離の国際政治経済学』ナカニシヤ出版（所収）
桜井万里子編著[2005]、『ギリシア史』山川出版社
笹木弘他[1984]、『機帆船海運の研究』多賀出版
サッセン、サスキア／森田桐郎ほか訳[1992]、『労働と資本の国際移動――世界都市と移民労働者』岩波書店
佐藤和子[1990]、「国際運輸労組連盟の便宜置籍船排除活動―― ILO 勧告・107 号、108 号の成立をめぐって」、『大原社会問題研究所雑誌』第 374 号、1 月
佐藤忍[2006]、『グローバル化で変わる国際労働市場――ドイツ、日本、フィリピン 外国人労働力の新展開』明石書店
佐藤幸男監修[2006]、『拡大 EU 辞典』小学館
佐波宣平[1943]、「1936 年アメリカ商船法――特にその準戦時体制的意味について」『経済論叢』56-5 巻
佐波宣平[1949]、『海運理論体系』有斐閣
佐原徹哉[2005]、「現代のギリシア」、桜井[2005]（第 7 章）所収
ジェース、P. M.／佐波宣平訳[1943]、『アメリカ海運政策』有斐閣
篠田英朗[2012]、『「国家主権」という思想――国際立憲主義への軌跡』勁草書房
篠原昭彦、平子陽之輔、福地祥一、松井孝之[1999]、「ISM コード下の船舶管理の現状と展望――国内サードパーティ船舶管理者大いに語る――」『海運』、11 月
篠原陽一[1980]、「便宜船員の歴史的考察」『海運経済研究』第 14 号、10 月
篠原陽一[1983]、『帆船の社会史』高文堂出版社
下山田聰明[2003]、『自由置籍と国際運輸労働者連盟』日本海運集会所
庄司克宏[2003a]、『EU 法 基礎篇』岩波書店
庄司克宏[2003b]、『EU 法 政策篇』岩波書店
東海林滋[1976]、「米国内における海運政策批判論」『海運』第 588 号、9 月
東海林滋[1981]、「スターミーの同盟観と途上国海運論」『海運』第 642 号、3 月
東海林滋[1983]、「カボタージュと船の国籍――海運政策の法制的側面」『関西大学商学論集』第 28 巻第 1 号
東海林滋[1984]、「米国海運と "EUSC" Shipping」『海運における国家政策と企業行動』神戸大学経済経営研究所
東海林滋[1985]、「書評：Whitehurt[1983]」『海運経済研究』第 19 号、10 月
東海林滋[1986]、「現代アメリカの保守主義と海運政策」『関西大学商学論集』31 巻 3 ～ 5 号、11 月
シンガー、P・W／山崎淳訳[2004]、『戦争請負会社』NHK 出版
スターミー／地田知平監訳[1965]、『英国海運と国際競争』東洋経済新報社
スティガー、マンフレッド・B／櫻井公人他訳[2005]、『グローバリゼーション』岩波書店
ストレンジ、スーザン／櫻井公人訳[1998]、『国家の退場――グローバル経済の新しい主役たち――』岩波書店
スミス、アダム／水田洋訳[2003]、『道徳感情論（上）（下）』岩波書店

瀬野克久[2012]、『船舶融資取引の実務』日本海運集会所
千田伸弘[1973]、「最近の仕組船建造計画について——転機にきた計画造船——」『海運』、8月
全日本海員組合政策企画室[1988]、『政策資料 オフショア船籍制度と労働力自由化』同組合
船舶管理業における諸問題に関する調査・検討委員会[2008]、『船舶管理業における諸問題に関する調査報告書』同会
園田良一[1988]、「EC共通海運政策の樹立に向けて——ヨーロッパの挑戦——正・続」『海運』第725～726号、2～3月
高木信二[2006]、『入門 国際金融 第3版』日本評論社
高野雄一[1985]、『全訂新版 国際法概論(上)』弘文堂
高橋清[1984]、「発展途上国と石油輸送」『海運』第681号、6月
高橋 元監修[1979]、『タックス・ヘイブン対策税制の解説』清文社
高林秀雄[1966]、「海洋法会議の成果」、田畑茂二郎編『国際連合の研究 第3巻』有斐閣
竹本正幸訳[1979]、『便宜置籍船と多国籍企業』ミネルヴァ書房
田中基義[1982]、「発展途上国の海運参入問題について」『海運』第656号、5月
谷川久[1986]、「船舶登録要件に関する国際連合条約(試訳)」、成蹊法学第24号、3月
田畑茂二郎[1990]、『国際法新講 上』東信堂
地田知平[1982]、「海運をめぐる国際関係と日本海運」『国際法外交雑誌』第80巻6号、2月
堤 未果[2008]、『貧困大陸アメリカ』岩波書店
寺嶋潔[1968]、「第2回UNCTADにおける海運問題」『海運』第486号、6月
寺田勇文[1991]、「海外に職を求めて——フィリピン人海外出稼ぎ労働の現在」、中岡三益編『難民 移民 出稼ぎ』東洋経済新報社
戸田貞次郎[1943]、『米国海運史要』二里木書店
富岡 仁[2002]、「船舶の通航権と海洋環境の保護——国連海洋法条約とその発展」『名経法学』第12号、3月
富岡 仁[2004]、「海洋環境保護の歴史」、栗林忠男・杉原高嶺編『海洋法の歴史的展開(現代海洋法の潮流 第1巻)』有信堂高文社 (所収)
永川秀男[1985]、『オフショア金融市場——タックス・ヘイブンの研究』外国為替貿易研究会
中村弘光(訳)[1960]、「「南北問題」への提起——オリヴァー・フランクス卿「新しい国際均衡——西欧世界への挑戦」1960」『レファレンス』第10巻4号、4月
中村雅秀[1995]、『多国籍企業と国際税制』東洋経済新報社
南部伸孝[1985]、「経済的三要素で大幅な前進——船舶登録要件に関する国際合意のためのUNCTAD全権会議」『海運』第697号、10月
南部伸孝[1986]、「船舶登録要件の国際的統一成る——確保された国際的な船舶投

資」『海運』第703号、4月
西巻敏雄[1967]、「便宜置籍船と国際労働―― ILO研究会資料」『海事産業研究所』第9号、3月
西村　弘[2007]、『脱クルマ社会の交通政策――移動の自由から交通の自由へ』ミネルヴァ書房
日本海運集会所書式制定委員会船舶管理契約書式(外航用) 制定審議小委員会［2006］、「『外航船舶管理契約書』制定趣旨書」海事法研究会誌第193号、11月
日本海運集会所「船舶管理入門」編纂委員会編［2008］、『船舶管理入門――船舶管理の実務がわかる本』外国人船員福利基金管理委員会(日本海運集会所)
日本海運振興会[1987]、『東南アジア船員関係調査報告書(フィリピン・中華民国・韓国・ビルマ・香港)』、国際海運問題研究会報告；Ⅳ-10 同会
日本海運振興会[1988]、『ヨーロッパにおける新船舶登録制度に関する調査報告書(ノルウェー、英国、フランス)』同会
日本海運振興会[1990a]、『ヨーロッパにおける新船舶登録制度に関する調査報告書 その1(ノルウェー、英国、フランス)』同会
日本海運振興会[1990b]、『ヨーロッパにおける新船舶登録制度に関する調査報告書 その2(デンマーク、西ドイツ、EC)』同会
日本海運振興会[1991]、『欧州海運政策調査団報告書』(国際海運問題研究会報告)同会
日本海運振興会　国際海運問題研究会[1996]、『船員関係調査報告(EU・ギリシャ・キプロス)』(国際海運問題研究会報告Ⅳ―― 16)同会
日本海運振興会 国際海運問題研究会[1998]、『船員関係調査報告(ノルウェー・英国・ラトビア)』(国際海運問題研究会報告Ⅳ―― 18)同会
日本海事センター［2010a］、『船員の所得税等の軽減に関する調査研究報告書』同センター
日本海事センター［2010b］、『船員の所得税等の軽減に関する調査研究報告書(資料)』同センター
日本海事センター［2010c］、『船員の所得税等の軽減に関する調査研究報告書(概要)』同センター
日本船員福利雇用促進センター［2002］、『平成13年度　国際船舶制度推進調査報告書』同センター
日本船主協会［各年a］、『海運統計要覧』同協会
日本船主協会［各年b］、『日本海運の現状』同協会
日本船主協会[1971]、『欧・米主要国の海運事情――海外海運事情調査団報告書』同協会
日本船主協会[1978]、『主要海運国の海運税制』同協会
日本船主協会[1990]、『欧州海運政策調査報告書』同協会
日本船主協会[2002]、「欧州ポート・ステート・コントロールが船級協会によるダブルスタンダードを指摘」『せんきょう』、Sept.

日本貿易振興会[1979]、『パナマ』同会
日本郵船(株)社長調査課編[1951]、「米国戦時建造船の対外売却状況」『世界海運』第6号、1月
日本労働研究機構編[1994]、『フィリピンの労働事情』同機構
橋本昌史[1994]、『ECの運輸政策』白桃書房
長谷部正道[1988]、「OECDの概要とその活動」『海運』725号、2月
長谷部正道[2008]、「英国におけるトン数標準税制の研究」『海運経済研究』第42号
林　博之、梅本淳久編著[2011]、『詳解タックス・ヘイブン対策税制』清文社
ヒューズ、ソロモン／松本剛史訳[2008]、『対テロ戦争株式会社――「不安の政治」から営利をむさぼる企業』河出書房新社
ヒルシュ、ヨアヒム／木原滋哉・中村健吾訳[1998]、『国民的競争国家――グローバル時代の国家とオルタナティブ――』ミネルヴァ書房
ヒルシュ、ヨアヒム／表弘一郎、木原滋哉、中村健吾[2007]、『国家・グローバル化・帝国主義』ミネルヴァ書房
ファイナル、スティーヴ／伏見威蕃訳[2009]、『戦場の掟』講談社
ファーグソン、ＡＲ他著／是永純弘訳[1969]、『米国商船隊の経済的価値』海事産業研究所
フクヤマ、フランシス／渡部昇一訳[2005]、『歴史の終わり』三笠書房
藤森英男[1991]、「国際労働移動と国内経済へのインパクト――フィリピンの事例を中心に」『富大経済論集』第36巻3号、3月
武城正長[1985]、『海上労働法の研究』多賀出版
武城正長[1987]、「日本海運国際化政策の段階とその課題」『広島商船高等専門学校紀要』第9号、3月
武城正長[1990]、「国際海運の新たな段階――海上労働力の世界化を中心にして（上）（下）」『海運』第753～754号、6～7月
武城正長[1992a]、「海運自由の原則――その歴史、本質、課題」『海事産業研究所報』第307号、1月
武城正長[1992b]、「「海洋の自由」と航海条例――海運自由の原則の視点から」『広島商船高等専門学校紀要』第14号
武城正長[2002]、『海運同盟とアジア海運』御茶の水書房
武城正長[2008]、「"Effective U.S. Control" Shippingと便宜置籍船」『地域と社会（大阪商業大学比較地域研究所紀要）』第11号、9月
武城正長[2009]、「便宜置籍船をめぐる欧州と米国間の1950年代における対立」『地域と社会（大阪商業大学比較地域研究所紀要）』第12号、9月
武城正長[2010]、「南北問題に転移した便宜置籍船とその混迷」『地域と社会（大阪商業大学比較地域研究所紀要）』第13号、10月
武城正長[2011]、「第2船籍、トン数税制と国際海運の構造変化――ヨーロッパ海運を中心に」『地域と社会（大阪商業大学比較地域研究所紀要）』第14号、10月

フリードマン、トーマス／伏見威蕃訳[2010]、『フラット化する世界：経済の大転換と人間の未来』日本経済新聞出版社
ヘルド、デヴィッド／中谷義和訳[2002]、『グローバル化とは何か——文化・経済・政治』法律文化社
ヘルド、デヴィッド／中谷義和監訳[2011]、『コスモポリタニズム——民主政の再構築——』法律文化社
逸見真[2006]、『便宜置籍船論』信山社
逸見真[2009a]、「PSC 活動の法的根拠とその課題」『日本航海学会論集』第 121 号、9 月
逸見真[2009b]、「科学技術の受容における条約法の機能と限界—— IMO による対処を中心として——」『海技大学校研究報告』第 52 号
ポースト、ポール著／山形浩生訳[2007]、『戦争の経済学』バジリコ
ポーター、マイケル E／竹内弘高訳[1999]、『競争戦略論Ⅰ・Ⅱ』ダイヤモンド社
ホープ、ロナルド／三上良造訳[1993]、『英国海運の衰退』近藤記念海事財団
前田義信[1952]、「アメリカ海運業小論(1) ～(5)」『海運』第 293 ～ 5、297 ～ 8 号、2 ～ 4 月、6 ～ 7 月
マーグリン、S.／ショアー、J. 編／磯谷明徳他訳[1993]、『資本主義の黄金時代：マルクスとケインズを超えて』東洋経済新報社
正村俊之[2009]、『グローバリゼーション——現代はいかなる時代なのか』有斐閣
松尾進[1959]、『海運』有斐閣
松隈国健[1957]、「ゴーダー教授著『アメリカ海運政策』を読む」『海事研究』第 29 号、4 月
松本勇[1999]、『EU 共通海運政策と競争法』多賀出版
水上千之[1994]、『船舶の国籍と便宜置籍』有信堂高文社
水上千之[2004]、「現代海洋法の潮流——第一次・第二次海洋法会議から第三次海洋法会議へ」、栗林忠男・杉原高嶺編著『海洋法の歴史的展開』有信堂高文社
南満洲鉄道株式会社庶務部調査課[1924]、『関東州の置籍船』南満洲鉄道株式会社
宮崎義一[1982]、『現代資本主義と多国籍企業』岩波書店
宮本憲一[1989]、『環境経済学』岩波書店
村田奈々子[2012]、『物語 近現代ギリシャの歴史：独立戦争からユーロ危機まで』中央公論新社
村田良平[2000]、『OECD（経済協力開発機構）』中央公論新社
室井義雄[1997]、『南北・南南問題』山川出版社
本山美彦[1991]、『南と北——崩れ行く第 3 世界』筑摩書房
本山美彦[2004]、『民営化される戦争—— 21 世紀の民族紛争と企業』ナカニシヤ出版
森久保博[1970]、「パナマ、リベリア、ホンジュラスの便宜置籍船政策（上）（下）——主として法制・税制について——」『海事産業研究所報』第 46、47 号、4 月、5 月
森久保博[1978]、「ギリシャ海運の近況」『海事産業研究所報』第 143 号

森澤恵子[1993]、『現代フィリピン経済の構造』勁草書房
森永幸平[1952]、『英米海運政策』日本海事振興会
薬師寺公夫[2001]、「海洋汚染防止に関する条約制度の展開と国連海洋法条約──船舶からの汚染を中心に」国際法学会編『日本と国際法の100年 ③海』三省堂書店（所収）
山内惟介[1988]、『海事国際私法の研究──便宜置籍船論（日本比較法研究所研究叢書(12)）』中央大学出版部
山縣勝見[1965]、「南北問題と国際経済── UNCTAD および ICC 総会における国際海運問題の討議を通じて」『経団連月報』第 13 巻 4 号
山形辰史[1991]、「フィリピンの労働者の海外送り出し政策」『三田学会雑誌』83巻特別号──Ⅱ、3月
山岸　寛[1992]、「先進国の海運の再建と問題点──ギリシャ海運を中心として──」『海事交通研究』第 40 集
山田鋭夫[1993]、『レギュラシオン理論──経済学の再生』講談社
山本草二[1985]、『国際法』有斐閣
山本草二[1992]、『海洋法』三省堂書店
山本泰督[1960]、「米国 1915 年海員法」『国際経済研究』第 10 号
山本泰督[1965]、「アメリカ海運政策と便宜置籍船」『国民経済雑誌』第 111 巻 6 号
山本泰督[1981]、「途上国船員と便宜置籍船」『国民経済』第 143 巻 6 号、6 月
山本泰督[1982]、「第二次大戦後におけるアメリカの海運力──レイノルズの論文をめぐって」『海事交通研究』第 20 集
山本泰督[1984]、「ITF による便宜置籍船乗組員の組織化」、海運経済専門委員会編『海運における国家政策と企業行動 研究叢書第 27 号』神戸大学経済経営研究所
山本泰督[1989]、「便宜船籍の形成とその背景」『経済経営研究年報（神戸大）』No.38
山本泰督[1999]、「国連運輸労連(ITF) の FOC キャンペーンについて──労働組合の国際的連帯とその課題」『海事交通研究』第 48 集
ユッセラー、ロルフ／下村由一訳[2008]、『戦争サービス業──民間軍事会社が民主主義を蝕む』日本経済評論社
横田喜三郎[1959]、『海の国際法　上巻』有斐閣
横田喜三郎編[1972]、『国際法　新訂』青林書院新社
若森章孝[1996]、『レギュラシオンの政治経済学』晃洋書房
脇村義太郎[1957]、『中東の石油』岩波書店
脇村義太郎[1957]、「ギリシャ船主の生態──スタブロス・ニアルコスの生活と意見」『世界』第 137 号、7 月
脇村義太郎・山縣昌夫監修／海事産業研究所編[1991]、『近代日本海事年表』東洋経済新報社
鷲頭誠[1991]、「EC の海運政策」『ヨーロッパの交通政策の現状と今後の方向に関

する調査報告書』運輸経済研究センター

[外国文献]

Alderton, T. and Winchester, N.[2002], "Flag States and Safety: 1997-1999", *Maritime Policy and Management,* Vol.29, No.2, pp.151-162.

Alegado, Dean Tiburcio[1992], *The Political Economy of International Labor Migration from the Philippines,* University of Hawaii.

Alexander[1999], *A Report by the Lord Alexander of Weedon QC*(Independent Enquiry into A Tonnage Tax).

Authority of the Liberian Gov.[1964], *Liberian Maritime Regulations*(as of Dec. 7, 1964), RLM-108.

Bergstrand, S. J. [1983], *Buy the Flag: Developments in the Open Registry Debate,* Polytechnic of Central London(Polytechnic of Central London, Transport Studies Group, Discussion Paper, No.13), London.

Bergstrand, S. J. and Doganis, R. [1985] "The Impact of Flags of Convenience(Open Registries)", in Butler, W. E., ed., *The Law of the Sea and International Shipping: Anglo-Soviet Post UNCLOS Perspectives,* New York, pp.413-432.

BIMCO/ISF(Baltic and International Maritime Council/ International Shipping Federation), [1990], *Final Report: The Worldwide Demand for and Supply of Seafarers.*

BIMCO/ISF(Baltic and International Maritime Council/ International Shipping Federation) [2005], *Manpower Update: The Worldwide Demand for and Supply of Seafarers.*

BIMCO/ISF/Univ. of Warwick, Institute for Employment Research/Dalian Maritime Univ., International Maritime Conventions Research Center[2010], *BIMCO/ISF Manpower 2010 Update: The Worldwide Demand for and Supply of Seafarers: Main Report,* BIMCO.

Blake, George[1960], *Lloyd's Register of Shipping 1760-1960,* Lloyd's Register of Shipping, London.

Blanpain, Roger ed., Dimitrova, D.N. [2010], *Seafarers' Right in the Globalized Maritime Industry,* Wolters Kluwer, Netherlands.

BMCF(British Maritime Charitable Foundation)[1986], *Why the Ships Went: A Fully Quantified Analysis of the Causes of Decline of the U.K. Registered Merchant Fleet,* Lloyd's of London Press.

Boczek, Boleslaw Adam[1962], *Flags of Convenience: An International Legal Study,* Harvard Univ. Press, Mass.

Branch, Alan E.[1995], *Dictionary of Shipping International Business Trade Terms and Abbreviations: Formerly Dictionary of Shipping International Trade Teams and Abbreviations,* 4th ed., Witherby & Co. 32-36 Aylesbury Street London Ecir Oet, London.

Brodie, Peter R.[2007], *Dictionary of Shipping Terms* 5th ed., Informa, London.

Brooks, Mary R.[1985], *Fleet Development and the Control of Shipping in Southeast Asia,* Institute of Southeast Asian Studies, Singapore.

Brooks, Mary R. ed.[1989], *Seafarers in the ASEAN Region,* ASEAN Economic Research Unit,

Institute of Southeast Asian Studies, Singapore.

Brownrigg, Mark, Dawe, G., Mann, M. and Weston, P.[2001], Developments in UK Shipping: the Tonnage Tax, *Maritime Policy and Management,* Vol.28, No.3, pp.213-223.

Carlisle, Rodney[1981], *Sovereignty for Sale: The Origins and Evolution of the Panamanian and Liberian Flags of Convenience,* Naval Institute Press, Maryland.

CEC(Commission of the European Communities)[1985], *Progress Towards a Common Transport Policy: Maritime Transport;(Commission Communication and Proposals to the Council),* Com(85) 90 final, 14 Mar. 1989 Brussels.

CEC(Commission of the European Communities)[1989a], *A Future for Community Shipping Industry: Measures to Improve the Operating Conditions of Community Shipping,* Com(89) 266 final, 3 August Brussels.

CEC(Commission of the European Communities)[1989b], *Financial and Fiscal Measures Concerning Shipping Operations with Ships Registered in the Community (Document for information from the commission to the council),* SEC(89) 921 final 3 August.

CEC(Commission of the European Communities)[1989c], *Guidelines for the Examination of State Aids to Community Shipping Companies,* in CEC[1989b], Annex 1.

CEC(Commission of the European Communities)[1991], *Amended Proposal for a Council Regulation(EEC), Establishing a Community ship Register and Providing for the Flying of Flag by Sea-going Vessels,* Com(91) 54 final, 22 February, Brussels.

CEPD(Council for Economic Planning and Development) [yearly], *Taiwan Statistical Data Book.*

CEU(Commission of the European Union)[1996a], *Towards a New Maritime Strategy (Communication from the Commission to the Council, the European Parliament, the Economic and Social Committee and the Committee of the Regions),* Com(96) 81 final, 13.03.1996, Brussels.

CEU(Commission of the European Union)[1996b], *Shaping Europe's Maritime Future: A Contribution to the competitiveness of Maritime Industries,* Com(96) 84 final, 13.03.1996, Brussels.

CEU(Commission of the European Union)[1997], "Community Guidelines on State aid to Maritime Transport", 97/C 205/05, *Official Journal of the European Communities, 5.7.97.*

CEU(Commission of the European Union)[2004], "Commission Communication C(2004) 43-Community Guidelines on State aid to Maritime Transport", 2004/C 13/03, *Official Journal of the European Union, 17.1.2004.*

Churchill, R. R. and Lowe, A. V.[1999], *The Law of the Sea* 3rd ed., Manchester Univ. Press, Oxford Road, Manchester.

Coles, Richard and Watt, Edward[2009], *Ship Registration: Law and Practice* 2nd. ed. Informa, London.

Committee of inquiry into Shipping[1970], *Committee of Inquiry into Shipping Report, Cmnd 4337(Rochdale Report),* Her Majesty's Stationery Office, London

CSUK(Chamber of Shipping of the United Kingdom) [every year], *Annual Report.*

参考文献

Cullinane, Kevin and Robertshaw, Mark[1996], The Influence of Qualitative Factors in Isle of Man Ship Registration Decisions, *Maritime Policy and Management*, Vol.23, No.4, pp.321-336.

DeSombre, Elizabeth R.[2006], *Flagging Standards: Globalization and Environmental, Safety, and Labor Regulations at Sea*, MIT Press, Massachusetts.

DETR(Department for Transport(UK))[1998], *British Shipping: Charting a new course*.

Dimitrova, D. N.[2010], *Seafarers' Rights in the Globalized Maritime Industry*, Kluwer Law International, Netherlands.

Doganis, R.S. & Metaxas, B.N.[1976], *The Impact of Flags of Convenience*, Polytechnic of Central London, London.

Economic and Social Committee of European Communities[1979], *EEC Shipping Policy: Flags of Convenience*, Brussels.

EIU(The Economist Intelligence Unit Ltd.)[1979], *Open Registry Shipping: Some Economic Considerations*.

Eyre, John L.[1989], A Ship's Flag: Who Cares?, *Maritime Policy and Management*, Vol.16, No.3, pp.179-187.

Fainaru, Steve[2008], *Big Boy Rules: America's Mercenaries Fighting in Iraq*, Da Capo Press, Massachusetts.

Fayle, C. E.[1933], *A Short History of the World's Shipping Industry*, George Allen & Unwin, London.

Forsyth, Craig J.[1990], "The Future of the American Seaman", *Maritime Policy and Management*, Vol.17, No.4, pp.249-255.

Frankel, Ernst G.[1982], *Regulation and Policies of American Shipping*, Auburn House Publishing Co., Boston.

GCBS(General Council of British Shipping)[1960], *Survey of British Shipping with Recommendations as to Policy*, London.

Gibson, Andrew and Donovan, Arthur[2000], *The Abandoned Ocean: A History of United States Maritime Policy*, University of South Carolina Press, USA.

Gorter, Wytze[1956], *United States Shipping Policy*, Harper & Brothers, NY.

Goss, Richard[1998], "Rochdale Remembered: A Personal Memoir" *Maritime Policy and Management*, Vol.25, No.3, pp.213-233.

Grundey, Ken[1978], *Flags of Convenience in 1978*, Transport Studies Group, Discussion Paper No.8, Polytechnic of Central London.

Hancher, L., Ottervanger, T. and Slot, P. J.[2012], *EU State Aids* 4th ed., Sweet & Maxwell, London.

Harlaftis, Gelina[1993], *Greek Shipowners and Greece 1945-1975: From Separate Development to Mutual Interdependence*, Athlone Press, London.

Harlaftis, Gelina[1996], *A History of Greek-Owned Shipping: The making of an international tramp fleet, 1830 to the present day*, Routledge, London and New York.

Held, David ed.[2000], *A Globalizing World?*, Routledge.

Held, David[2010], *Cosmopolitanism*, Polity Press Ltd., Cambridge.

Hindell, Keith[1996], "Strengthening the Ship Regulating Regime", *Maritime Policy and Management*, Vol.23, No.4, pp.371-380.

Hirsch, Joachim[1995], *Der Nationale Wettbewerbsstaat*, Edition ID-Archiv, Berlin.

Hope, Ronald[1990], *A new history of British shipping*, J. Murray, London.

Hughes, Solomon[2007], *War on Terror Inc.* Verso.

ICJ (International Court of Justice) [1955], "Nottebohm Case (second phase)", Judgment of April 6th, 1955: *I.C.J. Reports 1955*, pp.4-26.

ICJ[1960], "Constitution of the Maritime Safety Committee of the Inter-Governmental Maritime Consultative Organization, Advisory Opinion of 8 June 1960", *I.C.J. Reports 1960*, pp.150-172.

ICONS (International Commission on Shipping) [2000], *Ships, Slaves and Competition: Inquiry into Ship Safety*, ICONS, NSW, Australia.

ILC(UN) [yearly], *Yearbook of the International Law Commission: Summary Records and Documents*.

ILO[1950], *Conditions in Ships Flying the Panama Flag, Report of the Committee of Enquiry of ILO (May-November 1949)*, ILO, Geneva.

ILO[1956], *Preparatory Technical Maritime Conference, Flag Transfer, in Relation to Social Conditions and Safety, Third Item on the Agenda*, P.T.M.C. III /1.

ILO[1957], *International Labour Conference, Forty-First Session, 1958, Fourth Item on the Agenda: Flag Transfer in Relation to Social Conditions and Safety, Rep. IV*.

ILO[1959], *International Labour Conference, Forty-First Session, Geneva, 1958, Record of Proceedings*.

ILO[1975], *Substandard Vessels, Particularly those Registered under Flags of Convenience, Report V*, for Preparatory Technical Maritime Conference, Geneva.

ILO[1976a], *Substandard Vessels, Particularly those Registered under Flags of Convenience, (Fifth Item on the Agenda), Report V (1)*, for International Labour Conference 62nd (Maritime) Session, Geneva.

ILO[1976b], *Substandard Vessels, Particularly those Registered under Flags of Convenience, (Fifth Item on the Agenda), Report V (2)*, for International Labour Conference 62nd (Maritime) Session, Geneva.

ILO[2004], *The Global Seafarer: Living and Working Conditions in a Globalized Industry*, ILO Geneva, International Labour Office.

ILO[2008], *Compendium of Maritime Labour Instrument*, International Labour Office, Geneva.

IMF[yearly], Balance of Payment.

IRDT (Inland Revenue and Department for Transport) [2004], *Post Implementation Review of Tonnage Tax*.

ISF (International Shipping Federation) [1987], *Guide to International ship Registers*, London.

ISL (Institute of Shipping Economics and Logistics) [yearly], *Shipping Statistics Yearbook*,

Bremen.

ITF[1996], *Solidarity: The First 100 Years of the International Transport Workers' Federation*, Pluto Press, London.

Jantscher, Gerand R.[1975], *Bread upon the Waters: Federal Aids to the Maritime Industries*, The Brookings Institution, Wash. D.C.

JMC(Joint Maritime Commission)[1972], *Flags of Convenience(Fourth Item on the Agenda), 21st Session*, Geneva.

Johnsson, Lennart[1996], *Funny Flags: ITF's campaign-past, present and future*, Utbildningsforlaget Brevskolan, Sweden.

Kapp, K. William[1950], *The Social Costs of Private Enterprise*, Harvard Univ. Press, Massachusetts

Kasoulides, George C.[1993], *Port State Control and Jurisdiction: Evolution of the Port State Regime*, Maritus Nijhoff Publishers, Dordrecht.

Kilgour, John G.[1975], *The U.S. Merchant Marine: National Maritime Policy and Industrial Relations*, Praeger Publishers, NY.

Kilgour, John G.[1977], "Effective United States Control?" *Journal of Maritime Law and Commerce*, vol.8, No.3, pp.337-347.

Kilmarx, Robert A. ed.[1979], *America's Maritime Legacy: A History of the U.S. Merchant Marine and Shipbuilding Industry since Colonial Times*, Westview Press, Colorado.

KMI(Korea Maritime Institute)[yearly], *Shipping Statistical Handbook*.

Knudsen, Kristen[1997], "The Economics of Zero Taxation of the World Shipping Industry", *Maritime Policy & Management*, Vol. 24, No.1, pp.45-54.

Kovats, Laszlo J.[2006], "How Flag States Lost the Plot over Shipping's Governance. Does a Ship Need a Sovereign?" *Maritime Policy & Management*, Feb., Vol.33, No.1, pp.75-81.

KSA(Korea Shipbuilders' Assosiation)[yearly], *Shipbuilding Statistics*.

Labor Statistics Service(Philippine)[yearly], *Yearbook of Labor Statistics*.

Lane, Frederic C.[1951], *Ships for Victory: A History of Shipbuilding under the U.S. Maritime Commission in World War II* (reprint ed., 2001), The John Hopkins Univ. Press, Baltimore.

De Langen, P. W.[2002], "Clustering and Performance: the Case of Maritime Clustering in the Netherlands", *Maritime Policy and Management*, Vol.29, No.3, 209-221.

Lawrence, Samuel A.[1966], *United States Merchant Shipping Policies and Politics*, The Brooking Inst. Wash. D.C.

Lee, Tae-Woo[1996], *Shipping Development in Far East Asia: The Korean Experience*, Avebury.

Levine, Daniel and Platt, Sara Ann[1979], "The Contribution of U.S. Shipbuilding and Merchant Marine to the Second World War" in Kilmarx[1979], pp.175-214.

Li, K. X.[1998], "Seamen's Accidental Deaths Worldwide: A New Approach" *Maritime Policy and Management*, Vol.25, No.2, pp.149-155.

Lloyd's of London Press[monthly], *Lloyd's Ship Manager(LSM)*.

Lloyd's Register of Shipping[yearly], *Statistical Tables*(to 1991).

Lloyd's Register of Shipping [yearly], *World Fleet Statistics* (from 1992)

Lovett, William A. ed. [1996], *United States Shipping Policies and the World Market*, Quorom Books, Connecticut.

LSM (Lloyd's Ship Manager) ed. [1995], *Guide to International Ship Registers and Ship Management Services* (Supplement), LLP.

Manuel, Michael E. [2011], "Potential Sociological Impacts of Unfair Treatment of Seafarers", *Maritime Policy and Management*, Vol.38, No.1, pp.39-49.

MARAD [yearly], see: U.S. DOC and Maritime Administration [yearly].

Maritime Administration (U.S. Department of Commerce) [1970], *Effective United States Control of Merchant Ships: A Statistical Analysis 1970*.

Meditz, Sandra W. and Hanratty, Dennis M. [1989], *Panama: A Country Study* (Area Handbook Series, 550-46), Headquarters, Dep. of the Army.

Metaxas, B.N. [1974], Some Thoughts on Flags of Convenience, *Maritime Study and Management*, 1, pp.162-177.

Metaxas, Basil N. [1981], "Flags of Convenience", *Marin Policy*, No.5, pp.52-66.

Metaxas, Basil N. [1985], *Flags of Convenience: A Study of Internationalisation*, Gower Publishing Company, Vermont, U. S. A.

Meyers, H. [1967], *The Nationality of Ships*, Martinus Nijhoff, Hague.

Mier, A. Francisco J. [1989], "Philippines", in Brooks [1989], pp.183-206.

MT [yearly], see: OEEC [yearly] and OECD [yearly].

Naess, Erling D. [1972], *The Great PanLibHon Controversy: The Fight over the Flags of Shipping*, Gower Press, Essex.

Nelson, Harold D. ed. [1984], *Liberia: A Country Study* (Area Handbook Series, 550-38), Headquarters, Dep. of the Army.

Northrup, Herbert R. and Rowan, Richard L. [1983], *The International Transport Workers' Federation and Flag of Convenience Shipping* (No.7 Multinational Union Studies), Univ. of Pennsylvania, Philadelphia.

NSCB (National Statistical Coordination Board) [yearly], *Philippine Statistical Yearbook*.

OECD (Organisation for Economic Co-Operation and Development) [yearly], *Maritime Transport*.

OECD [1975], *Report by the Maritime Transport Committee on Flags of Convenience*, Paris.

OECD [1990], *Code of Liberalisation of Current Invisible Operations*.

OEEC (Organisation for European Economic Co-Operation) [yearly], *Maritime Transport* (1954-60).

OEEC [1958], "Study on the Expansion of the Flags of Convenience Fleets and on Various Aspects Thereof" [*Doc. C(57) 246, 28 Jan.*, mimeographed].

Özçayir, Z. Oya [2004], *Port State Control*, 2nd ed., Informa Professional, London.

Paixão, A.C. and Marlow, P.B. [2001], "A Review of the European Union Shipping Policy", *Maritime Policy and Management*, Vol.28, No.2, pp.187-198.

Pallis, Athanasios A. [2002], *The Common EU Maritime Transport Policy: Policy*

Europeanisation in the 1990s, Ashgate, Hampshire.

Palmer, Sarah[2012], "Government and the British Shipping Industry in the Later Twentieth Century", in Harlaftis, G., Tenold, S. and Valdaliso, J. M. ed.,[2012], *The World's Key Industry: History and Economics of International Shipping*, Palgrave Macmillan, UK.

Pamborides, G. P.[1999], *International Shipping Law: Legislation and Enforcement*, Kluwer Law International, Hague.

De La Pedraja, Rene[1994], *A Historical Dictionary of the U.S. Merchant Marine Shipping Industry: Since the Introduction of Steam*, Greenwood Press, Connecticut.

Ready, N. P.[1998], *Ship Registration 3rd ed.*, LLP Ltd., London.

Reed, Wallace S.[1996], "U.S. Sealift and National Security", in Lovett[1996], pp.257-271.

Reynolds, Clark G.[1979], "American Maritime Power since World War Ⅱ", in Kilmarx [1979], pp.215-254.

RMT[yearly], see: UNCTAD[yearly].

Rochdale Report[1970], see: Committee of Inquiry into Shipping.

Rowlinson, Mervyn[1985], Flags of Convenience: The UNCTAD Case, *Maritime Policy and Management*, Vol.12, No.3, pp.241-244.

Sambracos, E. and Tsiaparikou, J.[2001], "Sea-going Labour and Greek Owned Fleet: a Major Aspect of Fleet Competitiveness" *Maritime Policy and Management.*, vol.28 No.1, 55-69.

Sassen, Saskia[1988], *The Mobility of Labor and Capital: a Study in International Investment and Labor Flow*, Cambridge University Press, London 1988.

Scharf, Tibor[2012],"Maritime Transport", in Hancher, L., Ottervanger, T. and Slot, P. J.[2012], *EU State Aids* 4th ed. Sweet & Maxwell, London.

Schmidt, Lienhard[1979], The International Shipping Policy Issues at UNCTAD V, Manila, May 1979, *Maritime Policy and Management*, Vol.6, No.4, pp.269-276.

Selkou, Evangelia and Roe, Michael[2002], "UK Tonnage Tax: Subsidy or Special Case?", *Maritime Policy and Management*, Vol.29, No.4, pp.393-404.

Selkou, Evangelia and Roe, Michael[2004], *Globalisation, Policy and Shipping: Fordism, Post-Fordism and the European Union Maritime Sector*, Edward Elgar, Cheltenham, UK

Sienes, C. R. and Banawis, S. Z.[1993], Market Demand for Filipino Seafarers, *Asian Migrant*, Vol.6, No.3-4, pp.96-104.

Sinan, I.M.[1984], "UNCTAD and Flags of Convenience", *Journal of World Trade Law*, Mar.: Apr.

Singer, Peter W.[2003], *Corporate Warriors: The Rise of the Privatized Military Industry*, Cornell University Press, New York.

Sletmo, Gunnar K.[1989], "Shipping's Fourth Wave: Ship Management and Vernon's Trade Cycles", *Maritime Policy and Management*, Vol.16, No.4, pp.293-303.

Sletmo, Gunnar K.[1993], "Shipping and the Competitive Advantage of Nations: the Role of International Ship Registers", *Maritime Policy and Management*, Vol.20, No.3, pp.243-255.

SNF(Stiftelsen for samfunns-ognaerings livsforskning, Center for Reseach in Economics and

Business Administration) [1993], *Greek Shipping*, SNF, Bergen, Norway.
Sorensen, Max, [1958], "Law of the Sea", *International Conciliation*, No.520 (November), pp.195-255.
Standard, William L. [1946], *Merchant Seamen and the Law*, National Maritime Union of America, CIO.
Steger, Manfred B. [2003], *Globalization: A Very Short Introduction*, Oxford University Press, Oxford.
Stevens, Handley [2004], *Transport Policy in the European Union*, Palgrave Macmillan, Hampshire.
Strange, Susan [1996], *The Retreat of the State: The Diffusion of Power in World Economy*, Press Syndicate of University of Cambridge.
Sturmey, S.G. [1962], *British Shipping and World Competition*, Athlone Press, London.
Sturmey, Stanley G. [1983], *The Open Registry Controversy and the Development Issue*, Institute of Shipping Economics, Bremen.
Tan, Edita A. [1993], Labor Emigration and the Accumulation and Transfer of Human Capital, *Asian and Pacific Migration Journal*, Vol.2, No.3, pp.303-328.
Tan, Edita A. [2001], Labor Market Adjustments to Large Scale Emigration: The Philippine Case, *Asian and Pacific Migration Journal*, Vol.10, No.3-4, 2001, pp.379-400.
Theotokas, Ioannis and Harlaftis, Gelina [2009], *Leadership in World Shipping: Greek Family Firms in International Business*, Palgrave Macmillan, UK.
Toh, Rex S. and Susilowidjojo, Henry [1987], "Flags of Convenience Shipping in the 1980s: The American Perspective", *Transportation Journal*, Vol.26, No.4, Summer, pp.34-42.
Tokyo MOU [yearly], *Annual Report on Port State Control in the Asia-Pacific Region*, Tokyo MOU Secretariat.
Tolofari, Sonny Richard [1989], *Open Registry Shipping: A Comparative Study of Cost and Freight Rates*, Gordon and Breach Science Publishers, New York.
Tsamourgelis, Ioannis [2009], "Selective Replacement of National by Non-National Seafarers in OECD Countries and the Employment Function in the Maritime Sector", *Maritime Policy and Management*, Vol.36, No.5, pp.457-468, Oct.
Uesseler, Rolf [2006], *Krieg Als Dienstleistung*, Christoph Links Verlag, Berlin.
UNCLS (United Nations Conference on the Law of the Sea) [1958], *Official Records, Vol. II : Plenary Meetings, Summary Records of Meetings and Annexes, Vol. IV : Second Committee (High Seas: General Regime) : Summary Records of Meetings and Annexes, A/Conf. 13/40*.
UNCTAD (United Nations Conference on Trade and Development) [yearly], *Review of Maritime Transport*.
UNCTAD [1967], *Charter of Algiers: Adopted by the Ministerial Meeting of the Group of 77 on 24 October 1967*, TD/36-49 (MM/77/I/20), 30 Oct.
UNCTAD [1968], *Establishment or Expansion of Merchant Marines in Developing Countries*, TD/26/Rev.1.
UNCTAD [1971], *Report of the Committee on Shipping on the First Part of its Fifth Session*, TD/

参考文献

B/347(TD/B/C.4/89).
UNCTAD[1973], *Economic Co-operation in Merchant Shipping*, TD/B/C.4/113, 9 Oct.
UNCTAD[1974], *Report of the Committee on Shipping on its Sixth Session*, TD/B/521(TD/B/C.4/123).
UNCTAD[1975], *Report of the Committee on Shipping on its Seventh Session*, TD/B/591(TD/B/C.4/147).
UNCTAD[1977], *Economic Consequences of the Existence or Lack of a Genuine Link between Vessel and Flag of Registry*, TD/B/C.4/168, 10 Mar.
UNCTAD[1978a], *Economic Consequences of the Existence or Lack of a Genuine Link between Vessel and Flag of Registry, Replies from Governments to the Note Verbale of the Secretary-General of UNCTAD of 20 June 1977*, TD/B/C.4/AC.1/2/Add.1, 10 Jan.
UNCTAD[1978b], *Report of the Ad Hoc Intergovernmental Working Group on the Economic Consequences of the Existence or Lack of a Genuine Link between Vessel and Flag of Registry*, TD/B/C.4/177(TD/B/C.4/AC.1/3), 16 Mar.
UNCTAD[1978c], *Shipping: Participation of Developing Countries in World Shipping and the Development of their Merchant Marines; Merchant Fleet Development*, TD/222, 18 Dec.
UNCTAD[1979a], *The Repercussions of Phasing out Open Registries*, TD/B/C.4/AC.1/5, 24 Sep.
UNCTAD[1979b], *Legal Mechanisms for Regulating the Operations of Open-Registry Fleets During the Phasing-out Period*, TD/B/C.4/AC.1/6, 27 Sep.
UNCTAD[1980a], *Report of the Ad Hoc Intergovernmental Working Group on the Economic Consequences of the Existence or Lack of a Genuine Link between Vessel and Flag of Registry on its Second Session*, TD/B/784(TD/B/C.4/191, TD/B/C.4/AC.1/8), 8 Feb.
UNCTAD[1980b], *Report of the Committee on Shipping on its Ninth Session*, TD/B/825(TD/B/C.4/216).
UNCTAD[1981a], *Action on the Question of Open Registries: Open-Registry Fleets*, TD/B/C.4/220, 3 Mar.
UNCTAD[1981b], *Report of the Committee on Shipping on its Third Special Session*, TD/B/855(TD/B/C.4/227).
UNCTAD[1981c], *Proceedings of the United Nations Conference on Trade and Development: Fifth Session*, Vol. I, TD/269.
UNCTAD[1982a], *Conditions for Registration of Ships*, TD/B/AC.34/2, 22 Jan.
UNCTAD[1982b], *Report of the Intergovernmental Preparatory Group on Conditions for Registration of Ships on its First Session*, TD/B/904(TD/B/AC.34/4), 24 May.
UNCTAD[1983], *Report of the Intergovernmental Preparatory Group on Conditions for Registration of Ships on its Second Session*, TD/B/935(TD/B/AC.34/8), 5 Jan.
UNCTAD[1984a], *Report of the Preparatory Committee for the United Nations Conference on Conditions for Registration of Ships*, TD/RS/CONF/3 & Corr.1, TD/RS/CONF/PC/4, 3 Jan.
UNCTAD[1984b], *Report of the President of the Conference on his Intersessional Consultations*

and Proposals derived from them (for Resumed Session), TD/RS/CONF/12, 13 Dec.

UNCTAD [1986], *Text of the United Nations Convention on Conditions for Registration of Ships*, TD/RS/CONF/23, 13 Mar.

United Nations, Dep. of Economic and Social Affairs [1955], *Laws Concerning the Nationality of Ships* (Legislative and Administrative Ser. Vol.5), UN.

U. S. DOC (Department of Commerce), Maritime Administration [yearly], *Annual Report of the Federal Maritime Board and Maritime Administration* (abbreviation : MARAD) .

U. S. DOC (Department of Commerce), Maritime Administration [1970], *Effective United States Control of Merchant ships*: A Statistical Analysis.

U.S. DOC (Department of Commerce) [1975], *Historical Statistics of the United States-Colonial Times to 1970*, Part 1 & 2.

U.S. Government. Printing office [1966], *The Merchant Marine Act, 1936, the Shipping Act, 1916, and Related Acts* (as amended through the 89th Congress, 1st session), Wash.

White, Lawrence J. [1988], *International Trade in Ocean Shipping Services: The United States and the World*, Ballinger Pub. Co., Mass.

Whitehurst, Clinton H. Jr. [1983], *The U.S. Merchant Marine: In Search of an Enduring Maritime Policy*, U.S. Naval Institute, Maryland.

Wilson, Ralph E. [1963], "Is the Present Fleet of 'Flags of Convenience' Shipping Necessary to Meet National Security Requirements under Present Maritime Operating Laws?", in Reese, Howard. C.ed., *Merchant Marine Policy: Proceedings of the Symposium of the 15th Ocean Shipping Management*, Institute of American University's School of Administration.

Zeis, Paul M. [1938], *American Shipping Policy*, Princeton University Press, Princeton.

巻末付表

巻末付表 1-1　便宜置籍船（総トン）の推移

年	リベリア 隻	千総トン A	パナマ 隻	千総トン B	小計 隻	千総トン C	両国の割合 % C/D	主要国FOC 千総トン D	FOC割合 % D/E	世界船腹 隻	千総トン E
1948	2	1	515	2,716	517	2,717	89.4	3,040	3.8	29,340	80,291
1950	22	245	573	3,361	595	3,606	88.0	4,100	4.8	30,852	84,583
51	69	595	607	3,609	676	4,204	89.3	4,710	5.4	31,226	87,245
52	105	897	606	3,740	711	4,637	90.7	5,110	5.7	31,461	90,180
53	158	1,434	593	3,906	751	5,340	89.6	5,960	6.4	31,797	93,351
54	245	2,381	595	4,091	840	6,472	91.0	7,110	7.3	32,358	97,421
1955	436	3,996	555	3,922	991	7,918	91.1	8,690	8.6	32,492	100,568
56	582	5,584	556	3,925	1,138	9,509	91.4	10,400	9.9	33,052	105,200
57	743	7,466	580	4,129	1,323	11,595	92.8	12,490	11.3	33,804	110,246
58	975	10,078	602	4,357	1,577	14,435	94.5	15,270	12.9	35,202	118,033
59	1,085	11,936	639	4,582	1,724	16,518	97.1	17,010	13.6	36,221	124,935
1960	977	11,282	607	4,235	1,584	15,517	96.9	16,010	12.3	36,311	129,769
61	903	10,929	601	4,049	1,504	14,978	95.7	15,650	11.5	37,792	135,915
62	853	10,573	593	3,851	1,446	14,424	94.4	15,280	10.9	38,661	139,979
63	893	11,391	619	3,893	1,512	15,284	93.8	16,290	11.2	39,571	145,863
64	1,117	14,549	691	4,269	1,808	18,818	95.2	19,760	12.9	40,859	152,999
1965	1,287	17,539	692	4,465	1,979	22,004	96.3	22,860	14.3	41,865	160,391
66	1,436	20,603	702	4,543	2,138	25,146	96.2	26,130	15.3	43,014	171,129
67	1,513	22,597	757	4,756	2,270	27,353	96.3	28,390	15.6	44,375	182,099
68	1,613	25,719	798	5,096	2,411	30,815	95.8	32,170	16.6	47,444	194,152
69	1,731	29,215	823	5,373	2,554	34,588	95.4	36,250	17.1	50,276	211,660
1970	1,869	33,296	886	5,645	2,755	38,941	94.7	41,110	18.1	52,444	227,489
71	2,060	38,522	1,031	6,262	3,091	44,784	93.9	47,680	19.3	55,041	247,202
72	2,234	44,443	1,337	7,793	3,571	52,236	93.0	56,170	20.9	57,391	268,340
73	2,289	49,904	1,692	9,568	3,981	59,472	89.7	66,290	22.9	59,606	289,926
74	2,332	55,321	1,962	11,003	4,294	66,324	88.8	74,700	24.0	61,194	311,322
1975	2,520	65,820	2,418	13,667	4,938	79,487	92.7	85,750	25.1	63,724	342,162
76	2,600	73,477	2,680	15,631	5,280	89,108	89.2	99,920	26.9	65,887	371,999
77	2,617	79,982	3,267	19,458	5,884	99,440	88.3	112,630	28.6	67,945	393,678
78	2,523	80,191	3,640	20,748	6,163	100,939	89.0	113,390	27.9	69,020	406,001

巻末付表

79	2,466	81,528	3,803	22,323	6,269	103,851	89.2	116,490	28.2	71,129	413,021
1980	2,401	80,285	4,090	24,190	6,491	104,475	89.6	116,570	27.8	73,832	419,910
81	2,281	74,906	4,461	27,656	6,742	102,562	91.2	112,500	26.7	73,864	420,834
82	2,189	70,718	5,032	32,600	7,221	103,318	96.6	106,970	25.2	75,151	424,741
83	2,062	67,564	5,316	34,665	7,378	102,229	94.7	107,910	25.5	76,106	422,590
84	1,934	62,024	5,499	37,244	7,433	99,268	89.6	110,780	26.9	76,068	418,682
1985	1,808	58,179	5,512	40,674	7,320	98,853	88.3	111,938	26.9	76,395	416,268
86	1,658	52,649	5,252	41,305	6,910	93,954	84.1	111,764	27.6	75,266	404,910
87	1,574	51,412	5,136	43,254	6,710	94,666	78.0	121,347	30.1	75,240	403,498
88	1,507	49,733	5,022	44,604	6,529	94,337	75.2	125,465	31.1	75,680	403,406
89	1,455	47,892	5,121	47,365	6,576	95,257	73.8	129,048	31.4	76,100	410,480
1990	1,688	54,699	4,748	39,298	6,436	93,997	72.2	130,218	30.7	78,336	423,627
91	1,627	53,289	4,991	47,467	6,618	100,756	70.2	143,445	32.9	78,931	436,295
92	1,661	55,917	5,424	52,485	7,085	108,402	70.9	153,001	34.4	79,726	445,168
93	1,611	53,918	5,564	57,618	7,175	111,536	70.2	158,848	34.7	80,655	457,914
94	1,621	57,647	5,799	64,170	7,420	121,817	71.0	171,572	36.1	80,676	475,859
1995	1,666	59,800	5,777	71,921	7,443	131,721	64.7	203,497	41.5	82,890	490,662
96	1,684	59,988	6,105	82,130	7,789	142,118	65.7	216,419	42.6	84,264	507,873
97	1,697	60,058	6,188	91,127	7,885	151,185	65.5	230,700	44.2	85,494	522,197
98	1,717	60,492	6,143	98,222	7,860	158,714	65.5	242,480	45.6	85,828	531,893
99	1,629	54,107	6,143	105,248	7,772	159,355	63.8	249,779	45.9	86,817	543,609
2000	1,557	51,450	6,184	114,382	7,741	165,832	64.6	256,657	46.0	87,546	558,053
1	1,566	51,784	6,245	122,352	7,811	174,136	65.5	265,857	46.3	87,939	574,551
2	1,535	50,400	6,247	124,729	7,782	175,129	66.1	265,054	45.3	89,010	585,583
3	1,553	52,434	6,302	125,721	7,855	178,155	67.2	264,941	43.8	89,899	605,218
4	1,538	53,898	6,477	131,451	8,015	185,349	68.5	270,541	42.7	89,960	633,321
2005	1,653	59,600	6,838	141,821	8,491	201,421	69.6	289,244	42.8	92,105	675,115
6	1,907	68,405	7,183	154,964	9,090	223,369	61.5	363,390	50.3	94,936	721,855
7	2,171	76,572	7,605	168,165	9,776	244,737	61.9	395,448	51.0	97,504	774,936
8	2,306	82,389	8,065	183,503	10,371	265,892	61.7	431,148	51.9	99,741	830,704
9	2,456	91,696	8,100	190,663	10,556	282,359	61.4	459,623	52.1	102,194	882,635
2010	2,726	106,708	7,986	201,264	10,712	307,972	60.9	505,804	52.8	103,392	958,115

出所：RMT [each year], Lloyd's Register of Shipping: Statistical Tables, Tolofari [1989], pp.43-44.

注1）主要便宜船籍国は年により その数は異なる。1984年までTolofari [1989] 参照。その後1994年までは5か国、1995年以降6～9か国。統計上主要FOC国に含まれない国は便宜船籍国とされるので、便宜置籍船の割合は実際よりも少なめに表示される。

2）1990年までは7月1日現在、1991年～2005年までは非便宜船籍国は12月31日現在、以後1月1日現在（本表上は12月31日で処理している）。

285

巻末付表-1-2　便宜置籍船（重量トン）の推移

年	リベリア 千 D/W A	パナマ 千 D/W B	小計 千 D/W C	両国の割合 % C／D	主要国 FOC 千 D/W D	FOC 割合 % D／E	世界船腹 千 D/W E
1980	157,977	39,039	197,016	92.7	212,542	31.1	682,768
1985	113,552	67,266	180,818	88.9	203,441	30.6	664,799
1990	99,226	62,184	161,410	71.9	224,560	34.1	658,377
1995	97,888	109,514	207,402	64.6	321,282	43.7	734,916
2000	80,062	172,355	252,417	64.4	392,155	48.5	808,377
1	78,484	185,051	263,535	65.5	402,355	48.7	825,652
2	77,016	186,400	263,416	66.1	398,467	47.2	844,234
3	82,085	186,860	268,945	67.3	399,514	46.6	856,974
4	83,592	195,286	278,878	69.0	403,972	45.1	895,843
2005	93,026	211,121	304,147	70.4	431,910	45.0	959,964
6	105,182	231,993	337,175	61.8	545,714	52.4	1,042,328
7	117,519	252,564	370,083	62.3	593,634	53.1	1,117,779
8	125,993	273,961	399,954	62.2	642,625	53.9	1,192,317
9	142,121	288,758	430,879	62.4	690,746	54.1	1,276,137
2010	166,246	306,032	472,278	61.9	763,568	54.7	1,395,743

出所：*RMT* [each year]
注 1）前表の注を参照。

巻末付表-2　ギリシャ商船隊の推移

（単位：1,000 総トン、％）

年	自国籍船	外国籍船	支配船腹	自国籍船の割合	外国籍船の割合
1938	1,889				
1949	1,201	1,176	2,377	50.5	49.5
1950	1,264	1,665	2,929	43.2	56.8
51	1,238	2,403	3,641	34.0	66.0
52	1,175	2,854	4,029	29.2	70.8
53	1,139	3,599	4,738	24.0	76.0
54	1,242	4,702	5,944	20.9	79.1
1955	1,270	5,635	6,905	18.4	81.6
56	1,444	7,089	8,533	16.9	83.1
57	1,575	8,967	10,542	14.9	85.1
58	2,274	9,625	11,899	19.1	80.9
59	3,892	8,564	12,456	31.2	68.8

1960	5,574	6,626	12,200	45.7	54.3
61	6,519	6,693	13,212	49.3	50.7
62	7,008	6,291	13,299	52.7	47.3
63	7,503	7,522	15,025	49.9	50.1
64	7,266	9,232	16,498	44.0	56.0
1965	7,198	11,377	18,575	38.8	61.2
66	7,517	12,207	19,724	38.1	61.9
67	7,665	14,156	21,821	35.1	64.9
68	8,738	15,159	23,897	36.6	63.4
69	10,564	16,368	26,932	39.2	60.8
1970	12,849	18,050	30,899	41.6	58.4
71	14,562	19,539	34,101	42.7	57.3
72	18,660	20,408	39,068	47.8	52.2
73	21,831	20,793	42,624	51.2	48.8
74	22,740	22,628	45,368	50.1	49.9
1975	25,108	23,190	48,298	52.0	48.0
76	28,660	21,924	50,584	56.7	43.3
77	33,752	19,111	52,863	63.8	36.2
78	36,314	16,183	52,497	69.2	30.8
79	38,570	14,380	52,950	72.8	27.2
1980	41,421	12,204	53,625	77.2	22.8
81	42,289	12,028	54,317	77.9	22.1
82	38,057	15,397	53,454	71.2	28.8
83	37,707	18,431	56,138	67.2	32.8
84	35,781	17,820	53,601	66.8	33.2
1985[1]	27,765	19,143	46,908	59.2	40.8
86	24,183	20,921	45,104	53.6	46.4
87	21,006	26,530	47,536	44.2	55.8
88	19,759	28,287	48,046	41.1	58.9
89	19,233	28,602	47,835	40.2	59.8
1990	20,459	28,774	49,233	41.6	58.4
91	22,752	25,154	47,906	47.5	52.5
92	23,406	30,485	53,891	43.4	56.6
93	25,486	31,432	56,918	44.8	55.2
94	30,161	36,181	66,342	45.5	54.5
1995	31,139	40,527	71,666	43.5	56.5
96	30,767	44,389	75,156	40.9	59.1
97	25,288	49,694	74,982	33.7	66.3
98	27,818	51,082	78,900	35.3	64.7
99	28,504	54,950	83,454	34.2	65.8
2000	29,532	60,695	90,227	32.7	67.3

出所：Theotokas and Harlaftis[2009],pp.59-60 より作成。
注1）1938～1984 年は 100G/T 以上の船舶、1985 年以降は 1,000D/W 以上の船舶。

索　引

ア行

アジア船員　180-188
アダム・スミス　257
アメリカ
　——海運の特徴　99
　——国防に必要な商船　102, 109
　——商船売却法　127-129
　——1936年商船法　99-101
　——の軍事戦略　15, 17, 23, 97-101, 255-256
アメリコ・リベリアン　116
アルジェ憲章　172
アルーシャ宣言　177
アレキサンダー・レポート　244
イギリス海運　137, 212-216, 244
遺棄される船員　33
ウェストファリア条約　21, 256
榎本喜三郎　12
エリカ号　26-29
欧州・米国間非公式協議　136-138
オランダの統合海運政策　234-237

カ行

海運委員会（UNCTAD）　172
海運助成
　——ガイドライン（1989）　228
　——ガイドライン（1997）　237-242
　——ガイドライン（2004）　243
　——全般的目的（目標）　238, 243
　——とEC条約　233
　——とEU船60%ルール　243
　外国用船への適用　240
海事クラスター　230, 235, 258
海上安全の確保　231
海上労働市場　19
海上労働証書　262
海上労働条約　257, 261
海上労働力市場の世界化・単一化　221
海上労働の困難性　32-35
海難　25-27
海難調査　165
開放的市場の維持　232
海洋法会議総会での大逆転　143-145
カーライル　10, 13, 112, 114, 255
簡易改正手続　261
韓国船員　180, 186-187
旗国主義　22, 33, 35-39
擬似便宜置籍船化　221
キューバ危機　98
ギリシャ海運
　——アメリカの支援　75
　——外貨収入　83
　——外資としての扱い　84
　——ギリシャ経済への巨額投資　86
　——国際ネットワーク　81
　——支配船腹の推移　71, 78, 286
　——政治的パワー　88
　——戦時標準船の購入　73
　——戦時補償　72
ギリシャ政府の本国復帰政策　81-88
ギリシャ船籍（安全な隠れ場所）　90
ギリシャ船員　74, 90, 132

ギリシャ船主　72-73, 79, 130
グランディ　9, 10, 15, 16, 21
グローバリゼーション　53
減免税政策（ギリシャ）　82-84
公海　139
公海に関する条約　139, 143-145
国際海運の構造変化　217, 221-223, 245-248
国際司法裁判所（ICJ）　141, 155
国際ネットワーク　81
国際労働機関（ILO 参照）　146
国民国家の変容　55-58
国連海洋法会議　139, 143-146, 255
コスモポリタン　258

サ行

裁判を受ける権利　34
サッセン　50
サブスタンダード船に関する勧告　166
3倍ルール　57, 236, 252
社会的費用　40, 259
受益船主国／船腹　47, 78, 130, 138, 182, 242
商船の最低基準に関する条約　167, 261
商船売却法（1946）　104, 127
自由（登録）船籍　1, 192-194
新国際経済秩序　49, 177, 179
新自由主義経済　48-53
真正関係存否の経済的影響　174-176
真正な関係　141-144, 258
スターミー　9, 23, 194-195
ステティニアス　114-117
ストレンジ　55-56
政府間特別作業部会　176
政府の不介入政策（ギリシャ）　84
船員のアジア・シフト　50, 180-187, 193

船員の訓練　244
船員の賃金　132, 182
戦時標準船　103, 129
船級協会　26-30, 256
船主　3, 58n
先進国海運の侵蝕　42
先進国船員の急減　35, 248
船長（自国民）条項　139, 141
船舶管理会社　37
船舶管理業　222
船舶登録要件（真正な関係参照）　188
船舶登録要件条約　195-198
船舶の国籍　106
総力戦　23
ソーランセン　125, 158n

タ行

第1次国連海洋法会議　139, 143
第2船籍制度　217, 245
第2船籍制度の歴史的意義　221-223
第4の波　223
台湾船員　180, 185-186
多国籍企業　16, 259-261
タックス・ヘイブン　17
徴用　107, 117
東欧問題　224, 225
東京MOU　25
途上国海運の発展阻害　42
トリーキャニオン号　27
トロファーリ　10
トン数税制　57, 236, 239, 259
トン数税制（英国）　244
トン数・船齢ベース税（ギリシャ）　83, 90

索引

ナ行

南北問題 49, 161, 171
ニューヨーク・グリーク 79, 85
ノッテボーム判決 141
乗組員のアジア・シフト 52, 180-187, 193
乗組員の忌避 109-110

ハ行

ハーグ MOU（覚書） 30, 170
発効要件 198
発展途上国海運 42, 171, 174-179, 192-194
パナマ
　——海事法 13
　——船籍 12-13, 255
　——反米ナショナリズム 110-113
ハーラフティス 80, 84, 87
バミューダ 137
パリ MOU 29, 170
バルク輸送のトレード・シェア 179, 188
パンリブホン 96, 256
パンリブホンコ 131, 256
ヒルシュ 56
ファディカ議長 197, 201n
不安定雇用 33
フィリピン船員 180, 183-185
フォーディズム 43, 48
不公正競争の排除 231
不承認条項 142, 257
フラッギングアウト 52, 218
フランソワ 139
ブレトンウッズ体制 45, 89
便宜員 151
便宜船籍（FOC 参照） 6, 23-25

便宜船籍国 4, 23
　——の収入 25
　——の倫理性の欠如 256
便宜船籍制度 23, 125
便宜置籍船（FOC 参照） 4, 6
　——特別部会 165
　——の海難 25-27, 165-166
　——の乗組員 131, 181
ボイコット 151-154
法人税の免除 14
ボチェック 8, 145
ポート・ステート・コントロール
　（PSC 参照） 29, 42
ボーレン 159n
ポンドスのギリシャ人 77

マ行

マニラ第5回総会 88, 177-179
マリタイム・ロンドン 244
マルシップ 187
マン島船籍制度 215
マンパワー輸出政策 183
メタクサス 8, 40-42, 191-192

ヤ行

山内惟介 10
有利な取扱をしない（NFT）原則 257, 261n
ユーロダラー（オフショア）市場 45, 48, 49

ラ行

リベリア
　——海事法 113, 116
　——国際信託会社（ITC） 115

──船籍　256
　　──船の急増　141
　　──船の乗組員の国籍　181
レギュラシオン学派　44
労働コストに対する施策　241
ロッチデール　176
ロッチデール委員会　7
ロンドン・グリーク　79, 85, 261

B

B（先進国）グループ　173, 189
B/C（Blue Certificate）　152
BIMCO　38
BIMCO/ISF　248

D

DIS　219
DOC　28, 37
D/W（DW）　4, 59n

E

ECの第1次共通海運政策　223-226
ECの第2次共通海運政策　226-229
Effective U.S. Control Shipping　95
EIU（Economist Intelligence Unit）　192
EU海運の意義　230
EUの新しい海運戦略　229-233
EUROS　227-228
EUSC Shipping　95, 109, 110, 118
　　──の信頼性　105
　　──の誕生　104
EUSC船舶の徴用　107

F

FOC（Flags of Convenience）
　　──起源　11-15, 255
　　──再定義　15-16
　　──将来展望　258
　　──船籍としての　6
　　──制度としての　7
　　──船舶としての　4-7
　　──段階的廃止（phase out）　51, 179
　　──定義　7-11
　　──とアメリカ船員　153
FOCキャンペーン　150-155
FOC船腹（推移含む）　3, 26, 47, 77, 109, 128, 130, 161, 182, 208, 242, 284-287

G

G77　162, 172, 188, 196
GCBS　137
genuine connection　142, 143
genuine link　141-144, 258
GIS　220
G/T（GT）　59n

I

ICJ　141
ICS　145
ILC　139
ILO　136, 146, 255, 257
ILO第107号、第108号勧告　148
ILO第147号条約　167, 261
ILOによるパナマ船の調査　146
IMCO　31, 155, 255
IMO　156, 257
ISF　146

ISMコード　35-40, 256
ISO　36
ITF　5, 136, 150
ITFのボイコット　151-155

J

JCS　104
JMC　30, 146, 167
JMTC　76, 104

K

Kergelen Is.　220

M

MARAD　282（U.S. Doc, Maritime Administration [yearly]）
MLC　261
MOU　30-32, 256, 258
MT　278（OECD/OEEC [yearly]）

N

NAT提携船　94
NFT原則　257, 261
NIEO（新国際経済秩序）　49, 177, 179
NIS　218

O

OECD　164-171
──海運委員会　164-166
──海運委員会報告（1975）　88, 166
──船員　248
OEEC（欧州経済協力機構）　133-136
OEEC海運委員会報告（1957）　88, 134
Open Registry　7, 192

P

PSC　30, 87, 169-171, 256, 259

R

RMT　280（UNCTAD [yearly]）

S

Shipman 98　38
SMarT　244
SMC　28, 37
STCW条約　36, 168

T

tonnage tax（トン数税制参照）　57
Troubled 1940s　74

U

UNCTAD　162, 171-179
UNCTAD海運委員会　172-173

著者紹介

武城　正長（ぶじょう　まさなが）
　1942 年　東京都に生まれる。
　東京商船大学航海科卒業、同専攻科修了、広島大学政経学部卒業。
　山下新日本汽船株式会社、広島商船高等専門学校教授を経て、現在、大阪商業大学総合経営学部教授。

単著：『海上労働法の研究』（多賀出版、1985 年）
　　　『海運同盟とアジア海運』（御茶の水書房、2002 年）
編著：『概説・海事法』（海文堂、1985 年）
　　　『国際交通論』（税務経理協会、1998 年）
共著：『機帆船海運の研究』（多賀出版、1984 年）
　　　『現代海運論』（税務経理協会、1991 年）
　　　『現代物流概論』（成山堂書店、2001 年）
　　　『現代物流―理論と実際』（晃洋書房、2005 年）
　　　その他

便宜置籍船と国家　　　　　　　　　　　比較地域研究所研究叢書　第十三巻
2013 年 3 月 25 日　第 1 版第 1 刷発行

　　　　　　　　　　　　　　　　　著　者　武　城　正　長
　　　　　　　　　　　　　　　　　発行者　橋　本　盛　作
　　　　　　　　　　　　　　〒113-0033　東京都文京区本郷 5-30-20
　　　　　　　　　　　　　　発行所　株式会社　御茶の水書房
　　　　　　　　　　　　　　　　　　電　話　03-5684-0751

Printed in Japan　　　　　　　　　　　　印刷・製本　シナノ印刷㈱
ISBN 978-4-275-01011-7　C3033　　　　Ⓒ学校法人谷岡学園　2013 年

《大阪商業大学比較地域研究所研究叢書 第一巻》
清代農業経済史研究 鉄山博著 A5判・二四〇頁 価格 二四〇〇円

《大阪商業大学比較地域研究所研究叢書 第二巻》
EUの開発援助政策 前田啓一著 A5判・三九〇頁 価格 五八〇〇円

《大阪商業大学比較地域研究所研究叢書 第三巻》
香港経済研究序説 閻和平著 A5判・二二〇頁 価格 二九〇〇円

《大阪商業大学比較地域研究所研究叢書 第四巻》
海運同盟とアジア海運 武城正長著 A5判・三四〇頁 価格 四八〇〇円

《大阪商業大学比較地域研究所研究叢書 第五巻》
鏡としての韓国現代文学 滝沢秀樹著 A5判・三一八頁 価格 四五〇〇円

《大阪商業大学比較地域研究所研究叢書 第六巻》
東アジアの国家と社会 滝沢秀樹編著 A5判・二二〇頁 価格 三三〇〇円

《大阪商業大学比較地域研究所研究叢書 第七巻》
グローバル資本主義と韓国経済発展 金俊行著 A5判・四七四頁 価格 五〇〇〇円

《大阪商業大学比較地域研究所研究叢書 第八巻》
アメリカ巨大食品小売業の発展 中野安著 A5判・三六〇頁 価格 五五〇〇円

《大阪商業大学比較地域研究所研究叢書 第九巻》
都市型産業集積の新展開 湖中齊著 A5判・一九〇頁 価格 三四〇〇円

《大阪商業大学比較地域研究所研究叢書 第十巻》
産地の変貌と人的ネットワーク 粂野博行編著 A5判・二三四頁 価格 三八〇〇円

《大阪商業大学比較地域研究所研究叢書 第十一巻》
転換期を迎える東アジアの企業経営 孫飛舟編著 A5判・一九二頁 価格 三六〇〇円

《大阪商業大学比較地域研究所研究叢書 第十二巻》
多国籍企業と地域経済 安室憲一著 A5判・二〇六頁 価格 三八〇〇円

東アジア物流体制と日本経済 津守貴之著 A5判・二九〇頁 価格 二九〇〇円

御茶の水書房
（価格は消費税抜き）